Titus Burckhardt

Heilige Kunst in den Weltreligionen

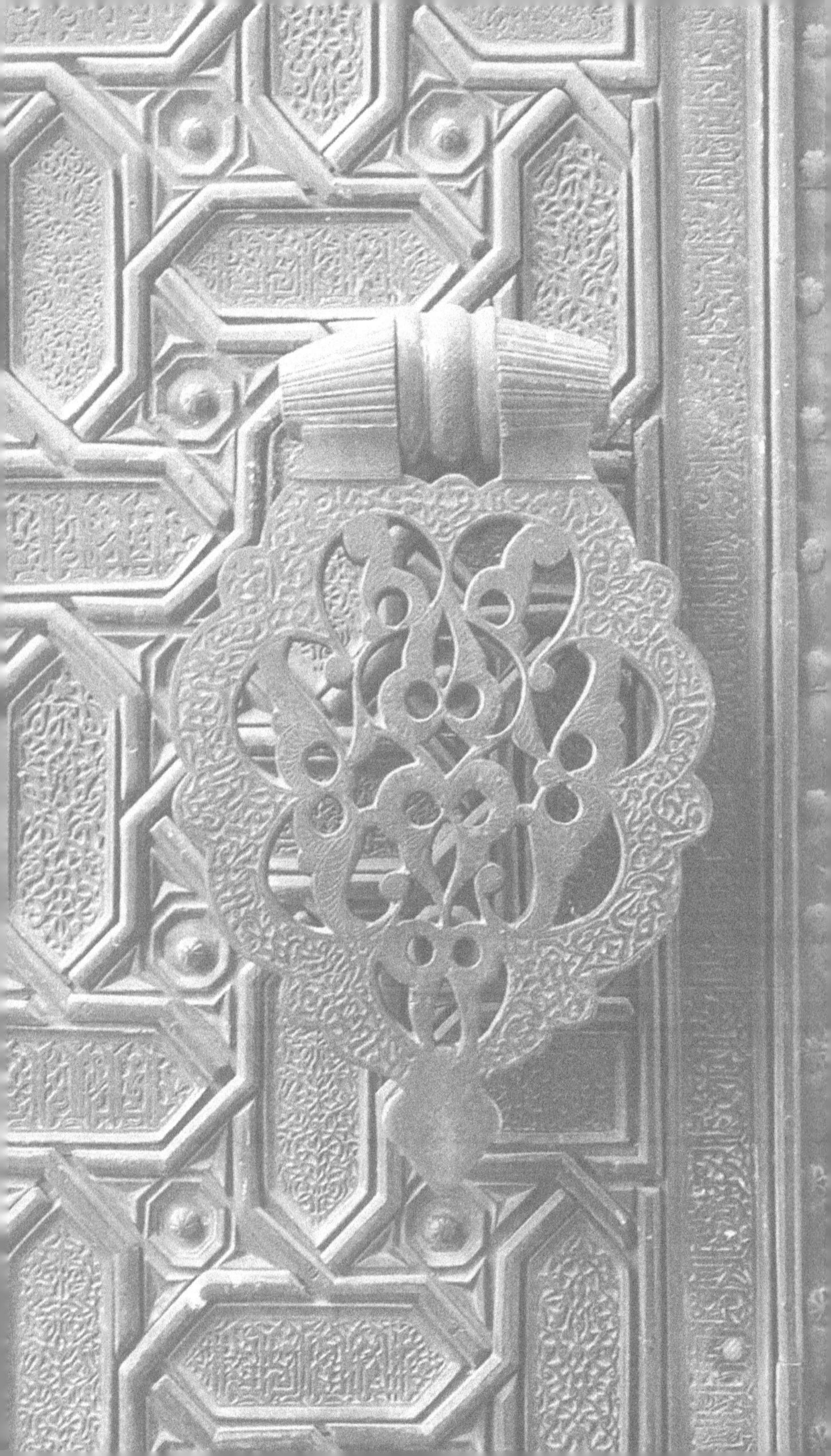

Titus Burckhardt

Heilige Kunst

in den Weltreligionen

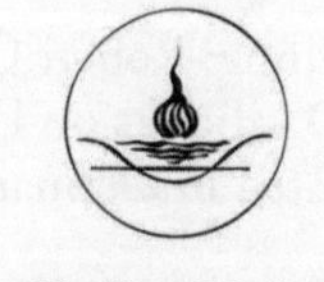

Chalice Verlag

Die deutsche Erstausgabe erschien
1955 im Origo-Verlag, Zürich, unter dem Titel
Vom Wesen heiliger Kunst in den Weltreligionen

Eine französische Erstausgabe erschien
1958 in den Éditions Paul Derain, Lyon, unter dem Titel
Principes et méthodes de l'art sacré

P.O. Box 2682, Bloomington, IN 47402, USA
www.worldwisdom.com

Buchgestaltung: Robert Cathomas
Herstellung: BoD – Books on Demand GmbH
Printed in Germany

ISBN 978-3-942914-29-1

Inhalt

Einleitung

ES IST HEUTE ÜBLICH, JEGLICHES KUNSTWERK, DAS SEINEN Gegenstand vom Glauben borgt, »sakral« oder »heilig« zu nennen, unbekümmert darum, ob seine Form, das heißt seine künstlerische Sprache aus der Wahrheit, welcher der Glaube gilt, entstamme oder ob sie bloß einer weltlichen Kunst wie jener der Renaissance oder des Barocks entliehen sei. Sakral oder heilig im wahren Sinn des Wortes aber ist nur eine Kunst, deren Formen einen zeitlosen Gehalt des Geistes widerspiegeln. Kunst ist wesentlich Form. Während zwischen dem gedanklichen Thema eines Kunstwerks und seiner Formgebung nicht immer ein zwingendes Verhältnis besteht – die kirchliche Kunst der letzten paar Jahrhunderte beweist es –, besteht an sich ein sicheres Verhältnis zwischen Form und geistiger Schau. Es gibt keine geistige Schau der Dinge, der nicht eine bestimmte Formgebung entspräche, und da, wo eine solche fehlt, da fehlt es auch an geistiger Schau. Der bloße Glaube genügt nicht, um den Formen einer heiligen Kunst jenen Gehalt zu verleihen, den weder der Verstand noch das Gefühl zu erschöpfen vermögen, denn der Glaube ist Willen und Ahnung, nicht aber Erkenntnis, während das Wesen der Form sich nur der Erkenntnis erschließt. In der Tat ist Form auf der sinnlichen Ebene dasselbe wie Wahrheit auf der gedanklichen; der altgriechische Begriff *eidos* drückt das aus. Und so, wie sich eine gedankliche Wahrheit – eine Lehre oder ein Dogma – auf eine übergedankliche Göttliche Wahrheit beziehen kann, deren zwar begrenzte aber doch folgerichtige Spur sie darstellt, so kann sich auch eine Form auf eine Wahrheit oder ein Sein beziehen, das an sich die förmliche Ebene überragt und weder auf dieser noch auf der gedanklichen ganz zu fassen ist. Gewiss, das Überförmliche ist nicht an seine Kundgebung gebunden; auch kann sich der Geist aus innerer Freiheit über die Form hinwegsetzen, aber er kann sich nicht durch irgendwelche beliebigen Formen kundgeben, und deshalb gibt es auch keine geistig gleichgültige Form. Fügen wir hinzu, dass wir mit »Form« hier bloß die sinnfällige und nicht die Form überhaupt meinen, denn strenggenommen ist auch der Gedanke eine Form, nämlich etwas eindeutig Begrenztes, was auch immer sein tieferer Gehalt sein mag.

Eine heilige Kunst setzt also stets ein Wissen um diese innere Gesetzmäßigkeit der Formen, um das Wesen des Sinnbildes voraus. Dieses besteht nicht bloß aus einem vereinbarten Zeichen, das etwas Übersinnliches vertreten soll, sondern es gibt die Wirklichkeit, die es meint, aufgrund eines der Form innewohnenden Gesetzes kund; es ist also in einem gewissen Sinne das, was es ausdrückt. Das widerspricht nicht dem Grundsatz, dass die Kunst vor allem der Schönheit zu dienen habe; wenn man von allen Geschmacksfragen absieht, so ist die Schönheit eines Dinges nichts anderes als die geistige Durchsichtigkeit seiner Daseinshüllen.

Die innere Gesetzmäßigkeit der Formen kann nicht all den Künstlern und Handwerkern, die eine heilige Kunst ausüben, voll bewusst sein; nicht jeder Bildhauer, der am Bau eines Tempels mitwirkt, nicht jeder Maler, der ein Andachtsbild nach bestimmten Regeln ausführt, nicht jeder Gießer eines heiligen Gefäßes und nicht jeder Schreiber, der heilige Schriftzeichen niederschreibt, kann den tiefsten Grund der Sinnbilder, die er handhabt, kennen. Allein die Überlieferung, welche die Vorbilder weitergibt und die Regeln der Gestaltung vorschreibt, verbürgt die geistige Richtigkeit der Formen. In ihr liegt eine geheime Kraft, die sich einer ganzen Kultur mitzuteilen vermag und die sogar jenen Künsten und Handwerken, die nicht unmittelbar mit dem Bereich des Heiligen zusammenhängen, ihr Gepräge gibt; das ist der einheitliche, von außen her unnachahmbare und doch zwanglos sich fortpflanzende »Stil« einer überlieferungstreuen Kultur.

Die naturhafte Seite der Kunst, das ungewollt und naiv Ursprüngliche an ihr, wird durch das geistige Gesetz einer Überlieferung keineswegs beeinträchtigt, im Gegenteil. Denn auf die Dauer tötet nichts so sehr die naive Schöpferfreude wie der Individualismus, die seelische Inzucht einer Gott-fremden Gesellschaft; der Beweis dafür ist die Hässlichkeit der Gegenstände, die den »Alltag« der modernen Welt ausfüllen.

In einer Kultur, die ihrem innersten Gefüge nach auf Gott gerichtet ist – und das gilt für alle großen Kulturen mit Ausnahme einiger weniger wie der hellenistischen und der modernen –, gibt es überhaupt keine Kunst, wie bescheiden auch immer sie sei, die ganz außerhalb des Geistigen stünde.

Wir fragten einmal einen armen nordafrikanischen Sänger, der auf Märkten und Festen seine legendenhaften Lieder vortrug und sich dabei auf einer kleinen, nur zweisaitigen Laute begleitete, warum er sein Instrument nicht mit ein oder zwei Saiten mehr bespanne, um den Ton reicher und lauter zu machen. Er gab zur Antwort: »Seinem Instrument eine Saite mehr hinzufügen, das ist der erste Schritt auf dem Weg, der zum Unglauben führt. – Als Gott Adam erschuf, wollte dessen Geist nicht in den Leib herabsteigen und flatterte wie ein scheuer Vogel, der einer Falle misstraut, um ihn herum. Da befahl Gott den Engeln, auf den beiden Saiten des Männlichen und des Weiblichen Musik zu machen. Sie spielten, und der Geist glaubte, dass die Melodie im Instrument selber, nämlich im Leib wohne; so fuhr er in es hinein und blieb darin gefangen. Darum genügt es auch, auf den beiden Saiten, die wir ›die männliche‹ und ›die weibliche‹ nennen, zu spielen, um den Geist wieder vom Leib zu befreien.«

In diesem Märchen liegt mehr, als es auf den ersten Blick den Anschein hat; die ganze Lehre von der heiligen Kunst liegt darin: Diese soll nicht bloß dazu dienen, Eindrücke wiederzugeben oder Gefühle zu wecken; sie ist ein Gleichnis und bedarf nur einfacher, aber geistig begründeter Mittel, um das Unfassbare anzudeuten. Sie stammt von den Engeln ab, das heißt, sie quillt aus den zeitlosen Gründen des Geistes, und sie soll von der Welt der bloßen Tatsachen befreien. Sie befreit aber dadurch, dass sie die Schöpfung, die »Göttliche Kunst«, sinnbildlich wiederholt: Sie lehrt den menschlichen Geist, die Welt als ein Sinnbild zu betrachten, und löst ihn so von seiner Verstrickung in die vergänglichen Dinge los.

Dass die Kunst von den Engeln abstamme, lehrt auch die indische Überlieferung. Laut dem Aitareya-Brahmana wird jegliches Kunstwerk auf der Erde in Nachahmung der Kunst der *deva* geschaffen, »ob es sich um einen Elefanten aus gebranntem Ton, einen Gegenstand aus Erz, ein Kleid, einen Gegenstand aus Gold oder einen Maultierwagen handle.« Die *deva* entsprechen im indischen Weltbild dem, was im semitischen die Engel sind. Die mittelalterliche christliche Vorstellung, nach welcher gewisse heilige Bilder erstmals von Engeln gemalt worden sind, hat denselben Sinn.

Die *deva* oder die Engel sind letzten Endes nichts anderes als besondere Wirkungsweisen des einen Geistes, der von Gott ausgeht. Dass die heilige Kunst die Göttliche Kunst nachzuahmen habe, ist eine allgemeine, in jeder überlieferungstreuen Kultur vorhandene Auffassung, und damit ist auch schon die Abwendung von jeglichem »Naturalismus« gegeben: Nicht die vollendete, vielfältige

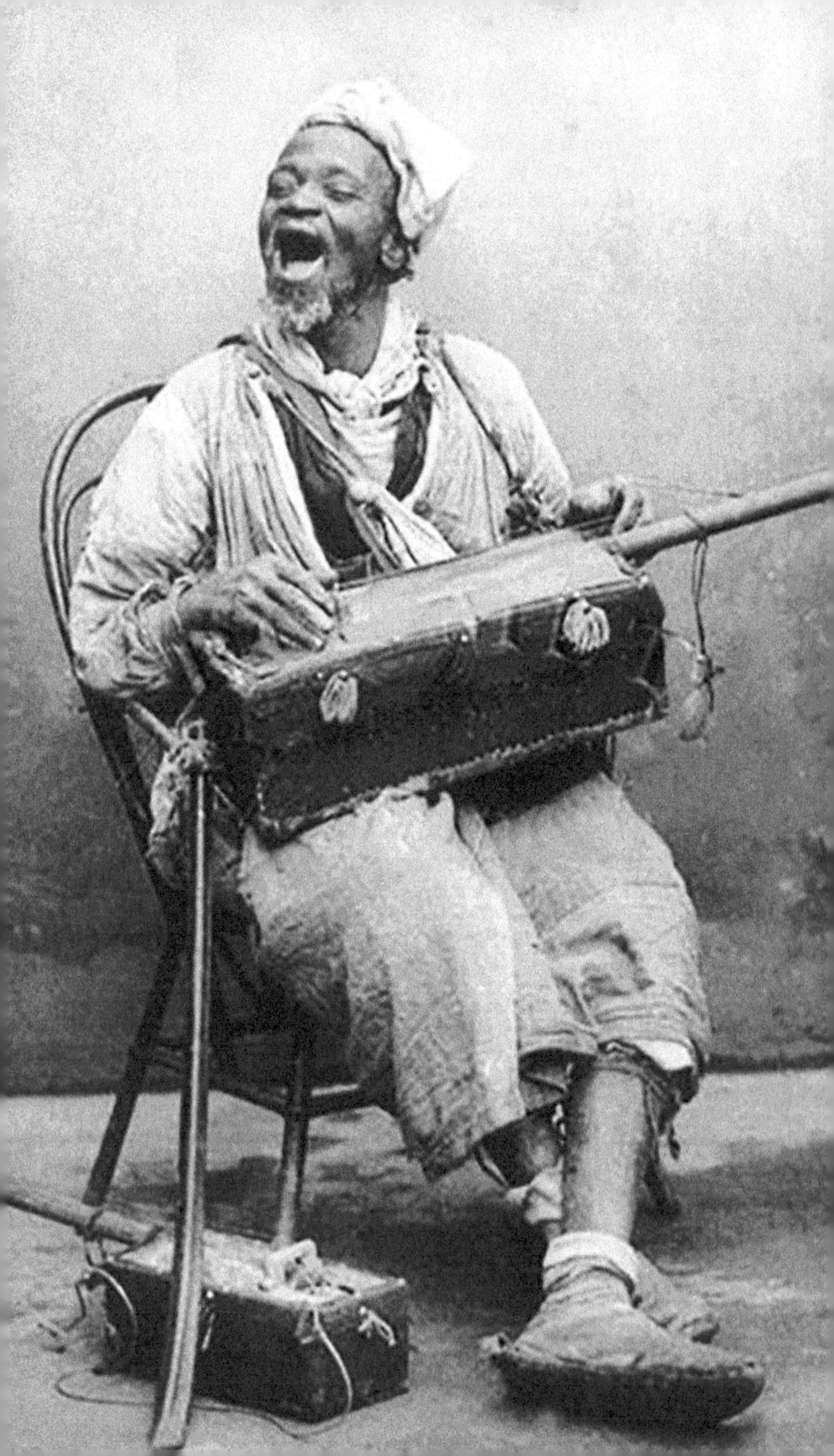

Schöpfung Gottes, die Welt, wie wir sie sehen, soll nachgeahmt werden, denn ein solches Unterfangen wäre vermessen, sondern die Art und Weise, wie der Göttliche Geist schafft, soll auf den beschränkten Bereich, in dem der Mensch selber menschlich gestaltet, nämlich auf das Handwerk, angewendet werden.

Der Begriff der Göttlichen Kunst ist wohl in keiner Lehre so grundlegend wie in der indischen, denn *maya* ist nicht nur das geheimnisvolle Göttliche Vermögen, welches bewirkt, dass die Welt außerhalb der alleinigen allumfassenden Wirklichkeit Gottes zu bestehen scheint, sie ist nicht nur Grund von Zwiespalt und Täuschung, sondern auch, im positiven Sinne, die Göttliche Kunst als der Ursprung aller Gestaltung. Sie ist die Fähigkeit des Unendlichen, Sich selber als Gegenstand Seiner eigenen Schau zu begrenzen, ohne dass Seine Unendlichkeit dadurch begrenzt wird, sodass Gott Sich in der Welt kundgibt und doch nicht kundgibt, Sich äußert und doch verschweigt.

So wie Gott kraft Seiner *maya* gewisse Anblicke Seiner Selbst – oder gewisse in Ihm enthaltene Möglichkeiten – zum Gegenstand einer unterschiedlichen, Erkennendes und Erkanntes scheidenden Schau macht, so kann auch der Künstler gewisse Anblicke seiner selbst in seinem Werk vergegenwärtigen. Je wesentlicher aber die Äußerung ist, desto eher wird sie der Sinnbilder bedürfen, und umso mehr wird es dem Künstler bewusst, dass zwischen der Form, die sein eigenes Wesen spiegelt, und diesem selbst in seiner zeitlosen Fülle ein unermesslicher Abstand klafft. Der Schöpfer weiß: Dieses Gestaltete, das bin ich selbst; doch bin ich zugleich unendlich mehr als dies, denn das wahre Wesen bleibt aller Gestalten Beschauer und wird nie im Schaubaren eingefangen.

Das ist das Gegenstück zur Göttlichen Kunst beim Menschen: die Vergegenwärtigung seiner selbst. Damit sie geistig tief reiche, müssen die Ausdrucksmittel, derer sich der Künstler bedient, selber aus einer wesentlichen Schau herkommen; sie dürfen nicht der Willkür des getäuschten, sich selbst verkennenden Ichs entstammen, sondern können nur einer Offenbarung des höchsten Wesens, Das aller Wesen Selbst ist, entliehen sein.

Auch vom christlichen Standpunkt aus betrachtet ist Gott im höchsten Sinne des Wortes ein Künstler oder Bildner, da Er ja den Menschen »zu Seinem Bilde« geschaffen hat (1 Moses 1.27). Weil

Gimbri-Spieler, Marokko um 1900. Postkartenmotiv

aber das Bild nicht nur seinem Vorbild ähnlich, sondern zugleich auch unendlich von Ihm verschieden ist, so musste es der Verderbnis anheimfallen. Durch den Fall Adams wurde das Bild Gottes im Menschen getrübt, befleckt; es wurde seinem Urbild entfremdet – und kann Ihm doch nie ganz entfremdet werden, weil Gott alles, was von Ihm kommt, letztendlich in Sich begreift. Das ist die unbegrenzte Liebe Gottes, kraft welcher das Bild in seinen Göttlichen Grund zurückgenommen wird, indem Gott selbst als das ewige Wort die Gestalt des Bildes, seine menschliche Natur, annimmt und seine ursprüngliche Schönheit wiederherstellt. Die heilige Kunst des Christentums hat einen einzigen Gegenstand: die Verklärung des Menschen und der Welt, die vom Menschen abhängt, durch ihr Teilhaben an Christus.

Die islamische Schau der Dinge erweitert, was die christliche in inniger Besonderung [Akzentuierung] erfasst: Für den Islam ist die Göttliche Kunst vor allem die Kundgebung der Göttlichen Einheit in der Schönheit und Gesetzmäßigkeit der Welt. Die Einheit spiegelt sich im Zusammenhang des Vielfältigen, im Einklang und im Gleichgewicht; die Schönheit selbst enthält in sich all diese Eigenschaften. Von der Schönheit der Welt auf die Einheit zurückschließen – das ist Weisheit. Darum ist für das muslimische Denken die Kunst notwendigerweise mit der Weisheit verbunden; sie ist auf der Weisheit und auf dem Wissen, das die Weisheit in Regeln fasst, begründet. Der Zweck der Kunst aber ist es, die vom Menschen selbst gestaltete Umwelt an der Gesetzmäßigkeit, in der sich die Göttliche Einheit kundgibt, so vollkommen als möglich teilnehmen zu lassen. Die Kunst klärt die Welt, sie hilft dem Geist, von der unübersichtlichen Vielfalt der Dinge zur umfassenden Einheit aufzusteigen.

Für den Buddhismus liegt die Göttliche Kunst – sofern man diesen Ausdruck auf die buddhistische Sicht übertragen kann – in der gedanklich unausschöpfbaren Schönheit des Buddha, des Erleuchteten. Während jegliche Lehre von Gott dadurch, dass sie das Unumgrenzbare in das Denken einbezieht, alles, zu dem sie Ja sagt, gewissermaßen schon verfälscht, strahlt die lotoshafte Schönheit des Buddha ein Sein aus, das kein Denken begrenzt. Im überlieferten Bild des Buddha lebt diese Schönheit weiter.

In taoistischer Schau ist die Göttliche Kunst vor allem eine Kunst der Wandlungen: Die ganze Natur verwandelt sich ständig und bleibt doch in einen einzigen Kreislauf gebannt; ihre Gegensätze kreisen um eine Mitte, die selbst nicht fassbar ist. Wer aber die Bewegung des Kreises verstanden hat, der erkennt die Mitte, die sein ewiges Wesen ist. Das Ziel der Kunst ist es, sich in diese kosmische Bewegung einzugliedern. Auf die einfachste Formel gebracht, besteht die künstlerische Meisterschaft darin, in einem Zug einen vollkommenen Kreis hinzumalen und dadurch sich selbst mit dem Mittelpunkt, der unausgesprochen bleibt, in eins zu setzen.

In jeder dieser fünf Überlieferungen, dem Hinduismus, dem Christentum, dem Islam, dem Buddhismus und dem Taoismus sind alle die Begründungen der heiligen Kunst, die wir nannten und andere mehr gesamthaft enthalten, aber in jeder herrscht eine bestimmte Schau der Dinge vor und prägt sich auf der künstlerischen Ebene bis in die geringsten Formen hinein aus. Das liegt am Wesen der Form: dass sie nichts auszusagen vermag, ohne anderes auszuschließen. Die Göttliche Kunst in ihrem tiefsten Sinne ist denn auch nichts anderes als dieses Gesetz, nach welchem das Ewige sich in mannigfachen Formen offenbart, die sich auszuschließen scheinen und die doch nur auf eines hinweisen.

Wir haben unsere Betrachtungen über die heilige Kunst absichtlich auf die Künste der genannten Überlieferungen beschränkt, weil bei diesen die Gesetze der Gestaltung nicht nur durch die vorhandenen Werke, sondern auch durch vielerlei Lehrschriften und zum Teil auch noch durch das Beispiel lebender Meister bezeugt sind. Innerhalb dieses Rahmens werden wir uns mit der Beschreibung besonders typischer Kundgebungen auf dem Gebiet der heiligen Kunst begnügen müssen. Wir räumen der indischen Kunst den ersten Rang ein, weil sie auf die längste ununterbrochene Überlieferung zurückschauen kann. An ihrem Beispiel wird der Anteil der mittelalterlichen Kulturen am Erbe viel früherer Zeitalter sichtbar. Den meisten Raum wird die Betrachtung der christlichen Kunst einnehmen, weil sie die abendländischen Leserinnen und Leser am unmittelbarsten angeht. Doch auch hier werden wir vieles nur streifen können; die Kürze der Darstellung wird eine unvermeidliche Vereinfachung mit sich bringen. Die islamische Kunst behandeln wir an dritter Stelle, denn sie steht in mancher Hinsicht in einem polaren Verhältnis zur christlichen. Aus der fernöstlichen Kunst endlich seien nur einige Anblicke hervorgehoben, die sich von den zuerst betrachteten Künsten stark unterscheiden, um so eine möglichst große Spannweite verschiedener Ausdrucksweisen aufzuzeigen.

Aus dem oben Gesagten geht hervor, dass es keine heilige Kunst gibt, die sich nicht auf einen bestimmten Anblick der Metaphysik, der Lehre von den Urwahrheiten bezöge. Diese Lehre ist an sich genommen ebenso unbegrenzt wie ihr Gegenstand und auch von allen besonderen Ausdrucksweisen unabhängig. Es kann nicht der Zweck dieses Buches sein, die verschiedenen metaphysischen Wahrheiten, auf welche diese oder jene heilige Kunst hinweist, in ihrem großen Zusammenhang darzustellen. Wir müssen deshalb hier auf Bücher hinweisen, welche den Gehalt der geistigen Überlieferungen des Morgenlandes in einer den heutigen westlichen Leserinnen und Lesern verständlichen Sprache erläutern. In erster Linie seien daher die Werke von René Guénon[1] und die von Frithjof Schuon[2] erwähnt, dann die von Ananda K. Coomaraswamy.[3] Im Hinblick auf besondere heilige Künste nennen wir ferner das Buch von Stella Kramrisch über den indischen Tempel,[4] die Schriften von Daisetz Teitaro Suzuki über den Zen-Buddhismus und das Büchlein von Eugen Herrigel über Zen in der Kunst des Bogenschießens.[5] Auf andere Schriften und vor allem auf die jeder Überlieferung eigenen Quellen weisen wir, sofern wir es für nötig erachten, an den betreffenden Stellen unseres Buches hin.

Lingaraja-Tempel in der ostindischen Stadt Bhubaneswar im Bundesstaat Odisha, elftes Jarhundert

1. René Guénon: *Introduction générale à l'étude des doctrines hindoues,* Paris 1939. *L'homme et son devenir selon le Vedanta,* Paris 1948. *Le symbolisme de la croix,* Paris 1931; deutsch: *Die Symbolik des Kreuzes,* Freiburg im Breisgau 1987. *Le règne de la quantité et les signes du temps,* Paris 1945.

2. Frithjof Schuon: *De l'unité transcendante des religions,* Paris 1948; deutsch: *Von der inneren Einheit der Religionen,* Freiburg in Breisgau 2007. *L'œil du cœur,* Paris 1950. *Perspectives spirituelles et faits humains,* Paris 1953; deutsch: *Geistige Sichtweisen und menschliche Tatsachen,* Hamburg 2014.

3. Ananda Kentish Coomaraswamy: *The Transformation of Nature in Art,* Harvard: University Press, 1934. *Elements of Buddhist Iconography,* Harvard: University Press, 1935. *Hinduism and Buddhism,* New York 1943.

4. Stella Kramrisch: *The Hindu Temple,* Kalkutta: University Press, 1946.

5. Eugen Herrigel [Bungaku Hakushi]: *Zen in der Kunst des Bogenschießens,* München-Planegg 1951.

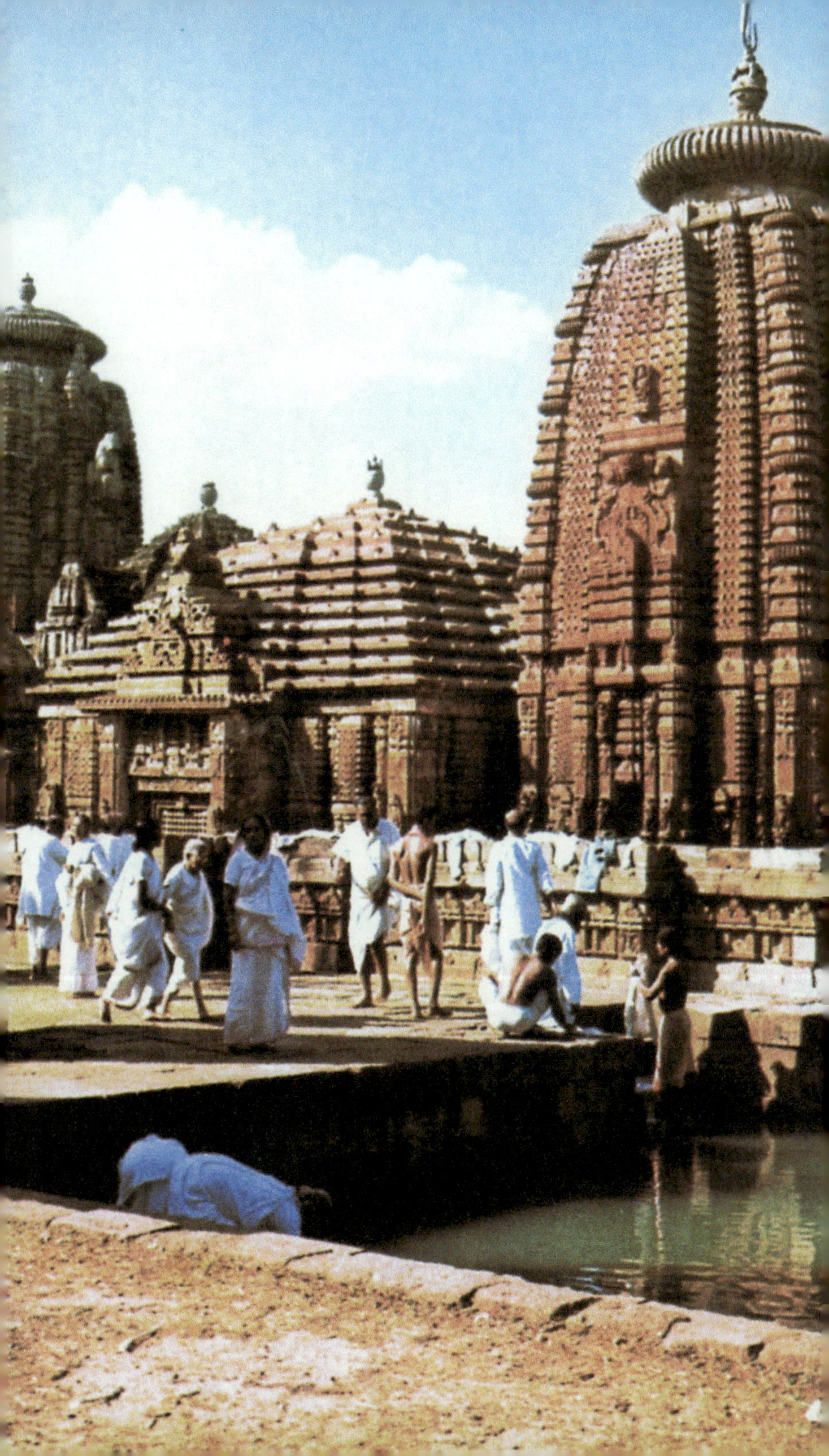

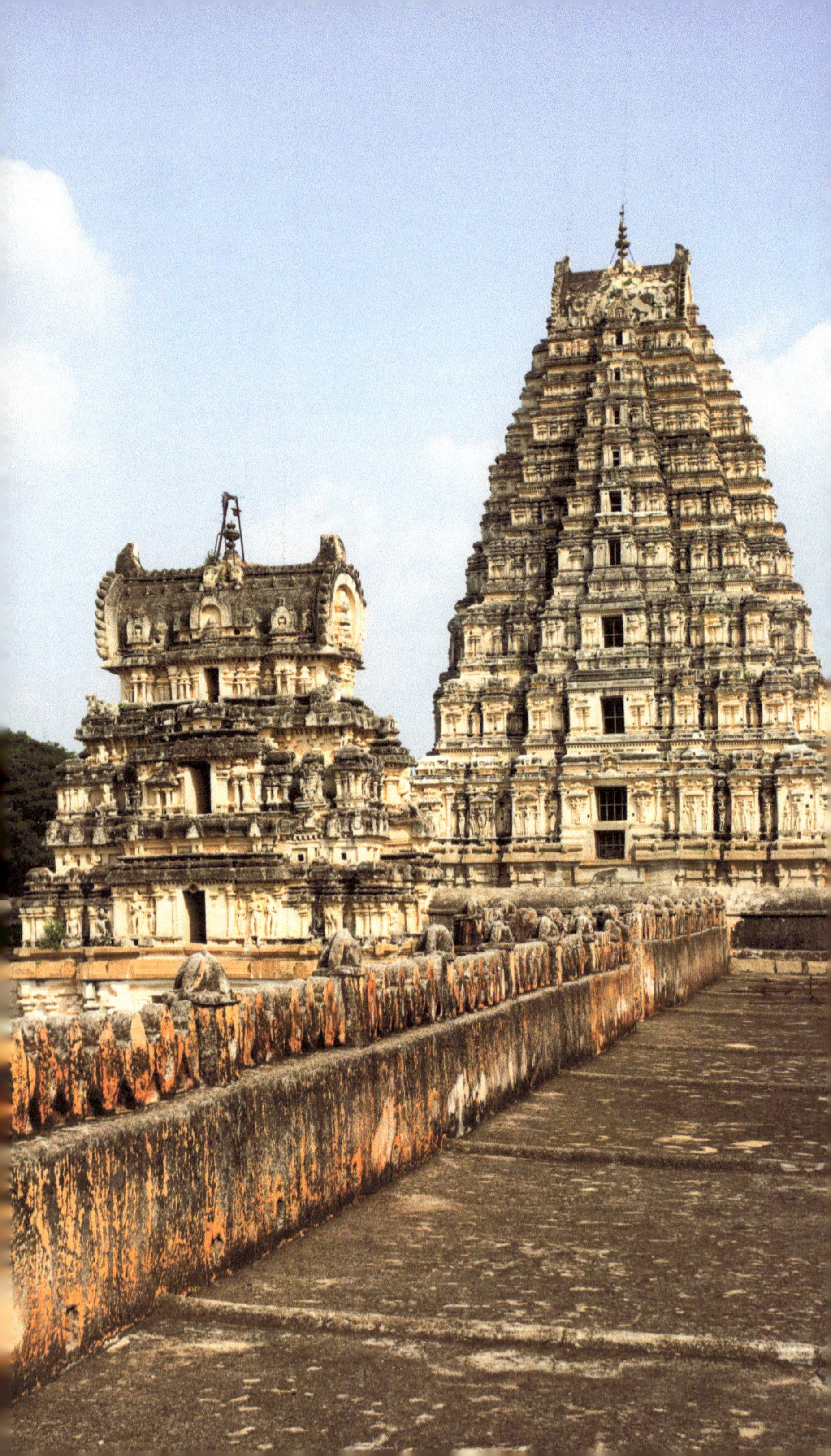

Die Schöpfung des indischen Tempels

Kreis und Viereck

FÜR DIE SESSHAFTEN VÖLKER IST DIE VORNEHMSTE HEILIGE Kunst der Bau eines Heiligtums, in dem der Göttliche Geist, der unsichtbar im Weltall »wohnt«, auf besondere und gleichsam persönliche Weise gegenwärtig ist. Der Tempel ist darum stets ein Abbild des Weltalls.[6] Was im Weltall in Bewegung ist, das übersetzt die heilige Baukunst in beharrende Form. Im Weltall herrscht die Zeit über den Raum, während in der Gestalt des Tempels die Zeit gewissermaßen zum Raum wird: Durch seine unverrückbare und regelmäßige Form stellt der Tempel jenen endgültigen Zustand der Welt dar, in dem alle Gegensätze ihren Ausgleich gefunden haben und in die Einheit ihres zeitlosen Seinsgrundes einmünden. Nach christlichem Begriff ist das die Verklärung der Welt am »Ende der Zeiten«, ihre Verwandlung in das himmlische Jerusalem.

Die Gestalt des Tempels nimmt diesen Zustand im Gleichnis vorweg, und darum ist auch der Göttliche Geist als Frieden (*shanti* auf Sanskrit, *shekhina* auf Hebräisch) im Heiligtum zugegen, so wie sich auf jede große oder kleine, äußere oder innere Welt, die zur Vollendung gelangt ist, der Frieden der Göttlichen Gegenwart herabsenkt.

Bildlicher Ausdruck dieser Vollendung ist die rechteckige Form des Tempels. Sie bildet den äußersten Gegensatz zur runden Form des kreisenden Himmels, der sichtbaren Gestalt des Weltalls. Die sphärische Form des Himmels ist ungeschieden, unabsehbar und jedem Maß entgleitend, während die quadratische oder kubische Form des Baus das feste Gesetz, das ein für alle Mal Bestimmte und Vollendete ausdrückt.

Tempel von Hampi bei Madras

6. In archaischen Kulturen wird jegliche Behausung als Abbild des Weltalls aufgefasst: Das Haus oder Zelt umgibt den Menschen wie die Welt, die ihn »enthält«.

Im Einklang damit lässt sich jegliche heilige Baukunst, gleich welcher Überlieferung sie angehöre, auf den einfachen Vorgang der Verwandlung des Kreises in das Viereck, auf die »Quadratur des Kreises« zurückführen. Im Bau des indischen Tempels ist dieses Leitmotiv besonders deutlich und mit seinem ganzen Reichtum an geistigen Sinngebungen ausgesprochen.

Bevor wir näher darauf eingehen, sei noch gesagt, dass das Verhältnis der beiden grundlegenden Sinnbilder Kreis und Viereck, oder ihrer räumlichen Entsprechungen Kugel und Würfel, nicht immer so aufzufassen ist, dass das Erste einen wandelbaren und daher unvollkommenen, das Zweite aber einen endgültigen und in diesem Sinne höheren Zustand ausdrücke. Metaphysisch betrachtet sind beide Figuren Sinnbilder der Göttlichen Vollkommenheit, die sich auf zwei verschiedene, der Form nach gegensätzliche, dem Wesen nach aber sich ergänzende Weisen offenbart: Der Kreis oder die Kugel erinnern an die Unendlichkeit, das Viereck oder der Würfel an die Unbedingtheit Gottes; oder Kreis und Kugel entsprechen der unteilbaren Einheit, Viereck und Würfel aber der Beständigkeit des Seins. So betrachtet, stehen beide Urbilder auf derselben Stufe, nämlich der höchsten; bezieht man sie jedoch auf verschiedene Anblicke des Kosmos, so nehmen sie die entsprechenden Rangstufen ein. Deutet man den Kreis als den Himmel, dessen Bewegung er abzeichnet, so kann das Viereck als statische Form die Erde bedeuten; der Kreis verhält sich dann zum Viereck wie die Göttliche Tat zum duldigen Dasein, wie das Leben zum Leib. Stellt man jedoch das Viereck, indem man es rein metaphysisch als Ausdruck der Göttlichen Unwandelbarkeit auffasst, dem Kreis als dem Bild der Himmelsbewegung gegenüber, so nimmt es eine höhere Rangstufe als dieser ein: Während der Kreis, so gesehen, die endlose und gleichsam zwangsläufige Bewegung der Natur bedeutet, halten sich im Viereck der Göttlichen Beständigkeit alle Gegensätze die Waage. Wenn auch die Bewegung des Himmels die Trägheit der Erde beherrscht und im Vergleich zu ihr die Göttliche Tat kundgibt, so überragt doch das beständige Wesen Gottes oder Seine »unbewegte Tat« jegliche Bewegung, die als Veränderliches selbst nur ein »Getanes« ist.[7] Die letztgenannte Abstufung der

7. Dieses Verhältnis wird in der vedantischen Lehre dadurch gekennzeichnet, dass alles Dynamische der *shakti* [Lebenskraft] zugeschrieben wird, das heißt also dem weiblichen und daher wesentlich duldigen Vermögen der Gottheit, die an sich unbewegt-tätig ist.

Bedeutungen von Kreis und Viereck ist es, die in der heiligen Baukunst die herrschende Rolle spielt, und das schon deshalb, weil die Baukunst ihrem Wesen nach die Göttliche Vollkommenheit vor allem als Beständigkeit spiegelt.

Für den indischen Geist, der stets dazu bereit ist, alle seinlichen Wirklichkeiten, wie sehr sie auch auseinanderstreben mögen, in die unbewegte Fülle Gottes zu übertragen, ist dieser Anblick der Baukunst ein naheliegendes Gleichnis. Der Vorgang des Bauens selber, die allmähliche Verwandlung der großen Gezeiten des Himmels in die starre Gestalt des Tempels,[8] ist für den indischen Künstler etwas wie die geistige Ansammlung [Konzentration] des Yogis, bei der das reine Bewusstsein, im Jetzt und Hier verharrend, alle Dinge in sich begreift.

Der Kreis wird so zum Viereck. Allein, die Abstufung der Sinnbilder, die damit gegeben ist, schließt weder hier noch in einer anderen heiligen Baukunst all die übrigen, ebenfalls möglichen Verhältnisse der beiden Urbilder Kreis und Viereck aus; maßgeblich ist dafür in jedem einzelnen Fall die Ähnlichkeit zwischen diesem oder jenem Teil des Baus und dem ihm entsprechenden Teil des Weltalls.

Die Verwandlung des Kreises in das Viereck ist innerhalb der indischen Überlieferung schon im Bau des vedischen Feueraltars vorgebildet. Dessen aus Ziegeln geschichteter Körper stellt den »Leib« Prajapatis, des Allwesens dar. Dieses Wesen haben die *deva* am Anfang der Welt geopfert, wobei sie aus seinen zergliederten Teilen die Bestandteile des Weltalls schufen.[9] Prajapati ist der zeugende Anblick des höchsten Wesens, der Ursprung der Welt, das All, welches durch seine Vielfältigkeit wie zerteilt erscheint. Von der Zeit zergliedert, lebt Prajapati im Kreislauf der Sonne, dem Jahr, in dem des Mondes, in der Gesamtheit aller himmlischen Kreisläufe. Dabei ist Prajapati in seinem verborgenen Wesen eins mit *purusha,* der unveränderlichen und unteilbaren Wesenheit des Menschen und des Weltalls. Darum sagt auch der Rigveda (X 90) zusammenfassend, die *deva,* das heißt die vielfachen Göttlichen Schöpfer-

8. In ähnlicher Weise veranschaulicht der christliche Tempel die Verwandlung des gegenwärtigen Zeitalters (*saeculum*) in das zukünftige; der heilige Bau stellt daher das himmlische Jerusalem dar, welches in der *Apokalypse* ebenfalls als viereckig beschrieben ist.

9. Das erinnert an die Zergliederung der Leiche des Osiris im altägyptischen Mythos.

kräfte[10] hätten zu Beginn der Welt nichts anderes als *purusha* geopfert, um aus ihm die verschiedenen Teile des Kosmos und die vielen Arten lebendiger Wesen zu gestalten. Man darf das nicht so verstehen, als sei *purusha* selbst in die vergänglichen Wesen übergegangen, wie etwa ein Stoff zerteilt wird; zum »Opfer« wird es nur in seiner ausgewirkten Form, während sein ewiges Wesen stets dasselbe bleibt, sodass *purusha* zugleich das Opfertier, das Opferwerk und dessen Ziel ist.

Dieses vorzeitliche Opfer der *deva* gilt es, im Opferritus nachzuahmen und aufzuwiegen, indem die ursprüngliche Einheit des Alls sinnbildlich und im Geist wiederhergestellt wird: Der Opfernde vergleicht sich selbst dem Altar, den er nach dem Bild des Weltalls und nach den Maßen seines eigenen Leibes errichtet; er vergleicht sich auch dem Opfertier, das ihn vertritt,[11] und vergleicht sich endlich, insofern er selber Geist ist, dem Feuer, das das Opfer verzehrt und wieder in das Unermessliche zurücknimmt.[12] Der Mensch, der Altar, das Opfertier und das Feuer sind allesamt Prajapati, und dieser ist nichts anderes als das Göttliche Wesen.

Andererseits werden sowohl das Opferfeuer als auch der Altar, auf dem es brennt, und die Stätte, auf der der Altar errichtet ist, Agni genannt. Dem Mythos nach ist Agni von Prajapati und von allen lebenden Wesen, die aus Prajapati hervorgingen, im Frühlicht (*usha*) gezeugt worden. Durch Agni, den Göttersohn, der aus allen Opfern emporsteigt, wird Prajapati in seiner ursprünglichen Ganzheit wiederhergestellt. Agni nimmt die Formen des Weltalls an; die fünf Göttlichen Wächter der vier Himmelsrichtungen und

10. In der Schau der monotheistischen Religionen entsprechen den *deva* die Engel oder auch die verschiedenen Göttlichen Eigenschaften, denen die Engel untergeordnet sind. Der Mythos der Opferung von Prajapati durch die *deva* gleicht der in der islamischen Esoterik überlieferten Lehre, nach welcher Gott die vielheitliche Welt kraft Seiner vielfachen »Namen«, welche die Welt erheischen, kundgegeben hat.

11. Wenn auch der Mensch als »Stellvertreter Gottes auf Erden« dem Tier überlegen ist, so besitzt doch das Tier eine gewisse Überlegenheit über den Menschen, dadurch nämlich, dass es seiner kosmischen Norm nicht in demselben Maße wie der Mensch untreu werden kann. Die Opferung eines Tieres anstelle des Menschen ist nur möglich dank eines gewissen qualitativen Ausgleichs.

12. Die Einung mit dem Göttlichen Wesen geschieht immer in drei Stufen: Zuerst werden alle positiven Anblicke der Welt oder deren innere Entsprechungen in einer sinnbildlichen Mitte zusammengefasst, dann wird die »Welt« oder die Seele, die diese enthält, geopfert und endlich wird deren Natur vom Feuer des Geistes verwandelt.

ihrer Mitte, die fünf Lebensodem und die fünf Sinne, die jenen Richtungen entsprechen, sind seine Formen. In dem Maße aber, in dem Agni als der Inbegriff des Opfers die Welt umfasst, geht Prajapati selbst in ihn ein und wird so zu Agni-Vaishwanara, dem Allmenschen, der alle Wesen geistig und wirklich in sich vereint.[13] Also wird das All, das in seiner Göttlichen Wesenheit stets sich selber geblieben, vom Standpunkt der vergänglichen Wesen jedoch wie diese in Vielheit zerfallen ist, im Opferritus zu jener Einheit aufgebaut, die vom Opfernden aus gesehen das letztendliche Ziel, vom Ewigen aus gesehen aber das von jeher Seiende ist.

Die Entsprechung von Altar und Weltall ist durch die Zahl und die Lage der aufgeschichteten Ziegel ausgedrückt. Die Entsprechung von Altar und Mensch dagegen bedingt die Ausmaße des gebauten Altars: Dessen Grundseiten haben die Länge eines Menschen mit ausgestreckten Armen; die Ziegel sind ein Fuß lang; der Nabel (*nabhi*) des Altars misst eine Spanne im Geviert. Andererseits wird der »goldene Mensch«, eine schematische Menschenfigur aus Gold, so in den Altar eingemauert, dass sein Kopf gleich dem des Opfertieres nach Osten gerichtet liegt. All diese Sinnbilder kommen abgewandelt beim Bau des Tempels wieder vor.

Um die Opferstätte, die *vedi,* herum werden drei Altäre oder Herde verschiedener Form errichtet: Im Osten steht der *ahavaniya* genannte und dem Himmel geweihte Herd, im Westen der *garhapatya* genannte Herd, welcher der Erde entspricht, und im Süden des ost-westlichen »Rückgrates« (*praci-pratici*) der dem Zwischenreich der Luft geweihte Herd des *dakshinagni.* Zusammen stellen diese drei Feuerstellen das ganze Weltall dar, denn die Erde entspricht dem körperlichen Zustand, die Luft dem seelischen und der Himmel dem geistigen. Der Altar des Himmels ist viereckig, der des Luftreichs halbmondförmig, der irdische rund. »Der *garhapatya*-Herd ist [diese irdische Welt], und diese Welt ist rund« (Shatapatha-Brahmana VII 1.1.37): Die Form der irdischen Welt wird vom Kreis des sichtbaren Himmels oder des Horizontes zusammengefasst, im Viereck dagegen gibt sich das eigene Wesen des Himmels kund, denn das Gesetz der Himmelsbewegung, die in vier Phasen zerfällt, ist die Vierheit. So spiegelt sich die Dauer des Himmels, der unsichtbar ist, auf der sinnlichen Ebene in der räumlich geronnenen Vierheit. In dieser Auffassung von Kreis und

13. Siehe René Guénon: *L'homme et son devenir selon le Vedanta,* Paris 1948.

Viereck kehren sich die Entsprechungen wie Spiegelbilder um: Das Viereck bezieht sich auf das unwandelbare Wesen des Himmels, das sich durch die vierfache Zeit offenbart, während der Kreis das wandelbare Wesen der irdischen Welt kennzeichnet.[14] Demgemäß ist auch der Hochaltar (*uttara vedi*), der für das Soma-Opfer östlich vom Himmelsaltar auf einer besonderen Opferstätte (*saumiki vedi*) errichtet wird, von viereckiger Gestalt.

Beim täglichen Opferritus wird das Feuer zuerst auf dem Altar der Erde, dem *garhapatya,* der dem häuslichen Herd entspricht, angezündet, von da auf den Altar des Himmels, den *ahavaniya,* und dann auf die anderen Altäre übertragen.

Im Laufe des Jahres der Einweihung (*diksha*) wird der *ahavaniya*-Altar durch einen *garhapatya*-Altar ersetzt, der die ihm eigene runde Form, jedoch den gleichen Flächeninhalt wie der *ahavaniya*-Altar haben soll. Die Verwandlung der viereckigen Grundfläche in die runde wird durch eine gewisse Lage der Ziegel der ersten Schicht des neuen Altarbaus bewirkt. Der frühere *garhapatya*-Altar (*purana garhapatya*) war irdischer Natur; der neue (*shaladvarya garhapatya*) von gleicher Gestalt wird himmlischer Natur sein, denn seine aus viereckigen Ziegeln gebildete Kreisform enthält das Viereck des Himmels.[15]

Am Ende des Jahres der Einweihung wird das Opferfeuer vom neuen *garhapatya*-Altar, der anstelle des himmlischen Altars steht, auf die Feuerstelle (*agni*) des viereckigen Hochaltars (*uttara vedi*) übertragen. Zur Überführung des Feuers dient eine irdene Pfanne von der Gestalt eines Würfels, die man »die Gebärmutter des Feuers« nennt. In diesem Würfel sei das Weltall enthalten, heißt es, so wie die »Höhle« des Herzens, die den Göttlichen Funken in sich birgt, eben dadurch die ganze Welt in sich fasst. Der Höhle des Herzens gleicht die innerste, wie ein hohler Würfel gebildete

14. »Die viereckige Form des *ahavaniya*-Altars, der *uttara vedi* und der anderen heiligen Herde und Geräte kann nicht durch die runde Form ersetzt werden, während der *garhapatya*-Altar, der selber rund ist, sowohl auf einer runden wie auf einer viereckigen Altarstätte erbaut werden kann, je nach Brauch. Das bedeutet aber, dass die ›Erde‹ entweder als kreisförmig, ihrer eigenen Gestalt entsprechend, oder auch als viereckig, gemäß ihrer vom himmlischen Gesetz bestimmten Form, gedacht werden kann« (STELLA KRAMRISCH: *The Hindu Temple,* Band I, Seite 28).

15. Siehe N.K. MAJUMDAR: "Sacrificial Altars: Vedis and Agnis" in *Journal of the Indian Society of Oriental Art,* June–December 1939, Kalkutta.

Kammer des Tempels, das *garbhagriha* oder »die Kammer der Leibesfrucht«.[16]

Die Mitte der Welt

Dass der Bau des Tempels unmittelbar an die Riten anknüpft, die für die Errichtung eines Altars gelten, hat darin seinen Grund, dass der Tempel ebenso wie der Altar und wie der Opferritus als solcher die im Geist vollzogene Wiederherstellung des von der Zeit scheinbar zerstückten Alls darstellt. Altar und Tempel haben so dasselbe geistige Vorbild. Der Altar aber ist älter als der Tempel, denn der Erste ist auch den Wandervölkern eigen, während der Zweite mit den sesshaften Kulturen allein verbunden ist, da er das Bauen mit festen Werkstoffen voraussetzt. Der geweihte Umkreis des Feueraltares ist die ursprünglichste Gestalt des Heiligtums. Die heiligen Handlungen, kraft welcher dieser Umkreis fesgelegt wird, gleichen jenen, die bei der Gründung eines Tempels vollzogen werden. So liegt in diesen Riten ein Urerbe beschlossen, das die große Scheidung in wandernde und sesshafte Völker überbrückt. Im Hinblick darauf seien hier die Worte erwähnt, mit welchen ein Priester und Seher eines wandernden Stammes der nordamerikanischen Indianer[17] die Errichtung eines Opferaltars beschrieben hat; sie haben eine merkwürdig nahe Beziehung zu dem, was wir in der Folge von der Gründung des indischen Tempels sagen werden. Der Opfernde, erzählt Hehaka Sapa,

> ergriff die Axt, streckte sie nach den sechs Himmelsrichtungen [den vier Winden, dem Zenit und dem Nadir] aus und schlug dann damit im Westen auf die Erde. Dieselbe Bewegung wiederholend hieb er im Norden, im Osten und dann im Süden mit der Axt auf den Boden. Dann erhob er die Axt gen Himmel und schlug auf die Mitte der Stätte, zweimal für die Erde und zweimal für den Großen Geist. Nachdem er das getan hatte, scharrte er mit einem Stab, den

16. Die meisten Anregungen zu unseren Betrachtungen über den vedischen Altar und den indischen Tempelbau verdanken wir dem ausgezeichneten Werk von Stella Kramrisch: *The Hindu Temple,* 2 Bände, Kalkutta: University Press, 1946).

17. Joseph Epes Brown: *The Sacred Pipe – Black Elk's Account of the Seven Rites of the Oglala Sioux,* Oklahoma: University Press, 1953, Seite 108.

> er zuvor im Weihrauch gereinigt und den sechs Himmelsrichtungen dargeboten hatte, das Erdreich auf, indem er eine Linie vom Westen zur Mitte, dann eine vom Osten zur Mitte, dann eine vom Norden zur Mitte und schließlich eine vom Süden zur Mitte zog. Hierauf bot er den Stab dem Himmel dar und berührte die Mitte; dann bot er ihn der Erde dar und berührte abermals die Mitte. So wurde der Altar hergerichtet. Dieser ist, wie ich schon sagte, sehr heilig, denn wir haben hier die Mitte der Erde festgelegt, und diese Mitte, die in Wirklichkeit überall ist, ist die Wohnstätte des Großen Geistes.

Durch diese heilige Handlung sind die hauptsächlichen Anblicke des Weltalls auf den Opferaltar, der so zur Mitte der Welt wird, bezogen: Der Himmel als der Ausdruck der schöpferischen Tätigkeit steht der Erde als dem Empfangenden und alles Gebärenden gegenüber; die vier »Winde« beherrschen den Wechsel der Tages- und Jahreszeiten; sie entsprechen vier Kräften oder Anblicken des einen, allbeherrschenden Geistes.

Im Unterschied zu der Herrichtung einer Tempelstätte wird der Ort eines nomadischen Altars, wie er hier beschrieben ist, wohl der Vierheit der Himmelsgegenden zugeordnet, nicht aber von einem Viereck umschlossen. Das hat darin seinen Grund, dass die Wandervölker ihrer Lebensart gemäß die rechteckige Form als etwas Erstarrtes und Totes verabscheuen.[18] Ihre Heiligtümer, die aus Zelten oder Laubhütten[19] bestehen, ahmen die runde Form des Himmels nach. Ihre Zeltlager sind kreisförmig angeordnet; diese Anordnung kann auch bei den Städten sesshaft gewordener Wandervölker, etwa bei den Parthern vorkommen. Der kosmische Gegensatz, welchen Kreis und Viereck versinnbildlichen, spiegelt

18. »Alles, was die Kraft des Alls bewirkt, gestaltet sie im Kreis. Der Himmel ist kreisförmig [...]. Der Wind in seiner äußersten Stärke wirbelt im Kreis. Die Vögel machen ihre Nester kreisförmig, denn sie haben dieselbe Religion wie wir. [...] Unsere Zelte waren rund wie die Nester der Vögel, und sie waren stets im Kreis angeordnet, als Kreis des Volkes, als Nest aus vielen Nestern, wo der Große Geist wollte, dass wir unsere Kinder aufzogen« (Hehaka Sapa in John G. Neidhardt [Hrsg.]: *Black Elk Speaks,* New York 1932).

19. Die beim Laubhüttenfest der Juden errichteten runden Hütten aus frischen Zweigen sind eine Erinnerung an die Wanderzeit. Gewisse pflanzliche Zierrate an den Nischenbogen des indischen Tempels scheinen auch an die ursprünglichen Opferhütten aus Zweigen zu erinnern.

sich so im Gegensatz der wandernden und der sesshaften Völker: Die ersten sehen ihr geistiges Ideal in der Bewegungsform des Kreises, die zweiten sehen es in der Gesetzmäßigkeit des Vierecks.

Ob nun ein Heiligtum von Sesshaften als fester Bau oder von Nomaden in kurzlebiger Gestalt errichtet werde, immer steht es in der Mitte der Welt. Hehaka Sapa sagt von dieser Mitte, dass in ihr der Große Geist seine Wohnstätte habe und dass sie in Wirklichkeit überall sei. Ebendeshalb bedarf es auch nur eines sinnbildlichen Anhaltspunktes, um ihrer innezuwerden.

Diese Allgegenwart der geistigen Mitte spiegelt sich auf der sinnlichen Ebene in dem Umstand, dass jeder beliebige Punkt auf der Erde der Mittelpunkt des unmessbar weiten Himmelsgewölbes ist, denn die Richtungen des Himmelsraums streben überall in genau gleicher Weise zusammen: Die Blickrichtungen zweier Menschen, die in beliebiger Entfernung voneinander denselben Fixstern betrachten, sind stets parallel; es gibt keine Perspektive im Hinblick auf den gestirnten Himmel, sodass wir uns überall in seiner Mitte befinden. Wer die Sonne über einem Wasser aufgehen oder untergehen sieht, auf den kommt die goldene Straße der gespiegelten Strahlen geradewegs zu und, wie er sich auch fortbewege, folgt ihm die Lichtstraße nach, die gleichwohl jeder andere Betrachter der Sonne ebenso auf sich zukommen sieht. Darin liegt ein tiefer Sinn.

Die Ostung

Der Plan des Tempels ergibt sich gesamthaft aus dem Vorgang der Ostung, der ein Ritus im eigentlichen Sinne des Wortes ist, denn er *richtet* die Gestalt des Heiligtums nach der sichtbaren Form des Alls, die hier die Rolle des Göttlichen Gesetzes spielt. An der für den heiligen Bau gewählten Stätte wird zunächst ein Pfosten aufgerichtet und darum ein Kreis gezogen, auf dem sich der Schatten des Pfostens wie auf einer Sonnenuhr abzeichnen kann: Die beiden äußersten Lagen des Schattens am Morgen und am Abend geben auf dem Kreis zwei Punkte an, in deren Verbindung die Ost-West-Achse liegt (Figur 1). Nachdem man diese Achse gezogen hat, werden von denselben beiden Punkten aus zwei gleich große Kreise geschlagen, deren Überschneidung in Form des »Fisches«[20] (Figur 2)

20. Die aus der Überschneidung von zwei Kreisen gebildete Gestalt eines Fisches ist in der Zierkunst aller Völker sehr verbreitet. Der dreifache Fisch, aus

die Lage der Nord-Süd-Achse angibt. Wiederholt man dasselbe Verfahren, so erhält man alle Elemente eines Vierecks (Figur 3), das sich so als die »Quadratur« des ursprünglichen Sonnenkreises darstellt.[21] Dieses Viereck ist das *vastu-purusha*-Mandala, das den Grundriss des zu bauenden Tempels umreißt.

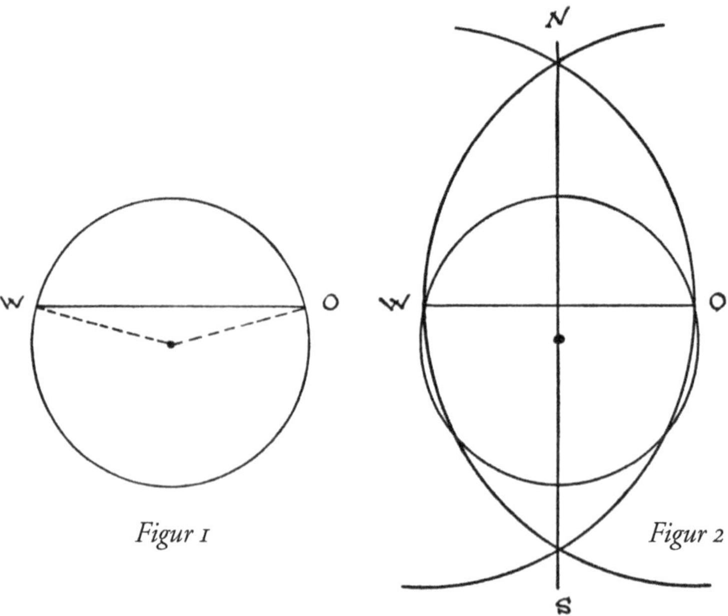

Figur 1

Figur 2

Die Entsprechung zwischen dem Kosmos und dem *vastu-purusha*-Mandala wird dadurch weiter ausgestaltet, dass man das grundlegende Viereck in eine mehr oder weniger große Zahl von kleineren Vierecken unterteilt, welche den Abschnitten verschiedener kosmischer Kreisläufe und den sie beherrschenden Göttlichen Kräften entsprechen. Nur das mittlere Feld des Mandalas befindet sich dem Gleichnis nach außerhalb der kosmischen Ordnung: Es umfasst das *brahmasthana,* die Stätte Brahmas. Über ihm wird sich die »Kammer der Leibesfrucht«, das *garbhagriha* erheben.

der natürlichen Dreiteilung eines Kreises mit dem Zirkel entstanden, kommt in der ägyptischen und der mittelalterlich christlichen Kunst vor.

21. Siehe: *Manasara-Shilpa-Shastra,* herausgegeben und auf Englisch zusammengefasst von P. K. Acharya, Oxford: University Press, 1933.

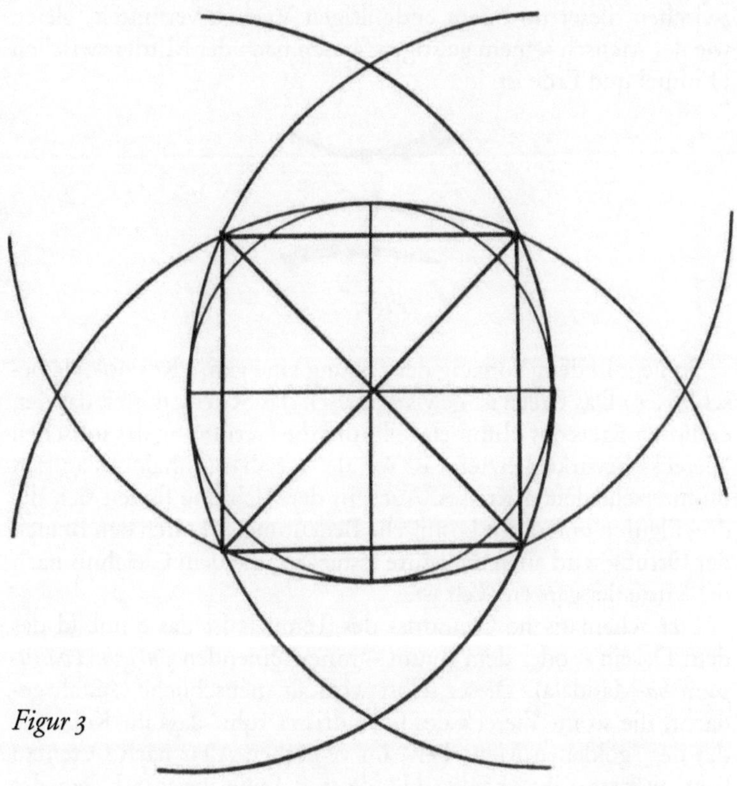

Figur 3

Verharren wir einen Augenblick beim Brauch der Ostung, der in vermutlich gleicher Form den verschiedensten Kulturen eigen war: Frühe chinesische Schriften erwähnen ihn; Vitruv berichtet, dass die alten Römer in ebendieser Weise die beiden Achsen ihrer Siedlungen, den *cardo* und den *decumanus,* zu ermitteln pflegten, und gewisse Anzeichen lassen darauf schließen, dass der Brauch von den römischen *collegia* auf die Baugilden des Mittelalters überging.

Es fällt auf, dass die drei Phasen dieses Vorgangs den drei Grundfiguren Kreis, Kreuz und Viereck entsprechen. Das sind auch die Zeichen der fernöstlichen Dreiheit: Himmel, Mensch und Erde (Figur 4), und mit deren Sinn stimmt es überein, dass der Kreis die Sonnenbahn abbildet, während das Kreuz der Himmelsachsen zwischen dieser und dem endgültigen Viereck vermittelt, gleich wie der Mensch seinem geistigen Wesen nach der Mittler zwischen Himmel und Erde ist.

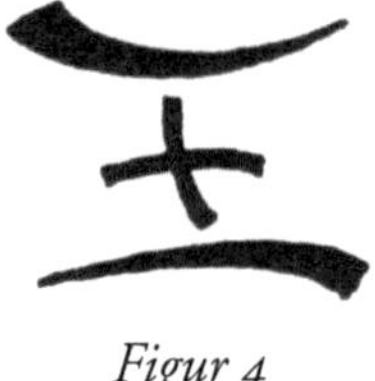

Figur 4

So liegt in dem Vorgang der Ostung eine ganze Kosmologie beschlossen: Das Kreuz ist gewissermaßen das Scheidemittel, das den endlosen Kreis des Himmels teilt und die Gerinnung des irdischen Vierecks bewirkt. Letzteres ist wie der messbare Inhalt des an sich ununterschiedenen Kreises. Auch in der Alchimie finden sich die drei Figuren und deren kosmische Bedeutung.[22] Durch den Brauch der Ostung wird auch die Mitte festgelegt, die dem Gleichnis nach die Mitte der ganzen Welt ist.

Der schematische Grundriss des Tempels ist das Sinnbild des dem Dasein – oder dem Raum – innewohnenden *purusha* (*vastu-purusha*-Mandala). Dieser selbst wird als menschliche Gestalt gedacht, die so im Viereck des Grundrisses ruht, dass ihr Kopf wie der des »goldenen Menschen« im vedischen Altar nach Osten zu liegt, während ihre beiden Hände und Füße die vier Ecken des Quadrats bedecken.[23] Diese Gestalt des *purusha* ist nichts anderes als das von den *deva* am Anfang der Zeiten geopferte Allwesen, das so dem Viereck des endgültigen Kosmos einverleibt ist.

> *Purusha* ist allein die ganze Welt, die Vergangenheit und die Zukunft. Aus ihm ist *viraj* [die kosmische Vernunft] und aus derselben *purusha* [als Urbild des Menschen] geboren (Rigveda X 90.5).

22.Siehe dazu TITUS BURCKHARDT: *Alchimie – Sinn und Weltbild,* Xanten: Chalice Verlag, 2018, Seite 75ff.

23. Im vedischen Altar ist Agni-Prajapati als Opfer mit dem Antlitz dem Himmel zugewandt dargestellt. Das ist auch die Stellung des nach Honorius Augustodunensis dem christlichen Tempel einverleibten *crucifixus.* Die dem Boden zugewandte Stellung des *vastu-purusha* bezieht sich auf seinen »asurischen« Anblick, von dem wir im Folgenden sprechen.

Als begrenzte und »erstarrte« Form entspricht der geometrische Grundriss des Tempels, das Mandala, der Erde; als rein eigenschaftliche (qualitative) Form entspricht es *viraj,* der kosmischen Vernunft; in seinem tiefsten, unteilbaren Wesen ist es *purusha,* die alles durchdringende, unveränderliche Wesenheit.

Das *vastu-purusha*-Mandala

Das dem Tempel zugrunde liegende Mandala hat einen zweifachen Anblick: Einerseits ist es ein Sinnbild der Göttlichen Gegenwart in der Welt, ein »Abdruck« des allgegenwärtigen Göttlichen Geistes, *purusha;* andererseits ist es ein Bild des durch den Geist besiegten irdischen und im weiteren Sinne allweltlichen Stoffs. Beide Anblicke sind miteinander verquickt, denn ohne das »Siegel« des Göttlichen Geistes hätte der Stoff, der an sich genommen ununterschiedene Finsternis ist, keine erkennbare, der Vernunft ermessbare Gestalt; ohne den den Abdruck des »Siegels« empfangenden und festhaltenden Stoff aber würde die Welt im blendenden Licht des Göttlichen Geistes aufgelöst.

So ist das *vastu-purusha*-Mandala in einem gewissen Sinne ein Abbild des an sich ungeschlachten und als solches »asurischen«, das heißt dämonenhaften, Daseins,[24] welches von den *deva,* den Göttlichen Mächten, besiegt und »verklärt« wird. Laut dem Brihat-Samhita (LII 2–3) gab es einst, am Anfang des gegenwärtigen Weltenalters (*manvantara*), etwas Unbeschreibbares und Unerkennbares, »das Himmel und Erde hindernd erfüllte«. Da das die *deva* wahrnahmen, ergriffen sie es plötzlich, warfen es nieder mit dem Antlitz gen Boden und nahmen darauf ihren Stand in ebender Ordnung, die sie innehatten, als sie es ergriffen. Brahma erfüllte es mit *deva*[25] und nannte es *vastu-purusha.* Dieses dunkle, aller geistigen Form bare Ding ist nichts anderes als das »Dasein« (*vastu*) in seiner finsteren, dem Göttlichen Licht entgegengesetzten Natur. Die *deva* aber sind wie Strahlen des Göttlichen Lichts, und durch den Sieg,

24. Die *asura* [Dämonen] sind die bewussten Kundgebungen von *tamas* [Trägheit], der »abwärts« gerichteten Strebung des Kosmos.

25. Ein Abendländer würde sagen, dass die »rohe Materie« durch Göttliche Prägung zum Sinnbild wird. Die indische Auffassung des Daseins (*vastu*) schließt diesen Begriff der »rohen Materie« in sich, ist aber viel umfassender, denn sie begreift das Dasein als Grund der Vielheit überhaupt.

den sie über das ungeformte Dasein erringen, empfängt dieses Gestalt. An sich bloßes Chaos, wird es so zum Träger unterscheidender Eigenschaften, während umgekehrt die *deva* eine Grundfeste für ihre Kundgebung erhalten. Dieser Lehre entsprechend kommt die Festigkeit des Tempels von der Seite des »Daseins« (*vastu*) her, und deshalb widmet man auch dem *vastu-purusha* besondere Riten, um dem Gebäude Standfestigkeit (*vastushanti*) zu sichern. Der Erbauer (*karaka*) des Tempels, oder genauer gesagt sein Stifter, setzt sich selber mit dem von den *deva* besiegten und geopferten *asura,* der den Tempel trägt, in eines.

Für den Abendländer, der in Folgerungen denkt, mag diese Vielfalt von Anblicken eines und desselben Sinnbildes verwirrend sein. Der beschauliche Inder unterscheidet zwischen dem, was in jeglichem Ding die unendliche Schönheit Gottes widerspiegelt, und dem, was von der dunklen, verhüllenden Seite des Daseins herkommt. So führt er die Welt einerseits auf das unveränderliche, alles durchdringende Wesen des *purusha* und andererseits auf das empfangende, an sich dunkle Wesen des Urstoffs, des *prakriti,* zurück. Der Urstoff aber ist seinerseits nichts anderes als Gottes geheimnisvolle Fähigkeit, die Einzelwesen mit Formen, die sie scheinbar von Gott trennen, zu bekleiden. Das ist *maya,* die Göttliche Kunst, und auch *shakti,* die schöpferische Macht Shivas. Die indische Kunst ahmt das Wirken der *shakti* nach, und daher kommt es, dass in all ihren Werken, am deutlichsten aber in ihren Bauten und Bildhauereien, etwas wie eine kosmische Gewalt von der Fruchtbarkeit der Erde und der Geschmeidigkeit und Seltsamkeit der Schlange lebt. Ein weiblich plastisches Vermögen erfüllt die kleinsten Formen und fügt sich doch der unwandelbaren Geometrie des Geistes: So tanzt die *shakti* auf dem unbewegten Leib Shivas.

Je nach dem Anblick des *vastu-purusha*-Mandalas, den man betrachtet, ist das dem heiligen Bau einverleibte Opfer einmal *purusha,* der Allgeist, ein anderes Mal aber der von den *deva* besiegte *asura.* Wenn man *purusha* als das Opfer nimmt, so liegt in dieser Auffassung eine Täuschung, denn in Wirklichkeit erleidet der Göttliche Geist, der in die Formen der Welt herabsteigt, deren Schranken nicht. Dennoch ist sein Gestaltwerden das Vorbild jeglichen Opfers im umgekehrten Sinne. Opfer *erleiden* kann aber in Wirklichkeit nur die stoffliche Natur, und im Hinblick darauf ist auch das im Tempelbau eingeschlossene, geopferte Wesen nicht *purusha,* sondern der durch seine Opferung vergöttlichte *asura.*

Das Siegel des Alls

Es gibt 32 Typen des *vastu-purusha*-Mandalas, entsprechend der Aufteilung des grundlegenden Vierecks in mehr oder weniger kleine Vierecke. Von diesen 32 Typen lassen sich alle jene, die eine ungerade Zahl von kleinen Vierecken enthalten, auf ein Mandala von neun Feldern zurückführen, welches im Besonderen der Erde (*prithvi*) zugewiesen ist: Sein mittleres Feld bedeutet die Mitte der irdischen Welt; die acht darum liegenden Felder entsprechen den vier kardinalen und den vier dazwischen liegenden Richtungen des Raums. Es ist gleich einer viereckigen Windrose (Figur 5).

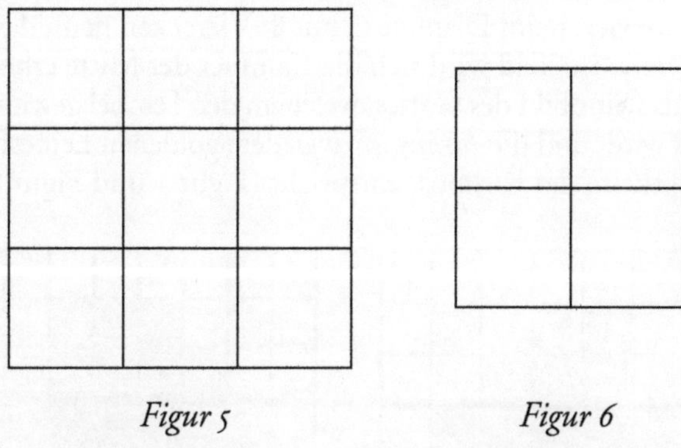

Figur 5 *Figur 6*

Das einfachste Mandala mit gerader Felderzahl ist das Schema von vier Feldern, das Shiva symbolisiert: Als Abbild des viergeteilten Ablaufs der Zeit entspricht es der verwandelnden Macht Gottes (Figur 6).

Zwei Mandalas, eines von 64 und eines von 81 Feldern, werden vorzugsweise für den Grundriss von Tempeln und Gebäuden verwendet. Der erste dieser beiden Typen ist in gewissem Sinne mit dem Priesteramt der Brahmanen und dem makrokosmischen Anblick des *vastu-purusha,* der zweite mit dem Krieger- und Fürstenamt der *kshatriya* und dem mikrokosmischen Anblick des *vastu-purusha* verbunden. Ihr Rangunterschied erklärt ich daraus, dass ein Mandala mit gerader Felderzahl, dessen Mitte nicht kundgegeben ist, da sie aus der bloßen Kreuzung zweier Linien besteht, eine höhere Wirklichkeit ausdrückt als ein Mandala mit einem kleinen Mittelfeld; der Unterschied ist ähnlich dem von Zeit und Raum.

Von diesem Unterschied abgesehen ist die innere Ordnung der beiden Mandalas von 64 und von 81 Feldern dem Sinne nach dieselbe. Ehe wir diese Ordnung beschreiben, sei noch bemerkt, dass die beiden Zahlen 64 und 81 miteinander und mit 5 multipliziert die Zahl 25920 ergeben, die als Anzahl der in einem vollen Umlauf der Tagundnachtgleichen enthaltenen Jahre das zeitliche Grundmaß aller kosmischen Kreisläufe darstellt; die Teilzahl 5 entspricht hier dem Zyklus von fünf Sonnen- und Mondjahren.[26] So stellt jedes der beiden Mandalas eine »Abkürzung« des Weltalls dar, wobei dieses als die Summe aller kosmischen Kreisläufe aufgefasst ist.

Wir sagten, dass das mehr oder weniger kleine Vierecke umfassende Mittelfeld des Mandalas das *brahmasthana,* die »Stätte Brahmas« darstelle. Beim Diagramm mit 64 kleinen Vierecken deckt diese Stätte vier, beim Diagramm mit 81 Vierecken neun davon ab. Auf diesem Mittelfeld wird sich die Kammer der Mitte erheben, in der sich das Sinnbild des Gottes, welchem der Tempel gewidmet ist, befinden wird, und die *hiranyagarbha,* der »goldenen Leibesfrucht«, dem Lichtkeim des Kosmos, entspricht (Figur 7 und Figur 8).

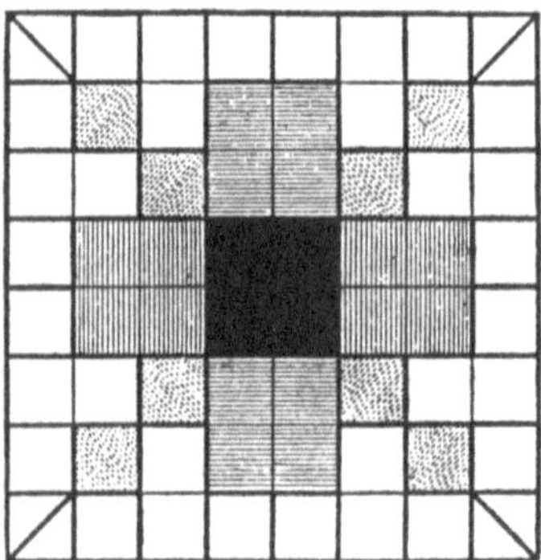

Figur 7:
Mandala mit 64 Feldern.
Nach Stella Kramrisch

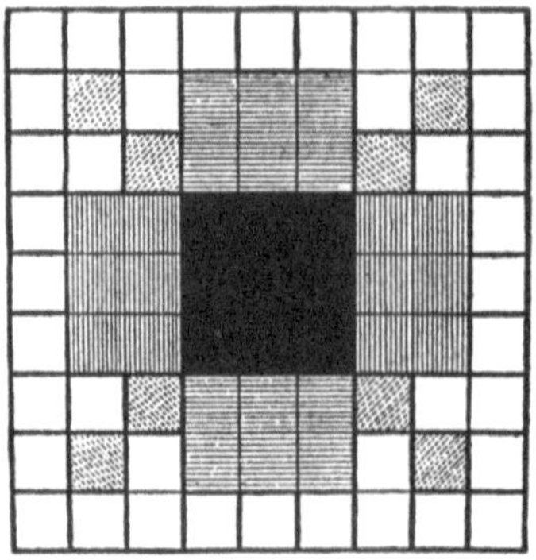

Figur 8:
Mandala mit 81 Feldern.
Nach Stella Kramrisch

Die das *brahmasthana* umgebenden Felder sind mit Ausnahme der Randfelder des Mandalas den zwölf Sonnengöttern, den *aditya,* geweiht. Diese lassen sich auf acht Göttliche Anblicke zurück-

26. Das heißt ihrer beiderseitigen zyklischen Übereinstimmung.

führen, denn acht von zwölfen bilden kosmische Paare; so beherrschen sie zugleich die acht von der »Stätte Brahmas« ausstrahlenden Himmelsrichtungen und die zwölf Abschnitte der Sonnenbahn.

Den Himmelsrichtungen sind außerdem die acht indischen Planeten beigesellt, nämlich die eigentlichen fünf Planeten, die Sonne, der Mond und Rahu, der Dämon der Sonnenfinsternis.[27]

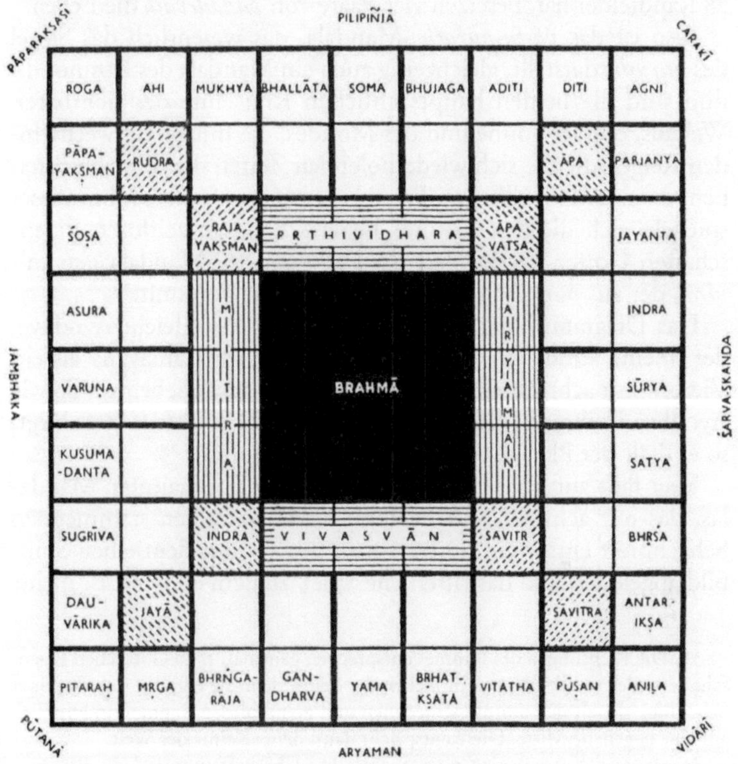

Figur 9:
Das vastu-purusha-*Mandala.*
Nach Stella Kramrisch

27. Das Wesen der Planeten ist Licht. Weil sie aber nicht das Göttliche Licht selber, sondern nur dessen Abbilder sind, muss auch die Möglichkeit eines dunklen Planeten bestehen. Das ist der metaphysische Grund, der die indische Kosmologie veranlasst, die Ursache der Sonnenfinsternis als achten Planeten zu betrachten.

Die Felder der Randzone entsprechen den 28 Mondhäusern, wozu beim Mandala mit 81 Vierecken noch die Stätten der vier Weltenhüter, der *lokapala* kommen. In beiden Mandalas sind die Randfelder gleichzeitig den 32 *padadevata,* die in ihrer Gesamtheit die Göttlichen Eigenschaften des Raumes verkörpern, geweiht: Aus der Vierteilung des Raumes ergibt sich in vierfacher Stufung über 8 und 16 die Zahl 32. Im Mandala mit 64 Vierecken, das nur 28 Randfelder hat, besetzen vier Paare von *padadevata* die Ecken.

Also ist das *vastu-purusha*-Mandala, das wesentlich das Siegel des *purusha* darstellt, gleichzeitig auch ein Mandala des Kosmos. In ihm sind die beiden hauptsächlichen Kreisläufe des sichtbaren Weltalls, die der Sonne und des Mondes, die mit ihrem wechselnden Reigen die nie sich wiederholenden Zeiten der Welt beschreiben, zu einer kristallhaften Form zusammengefasst. Und in dieser spiegeln sich die den Kosmos beherrschenden, zeitlosen Eigenschaften Gottes. Deshalb ist das *vastu-purusha*-Mandala eins mit *viraj,* der aus *purusha* geborenen kosmischen Vernunft.[28]

Das Diagramm aus acht mal acht Vierecken gleicht Ayodhya, der uneinnehmbaren Stadt der Götter, die im Ramayana als ein Viereck mit acht Abschnitten an jeder Seite beschrieben ist. So wie Ayodhya in ihrer Mitte *brahmapura,* die Wohnstätte Gottes birgt, so enthält der Plan des Tempels das *brahmasthana.*[29]

Hier fällt auf, dass sich das vornehmste der genannten Mandalas, das mit achtmal acht Feldern, dem aus Indien stammenden Schachbrett entspricht. Dieses ist in der Tat aus demselben Sinnbild abgeleitet, und das ritterliche Spiel, zu dem es dient, ist nichts

28. Die Richtungen des Raumes entsprechen ganz natürlich Göttlichen Eigenschaften oder verschiedenen Anblicken des Seins, denn sie ergeben sich aus einer Scheidung des an sich ununterschiedenen und grenzenlosen Raumes im Hinblick auf eine gegebene Mitte. Diese entspricht dann dem »Keim« der Welt.

In gewissen Kosmologien monotheistischer Überlieferung sind die Richtungen des Raumes ebenso wie die entsprechenden Phasen der Himmelsbewegung bestimmten Engeln zugewiesen, die ihrerseits Göttlichen Eigenschaften gehorchen. Siehe darüber unsere Studie: Titus Burckhardt: *Une clef spirituelle de l'astrologie musulmane d'après Muhyi-d-dîn 'Arabî* (»Ein geistiger Schlüssel zur islamischen Astrologie nach Muḥyīddīn Ibn 'Arabī«). Paris: Éditions Traditionelles, 1950. Auf Englisch übersetzt von Bülent Rauf als: *Mystical Astrology According to Ibn 'Arabi.* Louisville, KY: Fons Vitae, 2001.

29. Hier sei daran erinnert, dass auch das himmlische Jerusalem, in dessen Mitte das Göttliche Lamm weilt, eine viereckige Form hat, und dass es nach den Kirchenvätern Vorbild des christlichen Tempels ist.

anderes als eine besondere, für die Kaste der Krieger erdachte Anwendung des doppelten Sinnes, der im *vastu-purusha*-Mandala liegt: Der Kampf der beiden auf dem Schachbrett aufgestellten Heere von insgesamt 32 Figuren hat zum Vorbild den Kampf der *deva* und *asura,* der Götter und Titanen. Also entspricht der Ablauf des Spiels jener Sage des Brihat-Samhita, welche den Sieg der lichthaften Mächte über *vastu,* den »asurischen« Anblick des Daseins, beschreibt. Das Schachbrett ist je nach der Daseinsstufe, auf die man es bezieht, ein Schlachtfeld, die Erde oder das ganze Weltall.[30]

Man nimmt gewöhnlich an, dass die Einteilung in weiße und schwarze Felder dem ursprünglichen indischen Schach nicht eigen gewesen sei, weil das aus Indien stammende chinesische Spiel gleicher Art diesen Wechsel der Farben nicht kennt. Allein, dieser Zug entspricht durchaus dem tieferen Sinn des Spiels; er zeigt gerade jene Zweideutigkeit des Mandalas, die den dargestellten Kampf begründet (Figur 10).

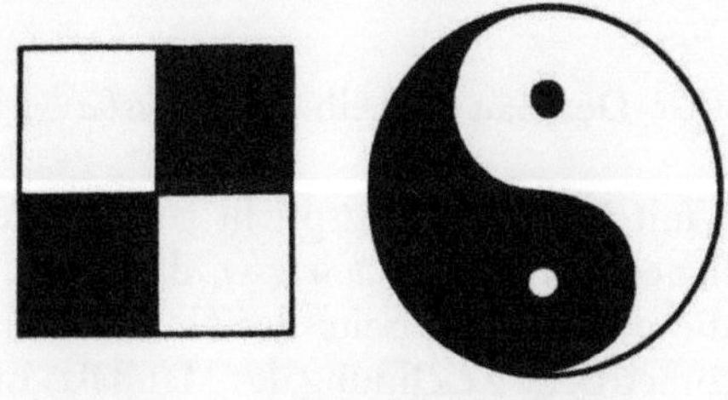

Figur 10

In diesem Kampf siegt derjenige der beiden Gegner, der am besten die im Spiel oder, besser gesagt, die in der Form des Mandalas selbst enthaltenen Möglichkeiten voraussieht. Das heißt aber, wenn man das Schachbrett als Abbild des Kosmos deutet, dass der Sieg über dessen dunkle Mächte dem gehört, der an *viraj,* der kosmischen Vernunft, am unmittelbarsten teilhat. Das ist der Sinn der »königlichen Kunst«, die sich solcherweise von demselben Ursprung wie die priesterliche Kunst ableitet.

Es gibt eine besondere, von Indien bis in das mittelalterliche Europa gelangte Abart des Schachspiels, die zugleich mit dem kosmischen Kampf auch die im *vastu-purusha*-Mandala enthaltene For-

30. Siehe unsere Studie: Titus Burckhardt: «Le symbolisme du jeu des échecs» in *Études traditionnelles,* Paris, Oktober–November 1954.

mel des kosmischen Kreislaufs zum Ausdruck bringt; es ist das »Spiel der vier Jahreszeiten«, bei dem vier mal acht Schachfiguren von den vier Ecken des Brettes aus im Kreis herum einander bekämpfen, »so wie die Jahreszeiten«, sagt König Alfons der Weise, »voneinander nehmen.«[31] Die Figuren tragen vierfache Farben; sie gleichen den Jahreszeiten, den Elementen und den vier Lebenssäften.[32]

Mit diesen Hinweisen sind wir etwas aus unserem Thema herausgetreten; es war aber gut zu zeigen, was für ein Reichtum an Bedeutungen in einem Urbild wie dem *vastu-purusha*-Mandala beschlossen liegt und wie der heilige Sinn sich nicht nur der Kunst, sondern auch dem volkstümlichen Brauch mitteilt.

Man ist heute geneigt, solche Urbilder rein psychologisch zu deuten; man will in ihnen nur Abbild kollektiver Erlebnisinhalte sehen; allein, wenn die Sinnbilder im Völkerleben eine so beständige Wirkung haben, so eben deshalb, weil sich in ihnen geistige, über der psychischen Ebene stehende Wirklichkeiten kundgeben.

Der Bau als Leib des *purusha*

Das Mandala mit 81 Feldern entspricht genauer der Darstellung des feinstofflichen Leibes von *purusha,* das heißt, es bringt im Besonderen die menschliche Seite des Gottmenschen zum Ausdruck. Die geometrische Zeichnung des Mandalas ist aus dem *prana,* dem Lebensodem des *purusha,* gemacht; die Maße der Zeichnung bestehen aus Einheiten von *prana.* Die hauptsächlichen Achsen und Diagonalen entsprechen den seelischen Kraftströmen im Inneren des Leibes von *purusha.* Ihre Überschneidungen bilden die *marma,* die Lebensknoten, die als empfindliche Punkte nicht den Grundmauern einer Wand, eines Pfeilers oder einer Pforte einverleibt werden dürfen. Aus gleicher Rücksicht dürfen auch die Hauptachsen verschiedener Gebäude eines Tempelbezirkes nicht in ihren Verlängerungen genau zusammenfallen. Ein Verstoß wider diese Regel würde Störungen im feinstofflichen Organismus des Tempelstifters, der im Ritus mit dem *vastu-purusha* als Opfer verglichen wird, zur Folge haben. Aufgrund dieses Gesetzes wer-

31. *Das Schachzabelbuch König Alfons des Weisen,* herausgegeben und übersetzt von Arnald Steiger, *Romanica Helvetica,* Band 10, Genf und Zürich 1941.

32. Nach Alfons dem Weisen haben die Figuren die Farben grün, rot, weiß und schwarz, entsprechend Frühling, Sommer, Herbst und Winter.

den also gewisse Teile des Gebäudes im Verhältnis zur genauen Symmetrie des Plans leicht verschoben; die Regelmäßigkeit des Ganzen bleibt bestehen, aber das mathematisch genaue Zusammenfallen des stofflichen Baus mit seinem gedanklichen Schema wird vermieden.

Das zeigt deutlich, wie sehr die der Überlieferung eigene Auffassung von Maß und Regel von jener abweicht, die der neuzeitlichen Wissenschaft und Technik innewohnt. Denn das, was die indische Baukunst mit ihrer Rücksicht auf den »Lebensodem« eines heiligen Baus sehr bewusst zum Ausdruck bringt, gilt allgemein für jede überlieferungstreue Baukunst: Die Regel, die sie beherrscht, soll auch dann, wenn sie sich streng geometrisch aufzeichnen lässt, nie zu einem Rechenexempel werden; sie soll qualitativ bleiben und sich nicht von rein quantitativen Maßen einfangen lassen. Zwischen der körperlichen Gestalt des Tempels und seinen feinstofflichen, gleichsam seelischen Kraftlinien muss ein gewisser Unterschied spürbar bleiben, so wie andererseits zwischen diesem feinstofflichen Kraftnetz und der rein geistig erfassbaren Einheit der Tempelform ein gewisser Unterschied besteht. Auf diese Weise nur erscheint der heilige Bau als Gleichnis einer höheren, körperlich nicht umschreibbaren Wirklichkeit.

Im Gegensatz zu dieser »vielschichtigen« Auffassung eines Baus ist die moderne Baukunst etwas wie eine von unmenschlichen Kräften bewirkte Nachahmung rein gedanklicher, mathematischer Wirklichkeiten auf stofflicher Ebene; ein geistiges Vorbild wird nicht »abgebildet«, sondern auf sozusagen magische Weise im Stoff festgebannt. Es entsteht so eine Art Verwechslung zwischen abstrakter und körperlicher Wirklichkeit, vor allem dann, wenn die Baustoffe selbst, wie Beton, Glas und Eisen, die äußerste Härte der Formgebung erlauben. Bei einem Werk heiliger Kunst wirkt die Gesamtform deshalb, weil sie sich der mathematischen Festlegung entzieht, um so regelmäßiger; sie hebt sich vom Körperlichen ab und entsteht im betrachtenden Geist neu, während die bloß additive Regelmäßigkeit gewisser moderner Bauten jede geistige Schwingung zum Vornherein tötet.

Man darf nicht vergessen, dass ein Tempel nicht nur seiner vollendeten Gestalt nach ein Abbild geistiger Wirklichkeiten darstellt, sondern dass seine Erbauung selber eine heilige Handlung ist. Für den Künstler und den Handwerker, der an dem Bau mitwirkt, ist jede Phase desselben der äußere Ausdruck einer inneren Verwirklichung. So wie der Priester bei der Aufschichtung des Opferaltars, der mit menschlichen Maßen gemessen wird,[33] sich selber mit diesem vergleicht, so ist auch der Baumeister mit dem heiligen Bau eins. Von diesem Standunkt aus gesehen erhält die Vorstellung des in den Bau eingeschlossenen *purusha* den Wert eines Hilfsmittels der geistigen Verwirklichung: Der Künstler überträgt seine eigene Lebenskraft auf den Bau und hat dafür an der Verwandlung Teil, die diese Kraft durch die Göttliche Weihe des Tempels erfährt.

Dass ein heiliger Bau nur dann Bestand hat, wenn ihm ein Stück Leben einverleibt wird, ist eine Vorstellung, die man weit über die indische Welt hinaus verbreitet findet; sie wirkt auch im abendländischen Brauchtum weiter, etwa in dem Aberglauben, dass in den Fundamenten eines Baus ein lebendiges Wesen oder doch der Schatten eines solchen eingemauert werden müsse. Darin liegt ursprünglich der Gedanke der *vastushanti* und zugleich auch die Vorstellung des im heiligen Bau eingeschlossenen Gott-menschlichen Opfers: eine Vorstellung, die wir in der Sinnbildlichkeit des christlichen Tempels wiederfinden werden.

Das Sinnbild des *vastu-purusha* kehrt in Kulturen, die vom Hinduismus räumlich und geschichtlich weit getrennt sind, wieder. So betrachten beispielsweise die Osagen, einer der indianischen Stämme Nordamerikas, die Anordnung ihres Zeltlagers als »die Gestalt und den Geist eines vollkommenen Menschen«, dessen Haupt zu Friedenszeiten nach Osten zu liegt: »Bei ihm ist auch die Mitte oder der Ort der Mitte, deren gewöhnliches Sinnbild das im Zauberzelt brennende Feuer ist.«[34] Das, was man auf Englisch den *camp circle* nennt, nämlich das kreisförmig angeordnete Lager, stellt zudem das ganze All zusammenfassend dar: Die dem Norden zu lagernde Hälfte des Stammes bedeutet den Himmel, die dem Süden zu lagernde Hälfte die Erde. Der Umstand, dass die gesamte Anlage einen Kreis und nicht wie beim Tempel ein Viereck be-

33. Laut den vedischen Opfervorschriften sollen Opferaltäre, die zur Erlangung verschiedener Ziele errichtet werden, unterschiedlicher Form, aber gleichen Flächeninhalts sein; andererseits sollen verschiedene Opferriten gleichen Ziels auf Altären gleicher Gestalt, aber verschiedenen Flächeninhalts vollzogen werden. Das Opfer, heißt es ferner, ist immer dem Opfernden angemessen. Das Maß ist also der Ausdruck der wesentlichen Einheit. Siehe darüber: N.K. Majumdar, op. cit.

34. Nach Hartley Burr Alexander: *L'art et la philosophie des Indiens de l'Amérique du Nord*, Paris 1926.

35. Ebenda.

schreibt, hängt mit dem zusammen, was wir vorgängig über den nomadischen »Lebensstil« gesagt haben und nimmt dem Vergleich, um den es hier geht, nichts von seiner Tragweite. Übrigens findet man die körperhafte, »erstarrte« Gestalt des Tempels als Abbild des Alls in gewissem Sinne in der indianischen Friedenspfeife wieder, die »eine Art körperlichen Typus jenes idealen Menschen darstellt, der als geistiger Gnomon [Schattenzeiger einer Sonnenuhr] der sichtbaren Welt errichtet ist.«[35]

Elchhorn, Herold der Brave Dogs vom Stamm der Schwarfuß-Indianer, beim Abreiten seines camp circles, *Montana um 1900. Lanternglasbild von Walter McClintock. Beinecke Library*

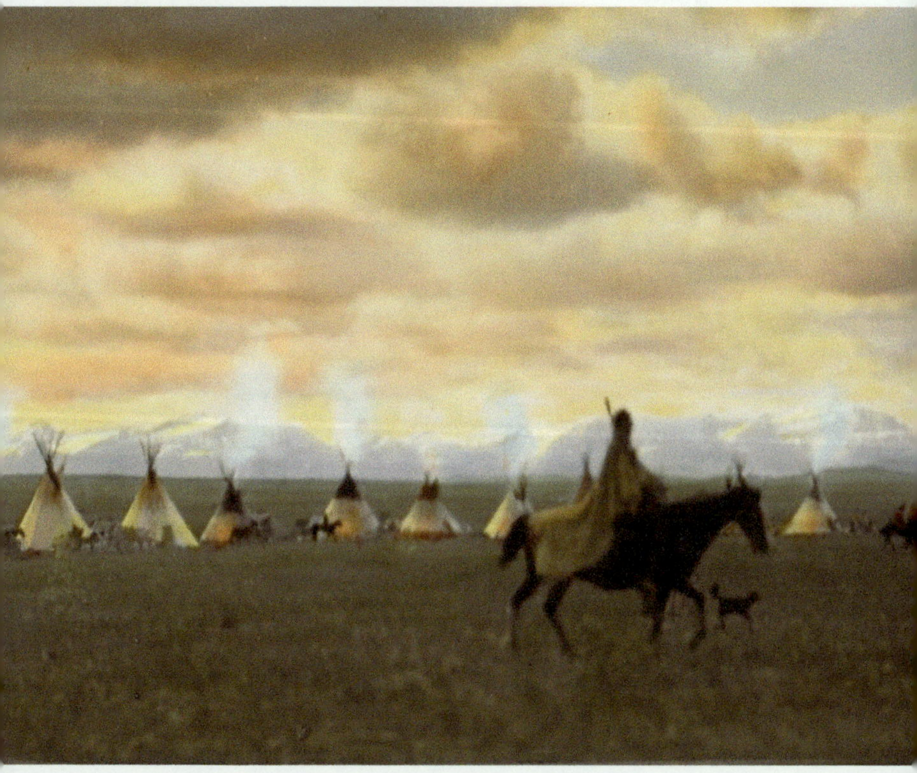

Der Tempel als Weltenberg

Die Grundmauern des indischen Tempels bedecken nicht notwendigerweise das ganze Mandala, welches als schematischer Grundriss dient (Figur 11). Meistens greifen sie teilweise über das Viereck des Mandalas hinaus oder lassen es teilweise solcherart unausgefüllt, dass das Kreuz der beiden Hauptachsen oder der Stern der acht Himmelsrichtungen an den oberflächlichen Gliederungen des Gebäudes sichtbar wird. Durch diese Vorsprünge und Einbuchtungen wird der nach oben verjüngte Baukörper einem Berg noch ähnlicher. In der Tat bedeutet die äußere Gestalt des Tempels den Weltenberg *meru.* Die zur Pyramide aufgestuften Stockwerke gleichen den Daseinsstufen. Die senkrechte Weltenachse ist durch den Tempel hindurchgehend gedacht; sie erreicht unten die Mitte des *garbhagriha,* das wie eine Höhle im Tempel verborgen liegt, und ist oben, über der krönenden Kuppel, als Mast sichtbar gemacht.

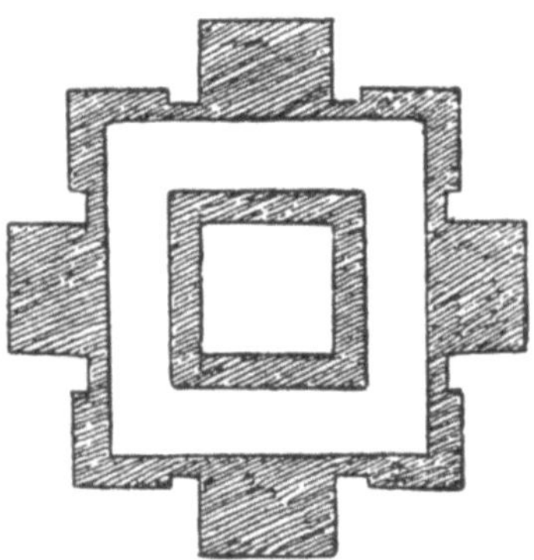

Figur 11:
Grundmauern eines indischen Tempels.
Nach Stella Kramrisch

Die Weltenachse entspricht der alle Welten oder Daseinsstufen durchdringenden Gegenwart von *purusha;* sie verbindet die Mitten der einzelnen Stufen untereinander und zugleich mit dem höchsten, jenseits aller Kundgebung liegenden Sein.[36] Im Bau des vedi-

36. Siehe René Guénon: *Le symbolisme de la croix,* Paris 1931.

schen Altars ist diese Achse durch einen Kännel angegeben, der drei Schichten von Ziegeln – das heißt, sinnbildlich gesehen, drei Weltenstufen – durchbohrt, von oben bis zu der Stelle, wo der »goldene Mensch« (*hiranyapurusha*) im Altar eingemauert ist. Dass die Achse hier durch einen Hohlraum dargestellt wird, deutet an, dass sie nicht nur die feste Mitte, um die sich alles dreht, sondern auch der Weg ist, der aus dem Kosmos hinaus zum Unendlichen hinführt.

Die krönende Kuppel ist entsprechend der sichtbaren Himmelskuppel das Sinnbild der himmlischen, das heißt der aller Formen ledigen, Welt.

Der Bau des eigentlichen Tempels, der nicht mit den umgebenden Hallen oder Tortürmen verwechselt werden darf, besteht gewöhnlich mit Ausnahme der Kammer des *gabhagriha* und dem Gang, der in sein Inneres hineinführt, aus einer geschlossenen Masse. Die Steine werden einfach aufeinandergeschichtet, wie die Felslagen eines Tafelgebirges; das Profil breit lagernder Gesimse ergibt sich aus dieser Bauweise. Es gibt keine richtigen Fenster; das Licht dringt nur durch die Eingangspforte schwach in das Innere. Dafür sind die Außenmauern meistens mit Nischen verziert, die ausgehauene Bilder von *deva* umschließen und die dem Sinn nach gleich Fenstern sind, in denen die im Tempel wohnende Gottheit erscheint, um sich den Pilgern, die das Heiligtum umschreiten, zu zeigen. In der Regel enthält die innere Kammer des Tempels, die sich über dem *brahmasthana* erhebt, kein menschenförmiges Bild, sondern nur ein heiliges Zeichen der Gottheit; in einzelnen Fällen ist sie ganz leer. Alle bildlichen Darstellungen sind auf die Pforte und die Außenmauern verteilt; hier gibt sich die Gottheit, die ihrem Wesen nach undarstellbar und einzig ist, in vielfältiger und menschlicher Gestalt kund, sodass die Pilger im Umschreiten des Gebäudes mit seinen Vorsprüngen und Einbuchtungen bei jedem Schritt neue Bilder entdecken.

In diesem Ritus der Umschreitung wird das bauliche und bildnerische Gleichnis des Tempels, das die kosmischen Gezeiten zum Kristall erstarren ließ, seinerseits Gegenstand eines zeitlichen Erlebens: Der Tempel ist dabei wie die feststehende Achse der Welt, um welche all die dem *samsara* unterworfenen Lebewesen kreisen. Gleichzeitig ist er der gesamte Kosmos als Ausdruck des unwandelbaren Göttlichen Gesetzes.

Masken der Gottheit

Im Scheitel der Nischenbogen sieht man die vieldeutige Fratze der *kala-mukha,* die zugleich Löwe und Meeresungeheuer ist (Figur 12). Wie ein als Trophäe aufgehängter Tierschädel hat sie keinen Unterkiefer, doch aus seinem offenen Rachen quellen Girlanden, die den Nischenbogen zieren. Sie ist das »ruhmvolle« und schreckliche Antlitz der schöpfenden Gottheit, die Quelle des Lebens und die Pforte des Todes zugleich. Dass der Ursprung der Welt von einem schrecklichen Rätsel verhüllt sei, ist dem indischen Geist vertraut: Die geheimnisvolle Göttliche Macht, welche die vielheitliche Welt von ihrem einen unendlichen Grund abgelöst hat, indem sie die begrenzten Wesen daran hindert, die einzige Wirklichkeit zu sehen, verbirgt sich hinter der Gorgonenmaske.

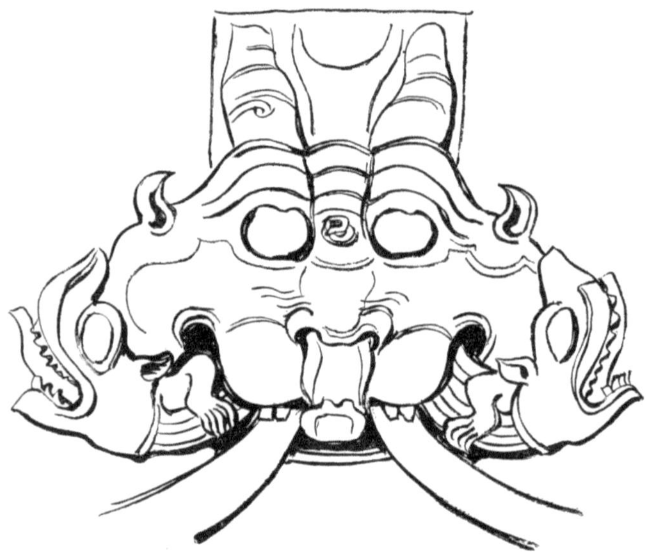

Figur 12: Die kala-mukha

Die schöpferische Macht im Sinne der *shakti,* der weiblich empfangenden und gebärenden Kraft, erscheint auch in andere Formen gekleidet: schrecklich als löwenhafte Chimäre (*shardula* oder *vyala*) und lieblich als junge Frau von himmlischer Schönheit (*surasundari*).

In der Darstellung des weiblichen Körpers übertrifft die indische Kunst bei weitem die griechische; die letztere ist von rein menschlichem Ethos erfüllt, ihr eigentliches Ideal ist der männliche Körper mit seiner die Vernunft betonenden, deutlichen Gliederung. Spät nur und auf rein sinnlicher Ebene erfasst die griechische Kunst die Schönheit des weiblichen Körpers; das Geschmeidige, Gleitende, Ungeteilte an ihm, das der Knospe und dem Urmeer Verwandte, vermag sie nicht geistig sich anzugleichen. Gerade das aber ist es, was die indische Kunst hervorhebt; ihre weiblichen Gestalten sind wie Blüten im Weltenbaum, wie mühelose Verkörperungen einer das Weltall durchdringenden Schwingung.

Das Sinnliche ist in der indischen Kunst kosmisch aufgefasst und deshalb seiner ethischen Zweideutigkeit enthoben. So sind auch die geschlechtlichen Darstellungen zu verstehen, die manchen indischen Tempel schmücken: Ihrem höchsten geistigen Sinn gemäß bedeuten sie den Zustand der Einung, bei dem innere und äußere Welt in einer höheren Wirklichkeit verschmelzen; gleichzeitig aber drücken sie das Wirken der kosmischen Kraft aus, die überall, auf allen Ebenen des Daseins, die beiden Pole des Tätigen und des Empfangenden verbindet. Der sinnliche Anblick der Bilder gilt diesem kosmischen Grund.

Die vorwiegend menschlich gestalteten Götterbilder am Äußeren des Tempels sind durch Gebärden und Attribute gekennzeichnet. Der indische Bildhauer bedarf zur richtigen Wiedergabe der sinnbildlichen Stellungen und Gebärden (*mudra*) einer gewissen Kenntnis des heiligen Tanzes. Dem Handwerk nach der Baukunst verpflichtet, borgt er also seine Mittel gleichzeitig von der ganz anders gearteten Kunst des Tanzes: Die Baukunst ist rein statisch; ihr Geheimnis besteht darin, dass sie den kosmischen Rhythmus der Zeit in räumliche Formen verwandelt, während der heilige Tanz im Gegenteil die räumlich-leiblichen Bestimmungen in einen kosmischen Rhythmus einbegreift. Heiliger Tanz und heilige Baukunst sind im Hinduismus die beiden hauptsächlichen, auf die Kunst angewandten Offenbarungen; aber der Tanz steht höher als die Baukunst, denn er hat den Menschen selber zum Mittel. Nicht umsonst haben diese beiden Pole künstlerischen Ausdruckes gemeinsam die vielleicht vollkommenste Frucht der indischen Kunst hervorgebracht: das Standbild des tanzenden Shivas.

Der Tanz Shivas drückt das Göttliche Wirken, das Schöpfen, Erhalten, Zerstören und Erlösen aus. Shiva selbst wird Nataraja

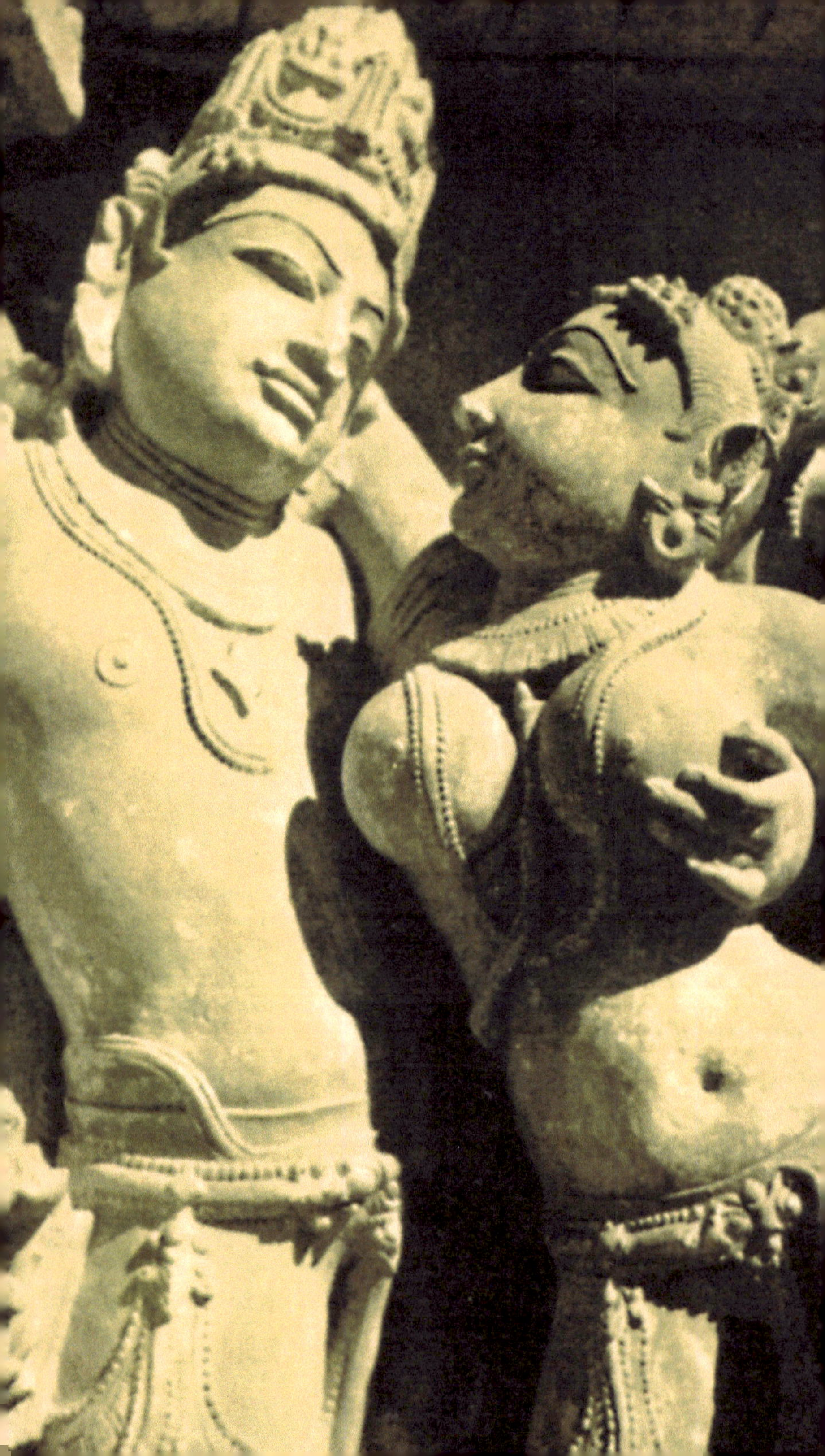

(König des Tanzes) genannt. Die Gesetze des heiligen Tanzes beruhen auf einer besonderen, von ihm gegebenen Offenbarung.[37]

Im klassischen Standbild des tanzenden Shivas halten sich die statischen Gesetze der Bildhauerei und der Rhythmus des Tanzes auf vollkommene Weise die Waage: Die Bewegung, um eine unbewegte Achse kreisend gedacht, ist durch ihre Zerlegung in vier typische, gleichsam einander ablösende Gebärden in sich selber zur Ruhe gebracht. Nicht, dass die Bewegung erstarrt wäre; sie steht wie Wellenkreise in einem Gefäß, wie das innere Lodern einer Flamme, die am Ort verharrt. Es ist, als sei die Zeit zeitlos geworden. Die Glieder entfalten sich so, dass der Betende, der die Figur von vorne sieht, ein restlos klares Bild erfasst: Alles ist in die Ebene des die Figur umrahmenden Flammenkreises eingeschrieben, ohne dass darüber das Bewusstsein des allseitigen Raums vermindert würde; im Gegenteil, der Beschauer erlebt, von welcher Seite er auch das Standbild erblickt, dessen gleichmäßige, einem heiligen Baum ähnliche Ausbreitung im Raum. Das liegt nicht zuletzt daran, dass jede Teilform eindeutig umrissen ist, ohne den Fluss des ganzen Leibes im Geringsten zu brechen.[38]

Shiva tanzt auf dem besiegten Dämon des ungeschlachten Stoffes. In seiner äußersten Rechten hält er die Trommel, deren Pulsschlag die Schöpfungstat bedeutet. Mit der nach vorn gewandten Handfläche gewährt der Gott Frieden; er erhält, was er erschaffen hat. Mit der nach unten gerichteten Hand zeigt er den sich heben-

Lakshmi, die Göttin der Schönheit und des Glücks, umarmt von ihrem Gatten Vishnu, in einem der Tempel von Khajuraho im indischen Bundesstaat Madhya Pradesh; etwa um das Jahr 1000

37. Dass der heilige indische Tanz aus einer übermenschlichen Quelle herstammt, ist mittelbar durch seine Ausstrahlung in Raum und Zeit bewiesen. Im buddhistischen Gewand hat er die Tanzweisen von Tibet und von ganz Ostasien einschließlich Japans bestimmt; in Java überlebte er den islamischen Einfluss; auf dem Weg über den Zigeunertanz hat er sogar den spanischen Tanz beeinflusst.

38. Der indische Bildhauer muss durch einen besonderen Ritus, bei dem er sich von Kopf zu Fuß selber betastet, das Bewusstsein seines eigenen Körpers in seiner ganzen Oberfläche wecken. Diese Methode, welche die Klarheit des Bewusstseins bis an die äußerste Grenze des seelisch-leiblichen Empfindens vortreibt, soll umgekehrt dieses Äußerste in den Geist einbeziehen, und diese Umwertung des Leibes, die man mit der alchimistischen »Fixierung« vergleichen kann, drückt sich tatsächlich in der durchaus qualitativen Körperlichkeit der indischen Bildwerke aus.

den Fuß, Erlösung verheißend. In der äußersten Linken trägt er den Feuerbrand, der die Welt zerstören wird.[39]

Die Standbilder des tanzenden Shivas zeigen abwechselnd oder auch gleichzeitig die Abzeichen eines Gottes und eines Büßers; denn Gott ist jenseits aller Gestalt und nimmt nur Gestalt an als Göttliches Opfer.

Tanzender Shiva. Südindische Bronzefigur aus dem zwölften Jahrhundert. Museum Rietberg, Zürich

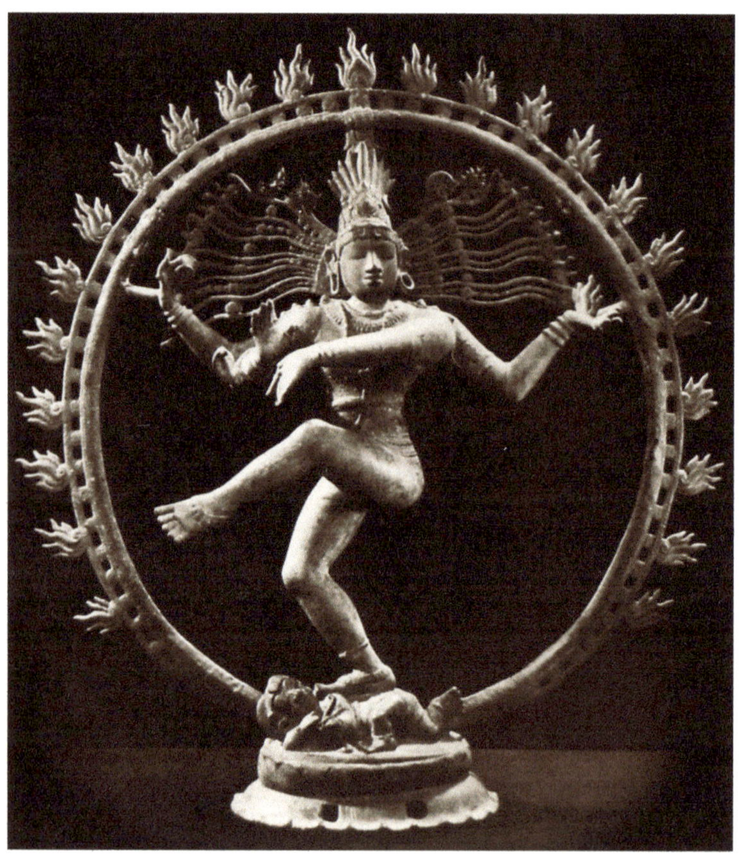

39. Siehe Ananda Kentish Coomaraswamy: *The Dance of Shiva,* London 1924.

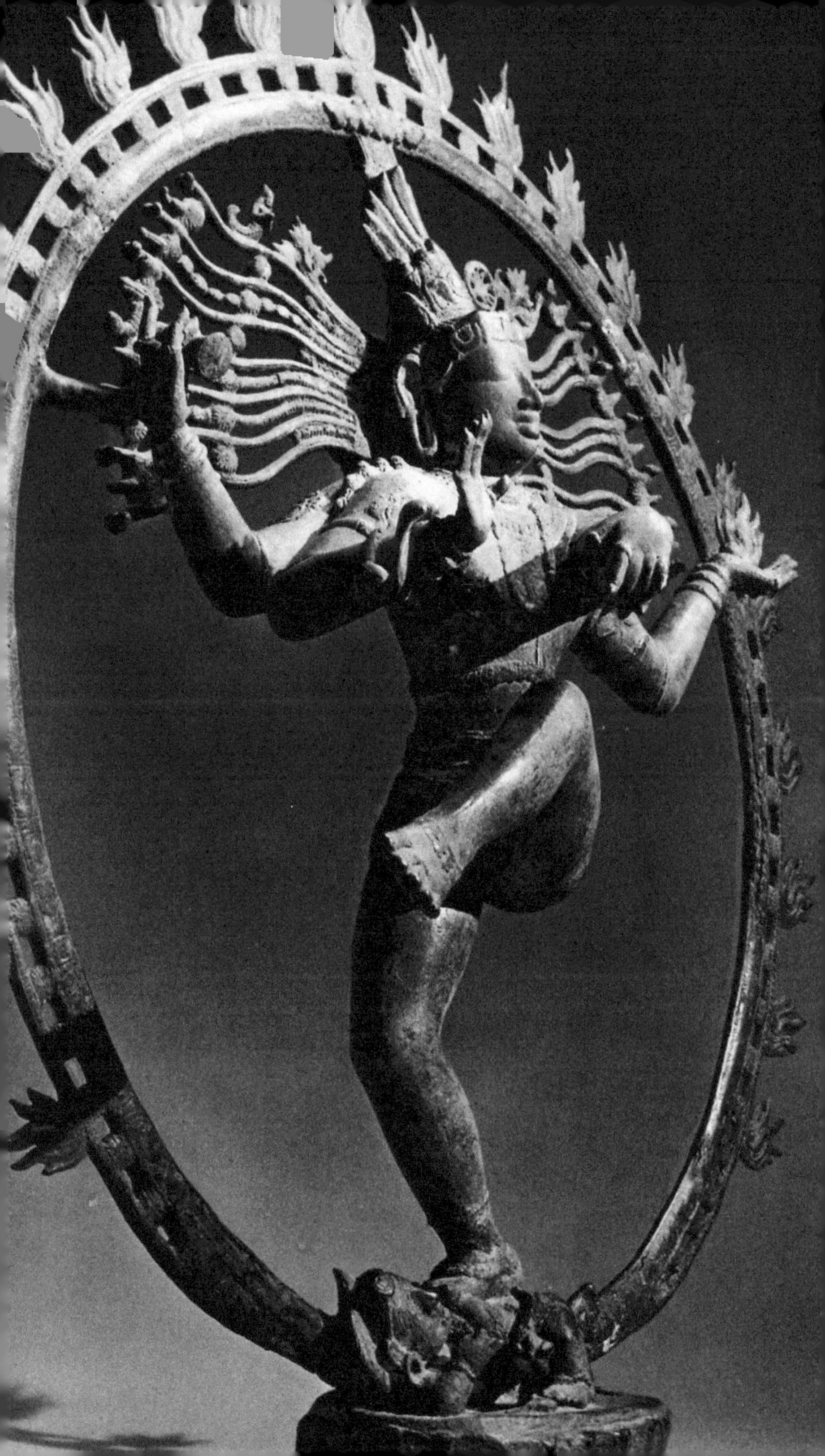

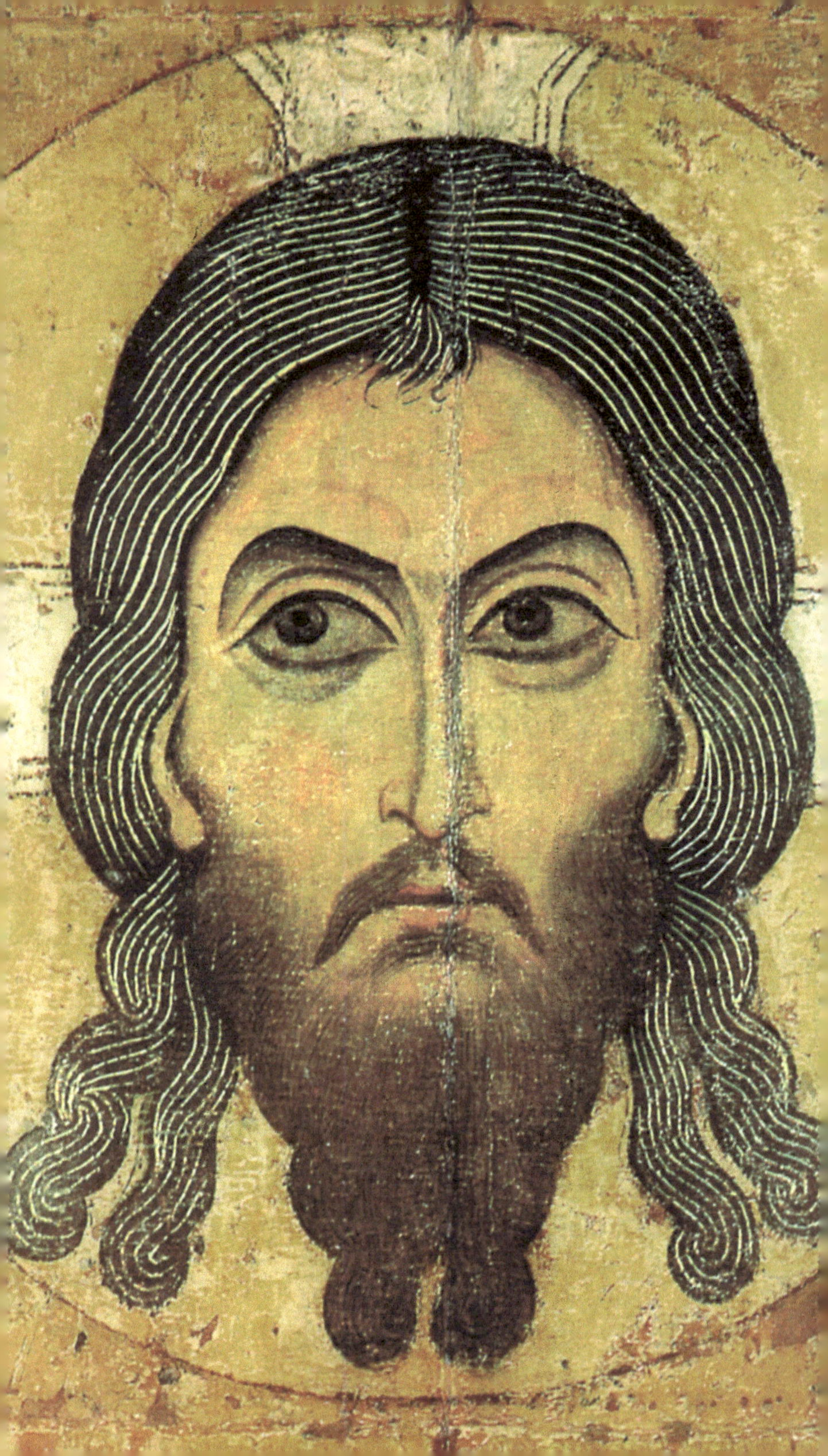

Grundlagen der christlichen Kunst

Bilderkunst und Handwerk

DAS CHRISTENTUM HAT SEINE GÖTTLICHEN GEHEIMNISSE inmitten einer wirren und schon sehr veräußerlichten Welt offenbart; sein Licht »strahlte in der Finsternis« und vermochte nie den Bereich seiner Ausbreitung restlos zu verwandeln. Daher kommt es, dass die christliche Kunst im Vergleich zu den Künsten der jahrtausendealten östlichen Kulturen, wie der indischen oder der chinesischen, seltsam unstet und an geistigem Gehalt ungleich ist. Wir werden später zeigen, wie die islamische Kultur nur dadurch, dass sie zum Vornherein das künstlerische Erbe der griechisch-römischen Welt verworfen hat, eine einheitliche Formensprache verwirklichen konnte. Für das Christentum verhielten sich die Dinge anders: Seine Vorstellungswelt erheischte eine figürliche Kunst, und so übernahm es zwangsläufig ein künstlerisches Erbe, das bei all seiner nachträglichen Läuterung gewisse Keime eines ungeistigen Naturalismus behielt, der immer wieder, und schon vor dem verheerenden Dammbruch der Renaissance, die christliche Form zu überfluten drohte. Zu allen Zeiten gab es in der christlichen Welt neben der heiligen Kunst im wahren Sinne des Wortes eine dem Gegenstand nach kirchliche, der Form nach aber mehr oder weniger weltliche Kunst.

Von Grund auf christlich ist nur die Kunst, die zum hauptsächlichen Vorbild die echten, von der Überlieferung verbürgten Darstellungen Christi und der Heiligen Jungfrau hat. Diese rein figürliche Kunst hat zum Rahmen die handwerklichen Überlieferungen wie die Baukunst und die Goldschmiedekunst, die ihrer Herkunft nach vorchristlich sind, die aber dennoch ein heiliges Wesen haben, weil ihre Arbeitsweisen und Bräuche eine uralte Weisheit in sich bergen, deren Gehalt sich wie von selber den Göttlichen Wahrheiten des Christentums anglich. Diese beiden Überlieferungen, die der hieratischen, sich am reinsten in der Malerei

Das heilige Antlitz. Nowgoroder Ikone, Russland, zwölftes Jahrhundert

der Ikonen ausdrückenden Bilderkunst und die des auf Einweihung beruhenden Handwerks, können allein zu Recht als »heilige Kunst« bezeichnet werden.

Die Überlieferung des heiligen Bildes, der *vera icon,* hat eine theologische Begründung, von der wir noch sprechen werden, und einen Ursprung, der dem Wesen des Christentums gemäß geschichtlich und wunderbar zugleich ist. Dass die Fäden, welche die Bilderkunst der konstantinischen Zeit mit der des Urchristentums verbinden, nur schwer aufzufinden sind, ist nicht erstaunlich, sind doch die Anfänge vieler anderer, echt apostolischer Überlieferungen für uns in dasselbe Dunkel gehüllt. Zweifellos gab es in den ersten Zeiten des Christentums eine gewisse, durch die jüdische Vergangenheit bedingte Zurückhaltung gegenüber der Bilderkunst. Solange die mündliche Überlieferung überall lebendig und das Christentum noch nicht ganz an den Tag der Öffentlichkeit getreten war, bedurfte es kaum einer Verbildlichung der christlichen Wahrheiten. Es musste aber notwendigerweise ein Zeitpunkt kommen, da sowohl das innere Bedürfnis als auch die äußere Freiheit zu einer solchen bestand, und es wäre seltsam, wenn die lebendige Überlieferung nicht diese Möglichkeit des bildlichen Ausdrucks ganz mit ihrem Geist erfüllt hätte.

Im Gegensatz zu der bildlichen Überlieferung ist die des Handwerkes nicht theologischen, sondern kosmologischen Gehalts, denn das Werk des Künstlers oder Handwerkers ist an sich ein Abbild des Kosmos, der aus dem Chaos heraus entstanden ist. Die in ihm liegende Schau der Dinge ist demnach nicht unmittelbar mit der christlichen Heilsbotschaft, die nichts Kosmologisches hat, verwandt. Äußerlich gesehen hat die Einbeziehung der handwerklichen Überlieferungen in das christliche Geistesleben darin ihren Grund, dass die Kirche als irdische Einrichtung die Handwerke brauchte und dass es in ihrem eigenen Sinne lag, den Menschen, die sich bestimmten Gewerben widmeten, all das zu gewähren, was ihnen diese Tätigkeiten auf dem Weg geistiger Vervollkommnung sein konnten. Im Hinblick auf das geistig-seelische Gleichgewicht der Gemeinschaft ist die Entfaltung der handwerklichen Sinnbildlichkeit eine notwendige Ergänzung zur christlichen Ethik: Die Vollkommenheit eines Münsters hält der christlichen Wahrheit einen Spiegel entgegen, in der sie als kosmische Ordnung erscheint und so die Menschen außerhalb jeder sittlichen Forderung, durch ihre bloße seinliche Schönheit, am Heiligen teilnehmen lässt.

Das Christentum hat das Handwerk geistig dadurch erneuert, dass es dessen Erbe von den künstlichen Zügen befreite, die ihm der griechisch-römische Naturalismus mit seiner Vergötterung des bloß Menschlichen aufgeprägt hatte; es führte so das Handwerk auf jene zeitlosen, durch das Wesen der Dinge selbst gegebenen Elemente zurück, die natürlicherweise die kosmischen Gesetze spiegeln.[40]

Die geistige Verbindung der christlichen Offenbarung mit einer vorchristlich kosmologischen Schau drückt sich eindeutig in einem der ältesten christlichen Zeichen, dem in einen Kreis eingeschriebenen Monogramm Christi, aus. Das Monogramm besteht bekanntlich aus den beiden griechischen Buchstaben X und P (Chi und Rho), die zuweilen mit dem Kreuz verbunden sind, sodass sie, im Kreis eingeschrieben, die Figur eines sechs- oder achtspeichigen Rades bilden (Figur 13). Anstelle dieses Zeichens tritt oft das einfache, in den Kreis gestellte Kreuz. Das sind die in den Katakomben am meisten verwendeten Sinnbilder und zugleich die einzigen wirklich liturgischen Bilder jener Zeit, die sonst, in ihren figürlichen Darstellungen, noch fast ganz von der spätantiken, schon im Zerfall begriffenen Ziermalerei abhängt. Dass der Kreis eine sonnenhafte Bedeutung hat, darüber lassen andere, ebenfalls in den

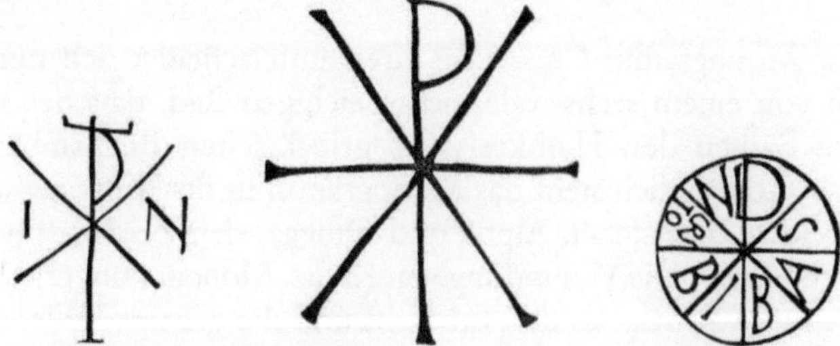

Figur 13: Drei verschiedene Formen des Christusmonogramms aus den Katakomben. Nach Oskar Beyer

40. Es ist auffällig, dass die allgemeine Gestalt des christlichen Tempels nicht die des griechisch-römischen Tempels fortsetzt, sondern dass sie die Basilika mit runder Apsis und die Kuppelbauten, die erst spät in Rom auftauchen, nachahmt. Das Innere des Pantheons, mit seiner ungeheuren Kuppel und dem »Sonnenauge« als einziger Lichtquelle hat eine gewisse philosophische Größe, aber keine tief geistige, weil die Schalheit der baulichen Einzelheiten die Gesamtform beschränkt.

Katakomben verwendete Sinnbilder keinen Zweifel.[41] Das in den Kreis gefasste Monogramm entspricht so dem kosmischen Rad, dem auf der ganzen Welt verbreiteten Bild des Alls.

Der Himmelskreis ist nichts anderes als die Sonnenbahn, welche von den beiden Achsen des Himmelskreuzes unterschieden wird. Das Rad mit sechs Speichen gleicht dem auf eine Ebene übertragenen dreidimensionalen Kreuz, das Rad mit acht Speichen der »Windrose«, dem Schema der vier Haupt- und der vier Nebenrichtungen des Himmels.

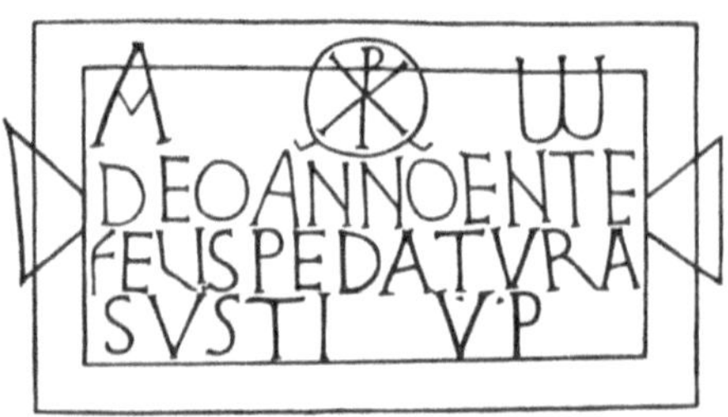

Figur 14: Frühchristliche Inschrift aus den Katakomben mit Christusmonogramm zwischen Alpha und Omega. Der Sonnenkreis des Monogramms hat »Strahlenhände« nach ägyptischem Vorbild. Nach Oskar Beyer

Das Monogramm Christi im Kreis unterscheidet sich nur dadurch von einem sechs- oder achtspeichigen Rad, dass der senkrechte Balken den Halbkreis des griechischen Buchstabens P trägt.[42] Gewöhnlich steht das Monogramm in der Mitte zwischen den beiden Buchstaben Alpha und Omega, den Zeichen für Anfang und Ende. Die Verbindung von Kreuz, Monogramm und Kreis bezeichnet Christus als den Inbegriff und die geistige Vollendung des Alls. Er ist das Ganze, der Anfang, das Ende und die zeitlose Mitte; er ist die »sieghafte Sonne« (*sol invictus*); sein Kreuz beherrscht und schlichtet das All.[43] Darum ist auch dieses Zeichen

41. In einzelnen Fällen ist der Kreis nach altägyptischem Vorbild mit sogenannten Strahlenhänden versehen; er stellt also sowohl die Sonnenscheibe als auch die Sonnenbahn dar.

42. Das ganze Zeichen hat dadurch eine gewisse Ähnlichkeit mit dem altägyptischen Henkelkreuz, welches Kreuz und Sonnenzeichen miteinander verbindet.

43. In der griechisch-orthodoxen Liturgie zum Fest der Kreuzerhöhung wird die allbeherrschende Macht des Kreuzes verherrlicht, welches »das unzerstörbare Leben von Neuem erblühen macht, den Geschöpfen die Vergottung mitteilt und

das »Siegeszeichen«: Als Konstantin, der als römischer Kaiser selbst ein Sinnbild des *sol invictus* war, dieses Zeichen auf sein Banner erhob, verkündete er damit, dass sich in Christus der kosmische Sinn des römischen Kaisertums erfüllte.

Der Vergleich Christi mit der »sieghaften Sonne« kommt auch in der Liturgie zum Ausdruck; er liegt vor allem in der Ostung des Altars. Gleich wie die antiken Mysterien stellt die christliche Liturgie das Schauspiel des Göttlichen Opfertodes entsprechend dem allgemeinen Sinn der Himmelsrichtungen und -zeiten dar. Das kosmische Abbild des Göttlichen Wortes ist die Sonne.

Es war von entscheidender Bedeutung für die Einbeziehung der handwerklichen Überlieferungen in das Christentum, dass das Sonnenjahr, das seinerzeit Julius Caesar nach ägyptischem Vorbild im Römischen Reich eingeführt hatte, von der Kirche als Grundlage des liturgischen Jahres übernommen wurde:[44] Die hauptsächlichen Sonnenfeste wurden in christliche Feste verwandelt. Die Lehre von den kosmischen Kreisläufen bildet den geistigen Hintergrund der handwerklichen Überlieferungen. Wir haben am Beispiel des indischen Tempels gezeigt, wie die heilige Baukunst die kosmischen Kreisläufe in statische Formen verwandelt.

Das grundlegende Schema der christlichen Baukunst ist wiederum das in einen Kreis eingeschriebene Kreuz, das seinerseits das Rechteck des Grundrisses bestimmt: Der Kreis ist hier wie überall das Bild des himmlischen Kreislaufs, dessen natürliche, vom Achsenkreuz bezeichnete Vierteilung in das Rechteck des Baus übertragen wird.

Die Sinnbildlichkeit des Kirchengebäudes

Die Sinnbildlichkeit des Kirchengebäudes beruht auf dem Vergleich des Tempels mit dem Leib Christi, nach den Worten des Johannesevangeliums:

> Jesus antwortete und sprach zu ihnen: »Brechet diesen Tempel, und am dritten Tage will ich ihn aufrichten.« Da spra-

den Teufel endgültig niederwirft.« Diese Formel erinnert auch an das Sinnbild des Weltenbaums, der zugleich die Achse des Kosmos ist. Siehe René Guénon: *Le symbolisme de la croix*, Paris 1931.

44. Man wird sich daran erinnern, dass Dante Caesar als den Baumeister der Welt, die das Licht Christi empfangen sollte, betrachtete.

> chen die Juden: »Dieser Tempel ist in sechsundvierzig Jahren erbaut; und du willst ihn in drei Tagen aufrichten?« Er aber redete von dem Tempel seines Leibes (Johannes 2.19–21).

Es sei hier daran erinnert, dass der Salomonische Tempel, an dessen Stelle zu Christi Zeiten der Tempel Zorobabels stand, die Wohnstätte der *shekhina,* der Göttlichen Gegenwart auf der Erde war. Nach der jüdischen Überlieferung hatte diese Gegenwart, die nach dem Fall Adams der Erde entzogen war, zuerst ihren Sitz in den Leibern der Patriarchen. In der Folge bereitete ihr Moses eine wandernde Wohnung in der Stiftshütte und darüber hinaus im Leib des gereinigten Volkes Israel.[45] Aber erst Salomo baute ihr, nach dem Plan, der David offenbart worden war, einen festen Wohnsitz:

> Da sprach Salomo: »Der Herr hat geredet, Er wolle im Dunkel wohnen. So habe ich nun ein Haus gebaut Dir zur Wohnung, einen Sitz, dass Du ewiglich da wohnest« (1 Könige 8.12).

> »Nun, Gott Israels, lass Deine Worte wahr werden, die Du Deinem Knecht, meinem Vater David, geredet hast. Denn sollte in Wahrheit Gott auf Erden wohnen? Siehe, der Himmel und aller Himmel Himmel können Dich nicht fassen; wie sollte es denn dies Haus tun, das ich gebaut habe?« (1 Könige 8.26–27).

> Und da Salomo ausgebetet hatte, fiel ein Feuer vom Himmel und verzehrte das Brandopfer und die anderen Opfer; und die Herrlichkeit (*shekhina*) des Herrn erfüllte das Haus, dass die Priester nicht konnten hineingehen ins Haus des Herrn, weil die Herrlichkeit des Herrn füllte des Herrn Haus (2 Chronik 7.1–2).

Anstelle des Salomonischen Tempels tritt der Leib Christi;[46] als er am Kreuz hängt, zerreißt der Vorhang vor dem Allerheiligsten im Tempel. Der Leib Christi im weiteren Sinne aber ist die Kirche als

45. Das Wanderleben Israels hängt mit dieser Reinigung zusammen.

46. Der heilige Augustin schreibt, dass Salomo den Tempel des Herrn als einen »Typus« der Kirche und des Leibes Christi gebaut habe (*Enarrationes in*

Gemeinschaft der Heiligen. An ihre Stelle tritt sinnbildlich das Kirchengebäude.

Nach den Kirchenvätern stellt die gebaute Kirche vor allem Christus als Gestalt gewordene Gottheit dar; gleichzeitig bedeutet sie das aus sichtbaren und unsichtbaren Stoffen erbaute Weltall und endlich den Menschen und dessen verschiedene Bestandteile.[47] Nach einigen Vätern ist das Allerheiligste ein Abbild des Geistes und das Schiff ein Abbild der Vernunft, und beider Wesen ist im Altar vereint.[48] Nach anderen ist das Allerheiligste, das heißt der Chor oder die Apsis, die Seele, und das Schiff ist der Leib; der Altar ist das Herz.[49]

Nach mittelalterlichen Liturgisten wie Durandus von Mende und Honorius Augustodunensis ahmt der Plan des Münsters die Gestalt des Gekreuzigten nach: Sein Haupt entspricht der im Osten liegenden Apsis, seine beiden Arme breiten sich im Querschiff aus, und sein Rumpf und seine Beine liegen im Langschiff; sein Herz ist da, wo der Hauptaltar steht. Dieses Gleichnis erinnert an die indische Vorstellung des dem Tempelplan einverleibten *purusha.* Hier wie dort ist der zum Tempel gewordene Gottmensch das Opfer, durch welches die Erde mit dem Himmel versöhnt wird. Es ist denkbar, dass die christliche Deutung des Tempelplans ein uraltes, vorchristliches Sinnbild übernommen und im christlichen Sinn umgewertet hat; es ist aber auch möglich, dass einfach zwei geistig verwandte Vorstellungen unabhängig voneinander aufgetreten sind.

Man wird bemerken, dass das indische Gleichnis ganz allgemein die Kundgebung des Göttlichen Geistes im Stofflichen bezeichnet; das *vastu-purusha*-Mandala ist eine Formel für die Göttlich-stoffliche Ausprägung überhaupt. Dagegen weist das christliche Gleichnis des Tempelplans auf die besondere Herabkunft des

psalmos 126). Nach Theodoret ist der Salomonische Tempel der Prototyp aller auf der Erde gebauten Kirchen.

47. Der heilige Augustin vergleicht den Tempel Salomos mit der Kirche, die aus den Gläubigen als Steine und den Propheten und Aposteln als Fundamente aufgebaut ist. Zur Ganzheit verbunden wird sie durch die Liebe (*charitas*) (*Enarrationes in psalmos* 39). Origines führt diesen Vergleich noch eingehender aus. Der heilige Maximus der Bekenner sieht in der gebauten Kirche gleichzeitig den Leib Christi, das Abbild des Menschen und das des Weltalls.

48. So der heilige Maximus der Bekenner.

49. So der heilige Augustin. Siehe auch SIMEON VON THESSALONICH: *De Divino templo.*

Göttlichen Wortes in menschlicher Gestalt hin. Der metaphysische Hintergrund ist derselbe; die Heilsbotschaft ist eine andere.

Nach der Lehre der Kirchenväter ist die Menschwerdung des Göttlichen Wortes als solche ein Opfer, nicht allein um des Kreuzestodes willen, sondern weil sich die Gottheit durch Ihr Herabsteigen in menschlich-irdische Gestalt auf das äußerste »demütigt«. Es ist wahr, dass Gott selbst in Seinem Wesen das Opfer nicht erleidet, doch ist gleichwohl das Leiden des Gottmenschen nicht denkbar ohne die Trägerschaft der in ihm wohnenden und ihn umfangenden Göttlichen Natur. So fällt das Opfer in einem gewissen Sinne auf Gott zurück als Ausdruck Seiner allumfassenden Güte.

Desgleichen kann nach der indischen Lehre *purusha* als das höchste Wesen in seiner Unendlichkeit die Schranken der Welt, in welchen es sich kundgibt, nicht erleiden. Dennoch nimmt es in einem gewissen Sinne diese Schranken auf sich, weil sie als Möglichkeiten in seiner Unendlichkeit enthalten sind.

Diese Betrachtungen führen uns nicht zu weit von unserem Gegenstand weg; sie zeigen, wie die Bedeutung des Tempels als Leib des Gottmenschen notwendigerweise mit seiner Bedeutung als Kosmos zusammenhängt: Das Weltall ist in einem weiteren Sinne »der Leib« der offenbarten Gottheit. Das ist auch der Punkt, wo sich die Einweihungslehre der Handwerkergilden und die Christologie begegnen.

Die Angleichung des Kirchengebäudes an das All wird durch die Ostung bewirkt. Es ist anzunehmen, dass der Sonnenkreis, der bei der Gründung des Baus zur Bestimmung der Ost-West- und Nord-Süd-Achsen diente, auch der Hauptkreis war, aus welchem alle Maße des Baus abgeleitet wurden. Denn es lässt sich nachweisen, dass die einzelnen Maße eines Münsters oder Doms in der Fortsetzung eines vorchristlich römischen Brauchs aus der harmonischen, das heißt der fünffachen oder zehnfachen, Teilung eines Kreises hervorgingen in der Weise, dass der Bau nicht nur in seiner waagrechten, sondern auch in seiner senkrechten Ausdehnung von dieser Kreisteilung aus gemessen wurde.[50] Er war also gewissermaßen in eine große gedachte Kugel eingeschrieben, was einem tiefen Sinn entspricht, wenn man bedenkt, dass das All einer unermessli-

50. Siehe Ernst Mössel: *Die Proportion in Antike und Mittelalter,* München 1926.

chen Kugel gleich ist, aus der sich die kristalline Gestalt des Tempels durch die Festlegung des Achsenkreuzes ergibt.

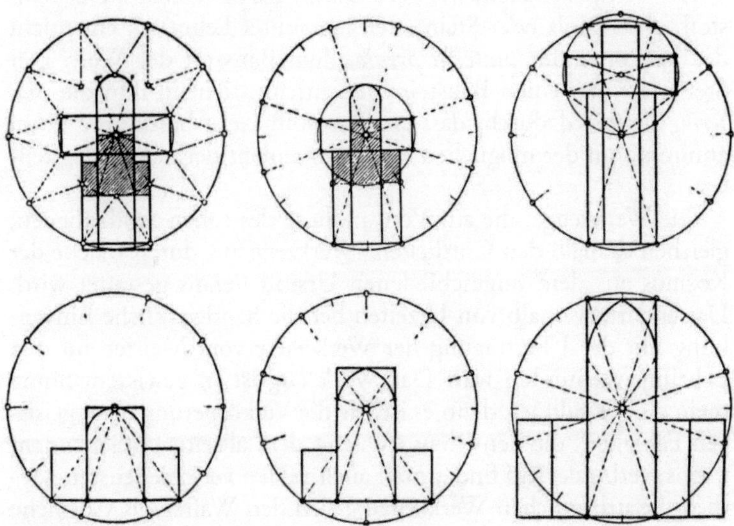

Figur 15: Einige Proportionstypen mittelalterlicher Kirchenpläne. Nach Ernst Mössel

Die Zehnteilung entspricht nicht dem räumlichen Wesen des Kreises, denn der Zirkel teilt ihn natürlicherweise in sechs und zwölf Teile; sie drückt gewissermaßen seinen zeitlichen Gehalt aus.[51] Dadurch, dass die Gliederung des Gebäudes nicht bloß zahlenmäßig, durch Addition, entstanden ist, sondern aus der zahlenmäßig unfassbaren Ganzheit des Kreises entspringt, liegt in seiner räumlichen Form etwas vom Wesen der Zeit, die sich unmittelbar im Bild der kreisenden Himmelsbewegung niederschlägt; es ist, als ob in den Formen eines mittelalterlichen Münsters ein kosmischer Rhythmus lebte. Proportion ist im Raum was der Rhythmus in der Zeit, nämlich Ausdruck der Einheit in der Vielheit.

Als ein Abbild des Kosmos ist der heilige Bau zugleich und vor allem ein Abbild des Seins und der im Sein ewig enthaltenen

51. Weil sich die einzelnen Phasen eines Kreislaufs zeitlich wie die Zahlen 4, 3, 2 und 1 verhalten, deren Summe 10 ist. In einem gewissen Sinne entspricht das Kreuz der vier Himmelsachsen dem Allgeist (*nous*), das dem Kreis eingeschriebene Pentagon aber dem Allmenschen.

Möglichkeiten, die im Kosmos Form und Gegenstand geworden sind.

Der Tempel entsteht wie der Kosmos aus dem Chaos. Der Baustoff, ob er Holz oder Stein oder gebrannter Lehm sei, entspricht der *hyle* oder der *materia prima,* dem Baustoff der Welt. Der Steinmetz, der einen Baustein zurechthaut, sieht in ihm die *materia,* die erst dadurch, dass sie eine vom Geist bestimmte Form annimmt, an der möglichen Vollkommenheit der Schöpfung teilhat.

Die Werkzeuge, die zur Verwandlung des rohen Stoffs dienen, gleichen deshalb den Göttlichen »Werkzeugen«, durch welche der Kosmos aus dem ungeschiedenen Urstoff heraus gestaltet wird. Das erklärt, weshalb von Urzeiten her die handwerkliche Einweihung mit der Übertragung der Werkzeuge vom Meister auf den Lehrling verbunden war: Das Werkzeug ist in gewissem Sinne mehr als der Bildner, denn es ist wie die Verkörperung einer geistigen Fähigkeit, die den Menschen mit dem allseitigen Geist, dem Logos, verbindet. So findet man auch in den verschiedensten Mythen die urtümlichen Werkzeuge gleich den Waffen als Göttliche Attribute.[52]

Im besonderen Fall des Steinmetzen oder des Bildhauers sind es der Hammer (oder Schlegel) und der Meißel, die den rohen Stein als Urstoff gestalten. Einen ähnlichen Gegensatz wie den von Meißel und Stein gibt es in fast allen überlieferten Berufen: Wie der Meißel auf den Stein, wirkt auch der Pflug auf die Erde ein,[53] und ähnlich, wenn auch in besonderem Sinne, verwandelt die

Mandylion: Russische Ikone aus dem frühen sechzehnten Jahrhundert. Sammlung Zeiner-Henriksen, Oslo

52. Göttliches Werkzeug und Waffe zugleich ist der Donnerkeil, dessen Sinnbild in den Riten vieler Völker verwendet wird (wie zum Beispiel der buddhistische *vajra*). Die geheime Kraft, die gewissen sagenhaften Schwertern zugeschrieben wird, hängt mit dieser Sinnbildlichkeit zusammen.

53. Der Kunst des Pflügens wird oft ein himmlischer Ursprung zugeschrieben. Rein biologisch hat das Pflügen den Zweck, die Erde der Luft zu öffnen, damit die Gärung, die zur Nährung der Pflanzen unerlässlich ist, stattfindet. Sinnbildlich wird die Erde durch den Pflug dem Einfluss des Himmels geöffnet, und die Pflugschar ist dann das zeugende Werkzeug des Himmels. Im Vorübergehen sei bemerkt, dass die Abschaffung des Pflugs zugunsten der Maschine schon viele fruchtbare Gegenden zu Wüsten werden ließ.

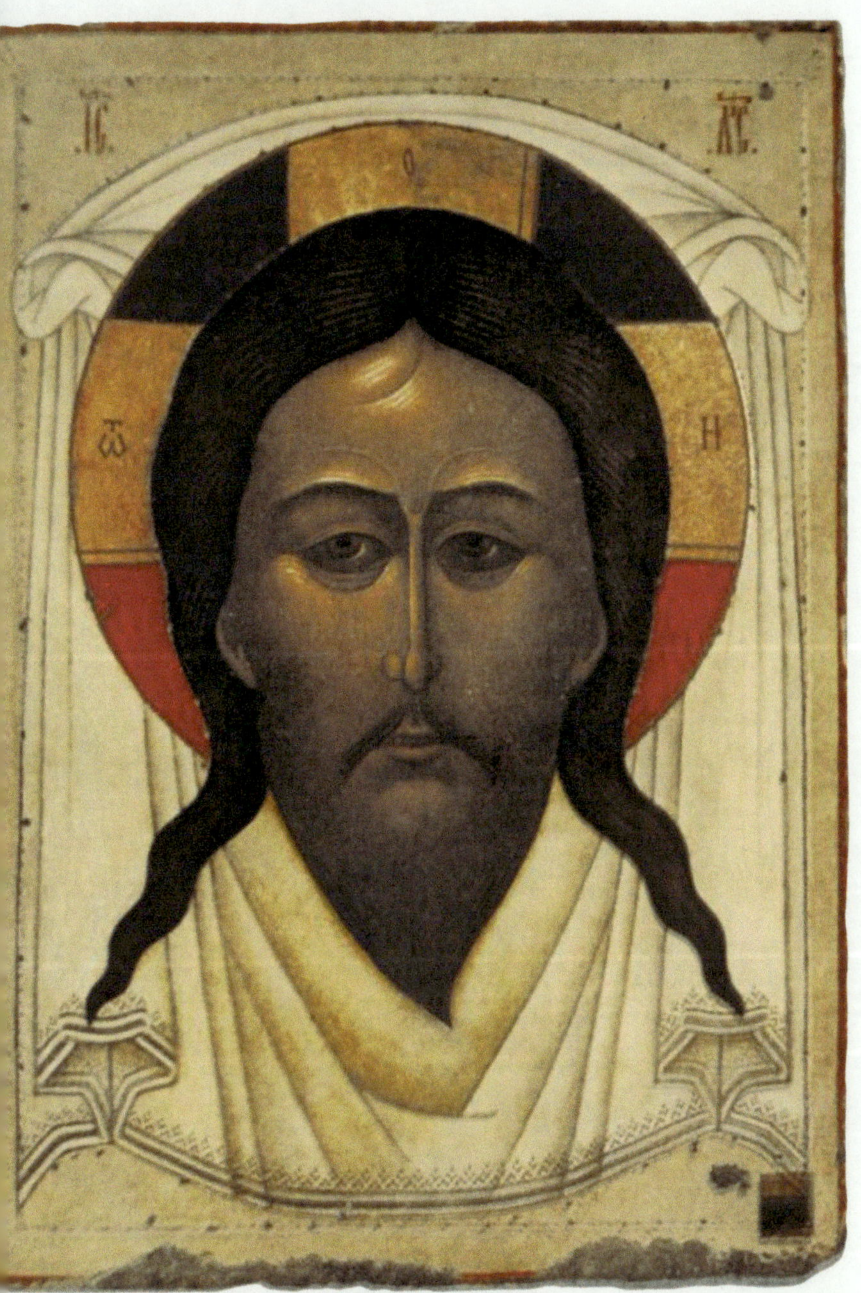

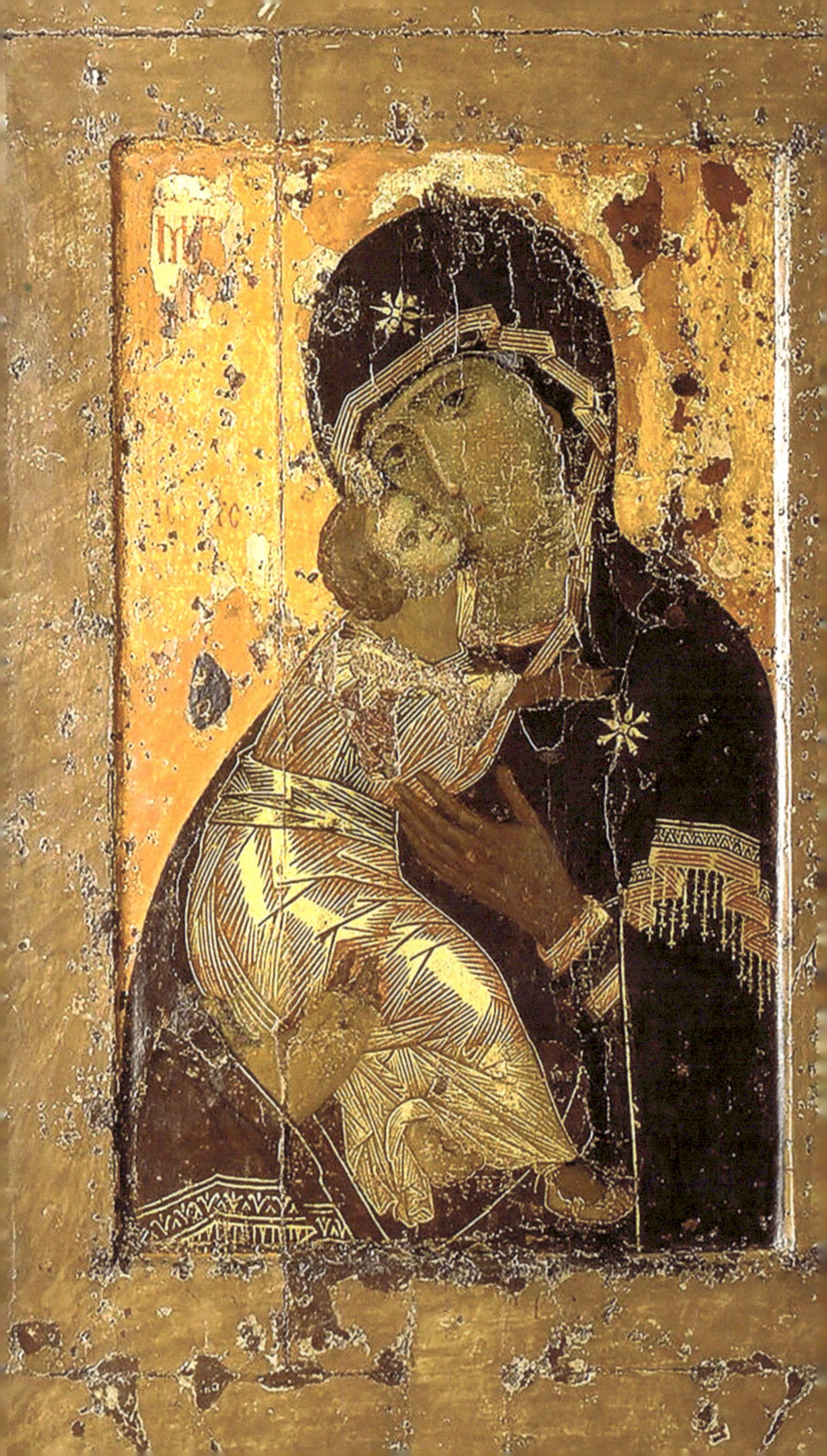

schreibende Feder das Pergament.[54] Das schneidende oder gestaltende Werkzeug erscheint stets als der Ausdruck einer männlich-tätigen Wirklichkeit, die eine duldig-weibliche beherrscht.

Der Meißel entspricht offensichtlich einer unterscheidenden, urteilenden Fähigkeit; obwohl er dem Stein gegenüber tätig ist, verhält er sich seinerseits duldig gegenüber dem Hammer, der ihm seine Bewegung mitteilt. Vom geistigen Standpunkt, der für die handwerkliche Einweihung maßgeblich ist, bedeutet der Meißel eine unterscheidende Erkenntnis, während der Hammer den geistigen Willen bedeutet, der diese Erkenntnis »erweckt«. Die erkennende Fähigkeit ist so scheinbar der willenshaften untergeordnet; doch dieses Verhältnis gilt nur für den inneren Vorgang des »Werks«; es hebt die allgemeinere Ordnung nicht auf, wonach der Wille von der Erkenntnis abhängt. Der Geist als übermenschliche Wirklichkeit gibt sich so, mittelbar und auf der Ebene des »Werks«, als geistiger Antrieb kund, während umgekehrt das willensmäßige, ichhafte Element das Wesen einer Besinnung annimmt; die geistige Erkenntnis wird Wille, und der Wille wird Urteil. Dem entspricht, dass die Rechte den Hammer und die Linke den Meißel führt.

Die geistige Schau, aus der sich die Fähigkeit des geistigen Urteilens mittelbar ableitet, spielt selber keine tätige Rolle bei der inneren Verwirklichung; dafür lenkt sie diese nach unwandelbaren Gesetzen. Im geistigen Werk des Steinmetzen oder des Bildhauers ist diese geistige Schau sinnbildlich durch Messwerkzeuge wie das Lot, die Wasserwaage, das Winkelmaß und den Zirkel vertreten; sie sind Abbilder der ewigen Archetypen, welche die verschiedenen Stufen des Werks bestimmen.[55]

Heilige Muttergottes von Wladimir, Byzantinische Ikone

54. Die Sinnbildlichkeit des Schreibrohrs und des Buches oder der Schreibtafel spielt eine große Rolle in der islamischen Überlieferung. Nach der sufischen Lehre ist das »höchste Schreibrohr« der allheitliche Geist, während die »wohlverwahrte Tafel«, auf welcher das Schreibrohr die Geschicke der Welt einträgt, der *materia prima,* dem selbst nicht kundgegebenen »Urstoff« entspricht, der unter der Einwirkung des Allgeistes alles hervorbringt, was die Schöpfung enthält. Siehe unser Buch: TITUS BURCKHARDT: *Sufismus – Einführung in eine Sprache der Mystik,* Xanten: Chalice Verlag, 2018.

55. Man könnte auch sagen, dass diese Werkzeuge den verschiedenen »Dimensionen« der Erkenntnis entsprechen. Siehe darüber: FRITHJOF SCHUON: *De l'unité transcendante des religions,* Paris 1948, Kapitel «Des dimensions conceptuelles».

Aus dem Vergleich mit gewissen, heute noch bestehenden Formen der handwerklichen Einweihung dürfen wir schließen, dass sich die rhythmische Tätigkeit des Steinhauens zuweilen mit der Anrufung eines Göttlichen Namens verband, vielleicht mit der Anrufung der verwandelnden Göttlichen Kraft. Der heilige Name, der dazu diente, mochte ein Geschenk der jüdischen oder der christlichen Überlieferung an das Handwerk sein.

Was wir hier über die Arbeit des Steinmetzen sagen, gilt für die Geisteshaltung des mittelalterlichen Handwerkers im Allgemeinen. Man muss sich nicht vorstellen, dass die Lehren, die in den Bauhütten weitergegeben wurden, aus viel Theorie bestanden; sie waren mehr sinnbildlich als denkerisch und mehr bildhaft als wortreich. Schon die bloße Anwendung der elementaren Geometrie erweckte bei diesen Menschen, die nicht künstlich »Geist« von »Materie« trennten, gewisse Ahnungen metaphysischer Wahrheiten. Zunächst führte der Gebrauch der Messwerkzeuge die unausweichliche »Logik« der kosmischen Gesetze vor Augen; darüber hinaus diente er der Besinnung auf die geistigen Wirklichkeiten, deren sinnliche »Spuren« jene kosmischen Gesetze sind und deren sinnbildliche »Schlüssel« daher solche Werkzeuge sein können.

Man wird jetzt verstehen, dass die handwerkliche Arbeit, so aufgefasst, zu einem eigentlichen Ritus, das heißt zu einer heiligen Handlung wird. Damit sie wirklich eine solche sei, bedarf es noch der Weihe, die innerhalb der handwerklichen Bruderschaften weitergegeben wurde. Die Handlung, die an und für sich eine kosmische Wirklichkeit abbildete, wurde so mit einer übermenschlichen Quelle der Gnade in Verbindung gebracht.

Das geistige Ziel des »Werks« war die Meisterschaft als Zustand der inneren Freiheit und Wahrhaftigkeit, wie ihn Dante in seiner *Göttlichen Komödie* mit dem irdischen Paradies auf dem Gipfel des Läuterungsberges versinnbildlicht hat. An der Schwelle des irdischen Paradieses sagt Virgil, der als Verkörperung der vorchristlichen Weisheit Dante bis dahin geleitet hat, zu diesem:[56]

»Erwarte nun nicht mehr mein Wort noch meinen Wink.
Frei, gerade und gesund ist dein Urteil, und Sünde wäre es,

56. *«Non aspettar mio dir più, nè mio cenno; // Libero, dritto è sano e tuo arbitrio, // E fallo fòra non fare a suo senno: // Per ch'io te sopra te corono e mitrio»* (*Divina Commedia*, «Purgatorio», XXVII 139–140).

ihm nicht zu gehorchen: Darum sei über dich selber zum Herrn eingesetzt, mit Krone und Mitra.«

Das höchste Ziel jeder überlieferten Kunst ist die Vollendung der »kleinen Mysterien«, die ihrerseits die Schwelle der »großen Mysterien« sind, so wie nach Dantes *Divina Commedia* das irdische Paradies der Ort ist, von dem aus der Aufstieg in die Himmel beginnt.

Vergessen wir nicht, dass für jeden Handwerker, der am Bau einer Kirche mitwirkte, die geistige Lehre, die seiner Arbeit ihren letzten Sinn verlieh, am Gesamtplan des Gebäudes, der die Kirche, den Kosmos und die Göttliche Ordnung bedeutet, abzulesen war. Die Meisterschaft bestand darin, bewusst nach dem Plan des »Baumeisters der Welt« zu schaffen.

So wie der Gesamtplan des heiligen Baus die Göttliche Ordnung bedeutet, so stellt auch jegliche geometrische Form, die es auf diesen oder jenen Stoff zu übertragen gilt, einen Ausdruck der einen Wahrheit dar. Denn die »Form« im Sinne des peripatetischen Begriffes *forma* drückt das wahre Wesen der Dinge aus, im Gegensatz zur noch ungestalteten und unbestimmten *materia.* Vom Standpunkt der handwerklichen Einweihung vertritt das jeweilige geometrische Vorbild die geistige Wahrheit, während der Stoff, in diesem Fall der unbehauene Stein, die Seele des Bildners selbst in ihrem noch rohen Zustand bedeutet. Nach Durandus ist der »rechteckig behauene und geglättete« Stein gleich der Seele des Heiligen und Beständigen, der von der Hand des Göttlichen Baumeisters in den geistigen Tempel eingefügt wird.[57] Die Bearbeitung des Steins, durch die das Überflüssige entfernt und der ungeschlachten, bloß »quantitativen« Masse eine »qualitative« Form verliehen wird, gleicht so dem inneren Vorgange geistiger Reifung: Die Seele, zuerst unbewusst und unklar, erwirbt bewusst die Tugenden, welche die Grundlage der Weisheit sind; sie wird, dem Gleichnis nach, aus einem gemeinen Stein zum Edelstein, der das Licht der Göttlichen Wahrheit durchlässt und vielfältig widerscheint.

57. Siehe das Apostelwort: *Et ipsi tamquam lapides vivi superaedificamini domus spiritualis;* »Lasst euch als lebendige Steine zu einem geistigen Haus aufbauen« (1 Petrus 2.5).

Forma und *materia*

Im Vorhergehenden haben wir absichtlich die dem mittelalterlichen Denken vertrauten Begriffe der *forma* und der *materia* gebraucht. Aristoteles, der diese Begriffe als die beiden hauptsächlichen Anblicke jeglichen gewordenen Dinges unterschied, entlehnte die Vorstellung, bei welcher sein grundsätzliches Denken ansetzt, offensichtlich der Kunst, denn die *materia* (*hyle*), die für Aristoteles nicht bloß der handgreifliche und messbare Stoff, aus dem ein Ding besteht, sondern die seinshafte, an sich unbestimmte Grundlage der *forma* ist, wird am Beispiel des plastischen Stoffs vorstellbar. Übrigens bedeutet der griechische Ausdruck *hyle* für Urstoff buchstäblich »Holz«, weil das Holz in den archaischen Kulturen der allgemeinste Werkstoff und daher Sinnbild des kosmischen Urstoffs war.[58] Andererseits entspricht die *forma,* so wie sie Aristoteles kennzeichnet, dem »Vorbild«, das im Geist des Künstlers gegenwärtig ist und das er seinem Werkstoff – dem Holz, dem Lehm, dem Stein oder dem Metall – aufprägen will. Für den Stagiriten ist die seinliche *forma* (*eidos*) nicht eine Form im Sinne einer messbaren Umgrenzung – denn eine solche hätte schon am Wesen der *materia* teil –, sondern ein Inbegriff von wesentlichen Eigenschaften.

Das aristotelische Gleichnis ist nur dann richtig, wenn man es auf eine überlieferte Kunst bezieht, weil hier das Vorbild, das die Rolle des förmlichen Grundsatzes spielt, in der Tat einem Inbegriff wesentlicher Eigenschaften entspricht. Der Kunstübung nach ist dieser Inbegriff in eines jener sinnbildlichen Schemata gekleidet, die sich auf mannigfache Weise anwenden lassen. Die Anwendung eines so gearteten Vorbildes auf einen gegebenen Werkstoff wird je nach der Eignung dieses Stoffs den einen oder den anderen Gehalt des Vorbildes zur Geltung bringen, gerade so wie die wesentliche *forma* eines Geschöpfs mehr oder wenig offenbar ist je nach dem plastischen Vermögen seiner *materia.* Umgekehrt ist es die Form, welche das eigentliche Wesen des Stoffs zum Ausdruck bringt, im Gegensatz zu den Gepflogenheiten einer naturalistischen Kunst, die den Werkstoff möglichst zu verbergen sucht: In der überlieferten Kunst achtet die Gestaltung die natürliche Bedingtheit des

58. So auch in der indischen Überlieferung.

Holzes, des Steins, des Tons oder des Metalls. Auch das entspricht dem seinlichen Gegenüber von *forma* und *materia,* ist doch die Zweite nur in dem Maße wahrnehmbar, als sie durch die Erste aus dem bloßen Vermögen hervorgehoben wird.

Der Hinblick auf die Kunst verleiht dem Begriffspaar *forma* und *materia* eine Tragweite, die bloß verstandesmäßige Unterscheidungen nicht haben; alle logischen Ausführungen des großen Stagiriten schöpfen den Sinn nicht aus, der in dem künstlerischen Gleichnis, das er gebraucht, enthalten ist.

Wenn das eigentliche Dasein eines Dings oder eines Lebewesens aus dem Zusammentreffen von *forma* und *materia* besteht, so handelt es sich bei diesen beiden Grundsätzen notwendigerweise um zwei Pole des Daseins überhaupt. In der Tat lässt sich metaphysisch die *materia* auf den duldig-empfangenden Urgrund, die *materia prima,* zurückführen, während die *forma* nichts anderes ist als die »Spur« einer dauernd im Sein enthaltenen schöpferischen Möglichkeit, eines Archetyps. Es ist wahr, dass Aristoteles die letztgenannte Folgerung nicht zieht, weil er seinen Blick nie über den kosmischen Bereich erhebt; er bleibt damit seiner Sicht treu, die auf der möglichen Gleichung zwischen kosmischen und logischen Gesetzen beruht. Aber seine Grundbegriffe selber erheischen einen überkosmischen Hintergrund, den das mittelalterliche Denken ganz natürlich in der platonischen Schau der Dinge vorfand. Die Lehre Platos und die des Aristoteles widersprechen sich nur auf der verstandesmäßigen Ebene; wenn man Platos Gleichnisse als solche versteht, so umfassen sie den Anblick der Dinge, den Aristoteles meint. Das hohe Mittelalter hatte also Recht, die Schau des Aristoteles der Platos unterzuordnen.[59]

Ganz abgesehen davon, ob man die Lehre Platos in ihrer dialektischen Form annehmen will oder nicht, ist es vom christlichen Standpunkt aus gewiss, dass die Urmöglichkeiten aller Dinge von Ewigkeit her im Göttlichen Wort, dem Logos, enthalten sind. Denn durch das Göttliche Wort »sind alle Dinge gemacht« (Jo-

59. Albert der Große schreibt: »Wisse, dass man nur dann zum vollendeten Philosophen wird, wenn man beide Philosophien, die von Aristoteles und die Platos, kennt« (nach Étienne Gilson: *La philosophie au moyen age,* Paris 1922, Seite 512). Und der heilige Bonaventura sagt: »Unter den Philosophen hat Plato das Wort der Weisheit, Aristoteles aber das des Wissens empfangen. Der Erste betrachtete vor allem die höheren Gründe, der Zweite die niederen« (nach Valentin-Marie Breton: *Saint Bonaventure – Œuvres,* Paris 1943).

hannes 1.3), und in ihm wird auch jegliches Ding erkannt, denn es ist das »wahrhaftige Licht, welches alle Menschen erleuchtet, die in diese Welt kommen« (Johannes 1.9). Also sind die »Urbilder« aller Dinge im Licht des erkennenden Geistes enthalten; denn dieses Licht gehört nicht mir, es gehört dem allumfassenden Göttlichen Wort.

»Die Form (*forma*) eines Dinges ist gleich einem Licht, durch welches dieses Ding erkannt wird«, sagt Boëthius.[60] Er ist der Meister, der wie kaum ein anderer der mittelalterlichen Christenheit den pythagoreischen Aufbau der sieben freien Künste vermittelt hat; nicht umsonst ist sein Bild an manchen Münstern zu sehen. Das *Quadrivium* (der »Vierpfad«) des Boëthius ist eine eigentliche Lehre von der Form.

Seine Arithmetik ist weniger eine Rechenkunde als eine Kunde vom Wesen der Zahl. Diese wird nicht bloß mengenhaft, quantitativ, sondern qualitativ, als Ausdruck einer »platonischen Idee«, aufgefasst: Die Zweiheit, die Dreiheit, die Vierheit und so weiter sind lauter mögliche Anblicke der Einheit. Was die Zahlen miteinander verbindet, ist wesentlich Proportion, das heißt wiederum qualitativer Ausdruck der Einheit. Die quantitative Seite der Zahl ist nur ihre stoffliche Abwicklung. Die Zahlenheiten als Ausdruck »platonischer Ideen« geben sich deutlich kund in der Geometrie, denn der Unterschied zwischen einem Dreieck und einem Viereck zum Beispiel lässt sich nicht rein quantitativ erklären; jede der beiden Figuren hat ihre einmalige Eigenschaft. Nebenbei gesagt hat die Geometrie des Boëthius gewisse Lücken; sie besteht fast nur aus Andeutungen, die wahrscheinlich in der sinnbildlichen Geometrie der Bauhütten ihre Ergänzung fanden.

Die pythagoreische Musiklehre zeigt am Beispiel des Monochords, das bei verschiedener Saitenlänge verschieden hoch klingt, wie sich Einklang auf Proportion zurückführen lässt.

Die Astronomie des Boëthius, die uns verloren gegangen ist, sah Rhythmus und Proportion in der Bewegung der Gestirne vereint. Arithmetik, Geometrie und Musik entsprechen Zahl, Raum und Zeit. Die Astronomie umfasst alle drei Bereiche.

Während sich die moderne empirische Wissenschaft vor allem und so ausschließlich als möglich auf den quantitativen Anblick

60. Anicius Manlius T.S. Boëthius: *De unitate et uno.* Boëthius lebte am Hof des Ostgotenkönigs Theoderich, der ihn infolge Verleumdung 525 zum Tod verurteilen ließ. Seine *Consolatio philosophiae* wurde im Mittelalter viel gelesen.

der Dinge bezieht, betrachtet die überlieferungstreue Wissenschaft die Eigenschaften, die von quantitativer Kundgebung unabhängig sind. Die Welt ist wie ein Gewebe, dessen durchgehender Zettel [Webkette] aus den wesentlichen Eigenschaften besteht, aus den geistigen Gehalten, die sich in den *formae,* den Wesensmerkmalen der Dinge, kundgeben. Der Einschlag des Gewebes der Welt ist der Stoff (*materia*) in seiner mehr oder weniger feinen oder groben Natur. Wissenschaft und Kunst der Neuzeit bewegen sich in der Waagrechten des stofflichen »Einschlags«; Wissenschaft und Kunst des Mittelalters beziehen sich auf die Senkrechte des durchgehenden »Zettels«.[61]

Liturgie und heilige Kunst

Die heilige Kunst des Christentums bildet den notwendigen Rahmen der Liturgie. Sie ist deren bauliche und bildhafte Erweiterung. So wie die Liturgie im nicht sakramentalen Sinne den Zweck hat, die Wirkung der von Gott eingesetzten Gnadenmittel vorzubereiten und zu entfalten, so hat ihrerseits die heilige Kunst den Zweck, die geistige Ausstrahlung der Liturgie zu entfachen. Es gibt für die Gnade keinen »neutralen« Rahmen; er ist entweder für oder wider sie; was nicht »sammelt«, das »zerstreut« unweigerlich.

Dass eine bauliche Umgebung die geistige Strahlung der Eucharistie gewissermaßen fortdauern mache, das hängt nicht von Gefühlsmomenten, sondern von unverrückbaren Gesetzen ab. Das Gefühl, was auch immer sein Adel sei, vermag allein eine solche Umgebung nicht zu schaffen, ist es doch ganz in Bewegung, von Wirkungen und Gegenwirkungen bestimmt und bemerkt kaum jene beständigen und wie selbstverständlichen Eigenschaften des Raums und der Zeit, welche die stille Ausstrahlung der Gnade zu tragen vermögen.

Man kann keine heilige Baukunst schaffen ohne eine gewisse Kenntnis der kosmischen Gesetze, die auf die unwandelbaren Gesetze des Geistes Antwort geben. Man kann auch keine heiligen Bilder erfinden ohne geistige Schau, und keine heilige Tonkunst ersinnen ohne Wissen um die Wirkungsweisen der Segenskräfte. Das gilt für die eigentlichen Urheber der Formen, nicht für den Handwerker, der sie nachbildet.

61. Siehe auch René Guénon: *Le symbolisme de la croix,* Paris 1931, Kapitel «Le symbolisme du tissage».

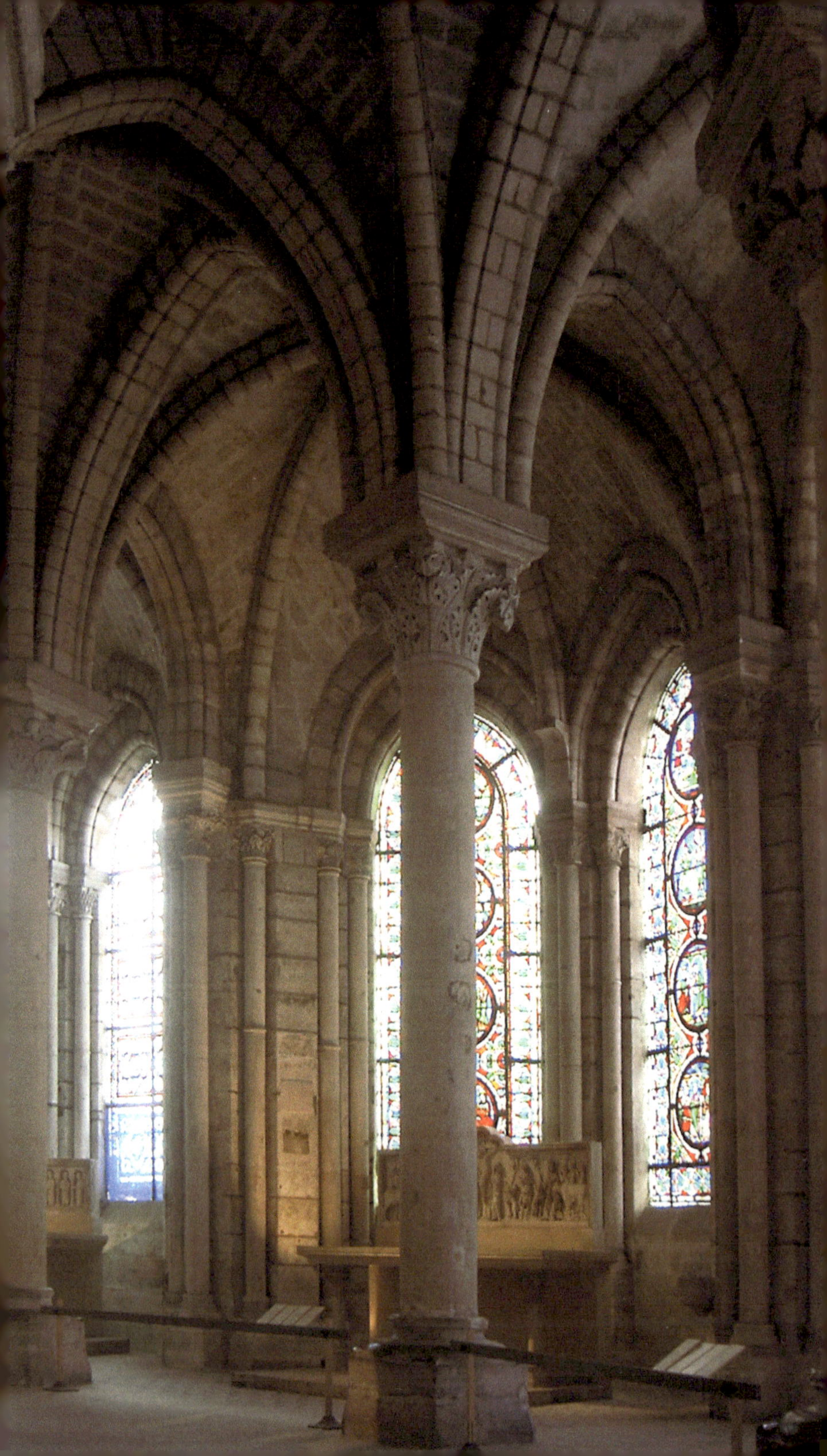

In der griechisch-orthodoxen Kirche gehört die Malerei der heiligen Bilder zur Liturgie. Die Bilderwand, die den Altarraum vom Gemeinderaum trennt, wird von den Vätern mit der Feste verglichen, welche die sinnliche Welt von der geistigen scheidet. Deshalb erscheinen hier die Göttlichen Wahrheiten in bildlicher Gestalt, ebenso wie die Einbildungskraft, die im Menschen selbst die beiden Bereiche der Sinne und des Geistes voneinander trennt, die ewigen Wahrheiten nur gleichnishaft zu erfassen vermag.[62]

In der lateinischen Kirche des Mittelalters ist die Anordnung der Bilder im inneren Raum von der Sinnbildlichkeit der Himmelsgegenden beherrscht. Die lateinische Liturgie erforderte eine immer stärkere Gliederung des kreuzförmigen Plans. Durch die starke Betonung der west-östlichen Längsachse, die auf ebener Fläche der senkrechten Achse entspricht, erhielt der Raum etwas Vorwärtsgerichtetes. Im gotischen Baustil tritt ein willensmäßig strebender Zug hervor, während der byzantinische Baustil, einer mehr besinnlichen Einstellung entsprechend, auf die gesammelte Ruhe des Raums bedacht ist.

Die geometrischen Regeln der mittelalterlichen Baumeister bleiben sich gleich, aber ihre richtige Anwendung, die Kunst im wahren Sinne des Wortes, erfordert mehr als ein bloß theoretisches Wissen. Nur das blitzhafte Zusammentreffen von erlerntem Wissen und geistiger Eingebung vermag die unverwelkliche Schönheit hervorzubringen, die den mittelalterlichen Meisterwerken eigen ist.

Die lateinischen Kirchenräume des hohen Mittelalters sind der Gruft und der Höhle verwandt. Sie sind ganz auf das Allerheiligste,

Chorumgang der Kathedrale von Saint-Denis, nördlich von Paris

62. Es wird behauptet, dass die Bilderwand (Ikonostase) ihrer Gestalt nach von der Zierwand des antiken Theaters abstamme; wie diese sei sie mit Bildern geschmückt, die von Nischen oder Bogen eingerahmt werden; auch glichen die Türen, durch welche die Messe lesenden Priester aus- und eingehen, den Pforten der antiken Bühne. Wenn an diesem Vergleich etwas wahr ist, so deshalb, weil das antike Theater selbst ein kosmisches Vorbild hat: Die Pforten, durch welche die Darsteller Göttlicher Personen auf die Bühne treten, gleichen den »Pforten des Himmels«, durch welche die Götter in die Welt herabsteigen und die Seelen in das Jenseits eingehen. Die mittlere Tür der Bilderwand, die »heilige« oder »königliche Pforte« wird nur vom Priester benutzt im Augenblick, da er das heilige Sakrament vor der Gemeinde zur Schau stellt; sie ist wie die Pforte der Sonne zur Zeit der weihnachtlichen Sonnenwende.

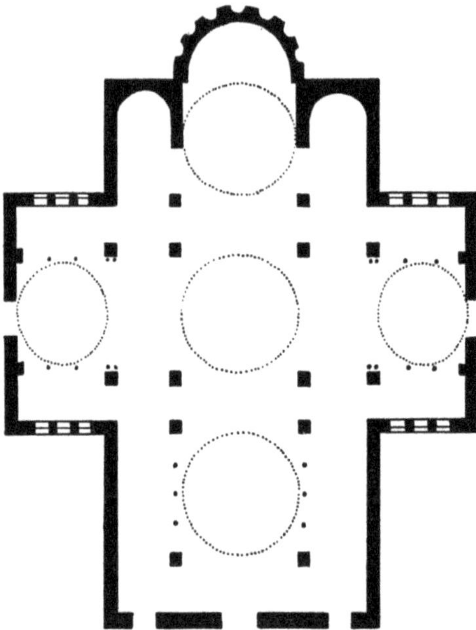

Figur 16: Der ursprüngliche, byzantinische Plan des Markusdoms in Venedig. Nach Ferdinando Forlati

die gewölbte Apsis, angesammelt, die den Altar birgt wie das Herz das Göttliche Geheimnis. Der Raum wird durch die brennenden Kerzen am Altar erleuchtet, gleich wie die Seele ihr Licht von innen erhält.

Die gotischen Münster stellen den mystischen Leib der Kirche oder den Leib des geheiligten Menschen anders dar: Sie zeigen seine Verklärung durch das Licht der Gnade. Diese Durchsichtigkeit des Baus ist nicht ohne die Kunst der farbigen Bildfenster denkbar. Das von den farbigen Scheiben gebrochene Licht ist nicht mehr die Grelle der äußeren Welt; es ist Seligkeit. Die Farbe wird selbst zum Licht, oder vielmehr, das Licht offenbart seinen inneren Reichtum, wenn es durch die vielfarbenen Gläser scheint, gleich dem Göttlichen Licht, das rein den Menschen blenden würde, doch zur erlebbaren Gnade wird, wenn es sich in den seeli-

Ikonostase der Alexander-Newski-Kathedrale im polnischen Łódź, erbaut 1880–1884

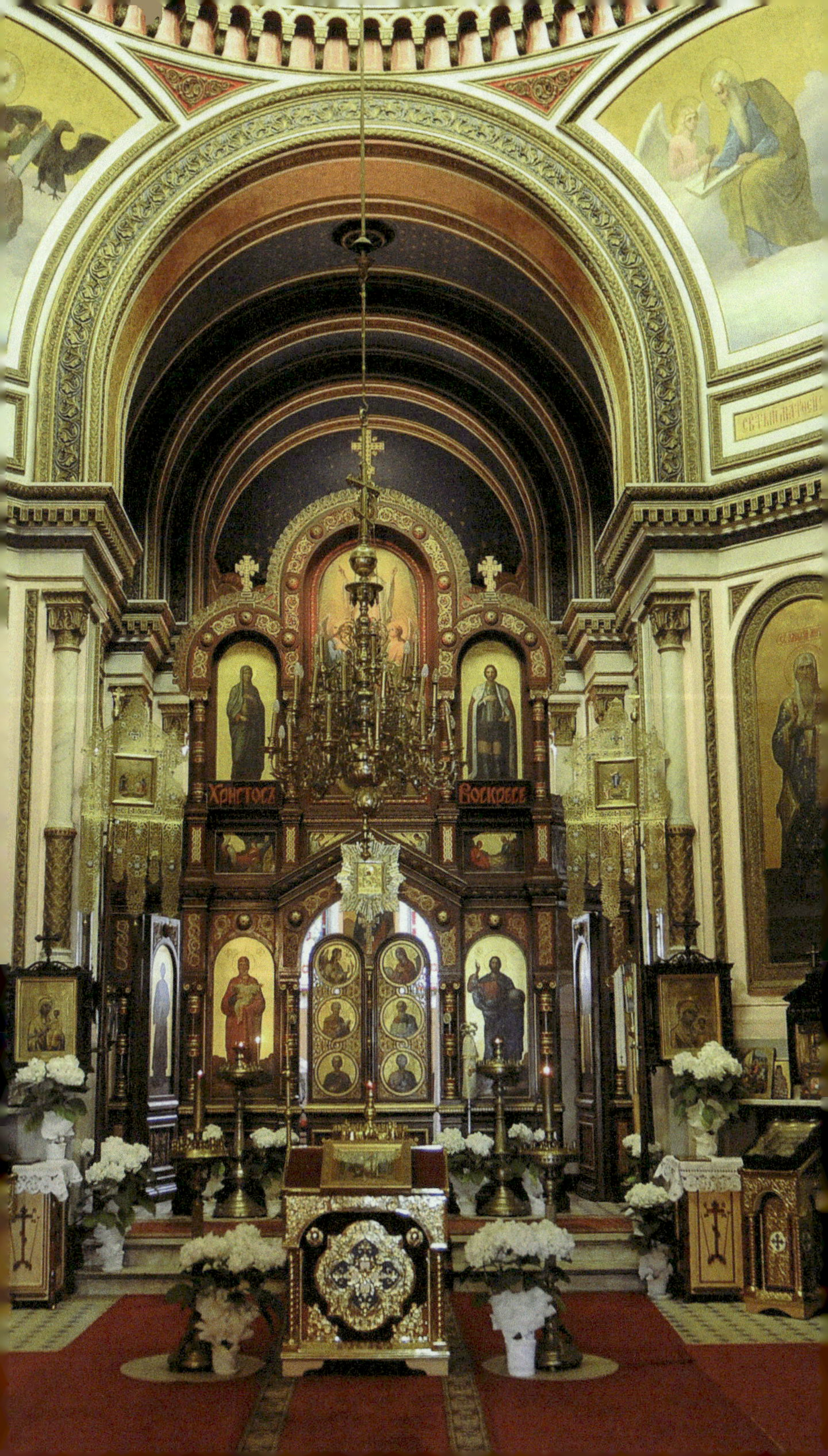
Христосъ
Воскресе

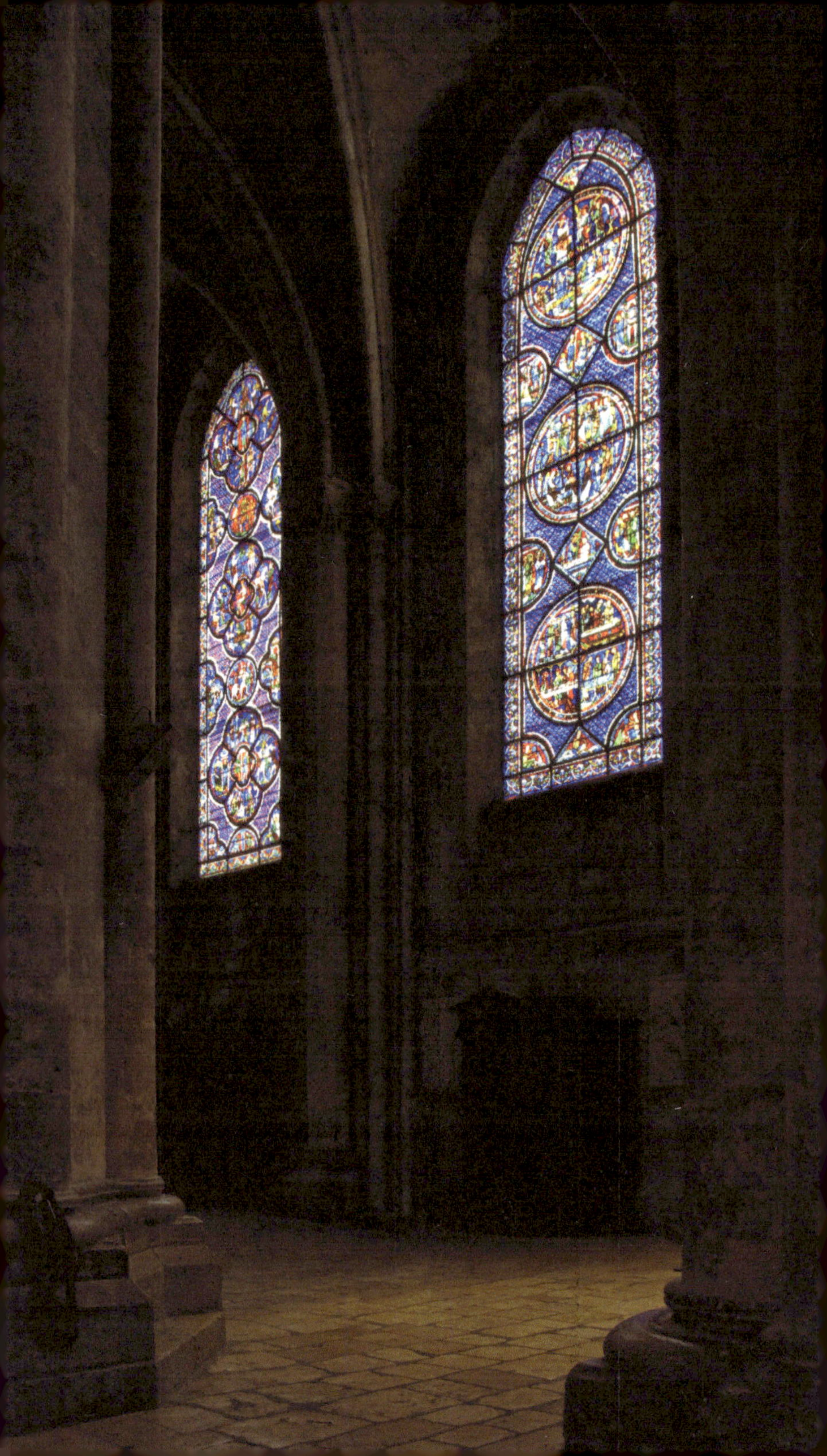

schen Zuständen der Andacht bricht. Die Kunst der Bildfenster ist wie kaum eine andere dem christlichen Genius gemäß, denn die Farbe entspricht der Liebe, so wie die Form der Erkenntnis zugeordnet ist. Das Durchscheinen des einen Lichts durch die vielfarbenen Edelsteine der Scheiben erinnert an die Ontologie des Göttlichen Lichts, wie sie Dante oder der heilige Bonaventura beschrieben haben.

Die vorherrschende Farbe der Bildfenster ist Blau; es gleicht der Tiefe und dem Frieden des Himmels. Rot und Gelb und Grün erscheinen umso kostbarer darin, wie Bluttropfen Christi, wie Sterne, Blumen und Juwelen. In den Bildern der großen Kirchenfenster sind die Begebenheiten des alten und des neuen Bundes wie Urbilder im Göttlichen Licht aufgehoben und zeitlos verklärt, eingewoben in geometrische Muster, die sich strahlend entfalten und stillstehen wie himmlische Zahlen. Diese Kunst ist immer freudig und kann als Ausdruck der Göttlichen Gnade nicht anders als heiter sein; wie weit ist sie doch entfernt von den quälerischen Bildern, die barocke Kirchen schmücken!

Als Handwerk gehört die Glasmalerei zu einer Gruppe von Verfahren, die sich mit der Veredelung des Stoffs befassen; das sind die Verarbeitung der Metalle, die Herstellung von farbigen Schmelzen und Gläsern, die Bereitung von Farben und flüssigem Gold. Die handwerkliche Überlieferung dieser Verfahren, die bis auf das alte Ägypten zurückgeht,[63] ist die äußerliche Stütze der Alchimie. Der rohe Stoff ist auch hier Abbild der Seele, die verwandelt werden muss. Wenn die alchimistische Verwandlung von Blei zu Gold die natürlichen Gesetze zu durchbrechen scheint, so bringt das die Wahrheit zum Ausdruck, dass die Erleuchtung der Seele die Frucht eines Vorgangs ist, der in der Natur der Seele vorgebildet ist, zugleich aber der Seele eigenes Vermögen wunderbar übersteigt. So strebt das Blei zum Gold hin wie die Seele zu ihrem wahren Wesen; es ist wesentlich Gold und wird es doch nur wie durch ein Wunder.

Fenster im Seitenschiff der gotischen Kathedrale von Chartres, Frankreich, ca. 1240

63. Nach den Werkstattschriften wie dem *Buch des Presbiter Theophilus,* der *Mappa Claviculae* und so weiter.

Die Goldschmiedekunst ist in einem gewissen Sinne das vornehmste Handwerk im Dienst der Kirche, stellt es doch die heiligen Gefäße zum Messopfer her. Etwas Sonnenhaftes liegt in dieser Kunst schon deswegen, weil Gold der Sonne verwandt ist. So betonen auch die heiligen Geräte, die der Goldschmied gestaltet, den sonnenhaften Anblick der Liturgie. Die verschiedenen hieratischen Formen des Kreuzes zum Beispiel sind wie verschiedene Strahlungsweisen der Göttlichen, im dunklen Raum der Welt aufleuchtenden Mitte.[64]

Eine Kunst, die auf einer handwerklichen Überlieferung beruht, gebraucht einfache, geometrische oder farbige Schemata, die mit dem technischen Verfahren und dessen kosmologischer Bedeutung zusammenhängen. Sie hat darum notwendigerweise einen abstrakten und archaischen Zug; gleichzeitig kann sie aber auch die Vorbilder einer rein darstellenden Kunst, wie der Ikonenmalerei oder der bildlichen Miniatur, borgen und ihren eigenen Regeln anpassen. Dies ist nicht nur der Fall bei der Goldschmiedekunst, der Glasmalerei und der farbigen Schmelzarbeit, sondern auch bei der romanischen Bildhauerei, die als Handwerk ganz aus der Baukunst und der Arbeit des Steinmetzen hervorgeht, in ihren Darstellungen aber die gleichen Vorbilder wie die Malerei verwendet.

64. In den verschiedenen hieratischen Formen des Kreuzes, die sich im frühen Mittelalter herauskristallisierten, herrscht bald der strahlende Anblick des unbegrenzt geöffneten Kreuzes, bald der statische, in sich ruhende des Rechtecks mehr vor, und beide Anblicke verbinden sich in mannigfacher Weise mit dem Element des Kreises, sodass aus dem einfachen Zeichen eine ganze Sternensaat von Sinnbildern erwächst, deren jegliches eine gewisse Art von geistiger Ansammlung ausdrückt.

Das in der koptischen Kirche verwendete »Wiederkreuz«, dessen vier Arme in ebenso vielen Kreuzen enden, erinnert durch die vielfache Spiegelung des einen Urzeichens an die Allgegenwart und vereint zugleich das Kreuz geheimnisvoll mit dem Viereck. In der christlich-keltischen Kunst des Nordens verbinden sich Kreuz und Sonnenrad in reicher Abwandlung zur Mitternachtssonne des Geistes.

Die hierarchischen Formen der Tiara und der Mitra sowie die des Bischofsstabs erinnern ebenfalls an sonnenhafte Sinnbilder. Der in eine Spirale ausgehende Bischofsstab ist manchmal zur Gestalt eines Drachens umgebildet, der das Osterlamm zu verschlingen scheint. Er ist das Sinnbild des kosmischen Kreislaufs, der das Göttliche Opfer »verschlingt«. Der Drache kann auch den Logos als Urwort darstellen, der den Logos als Urlicht gebiert; Wort ist gleich Zeit, Licht gleich Raum.

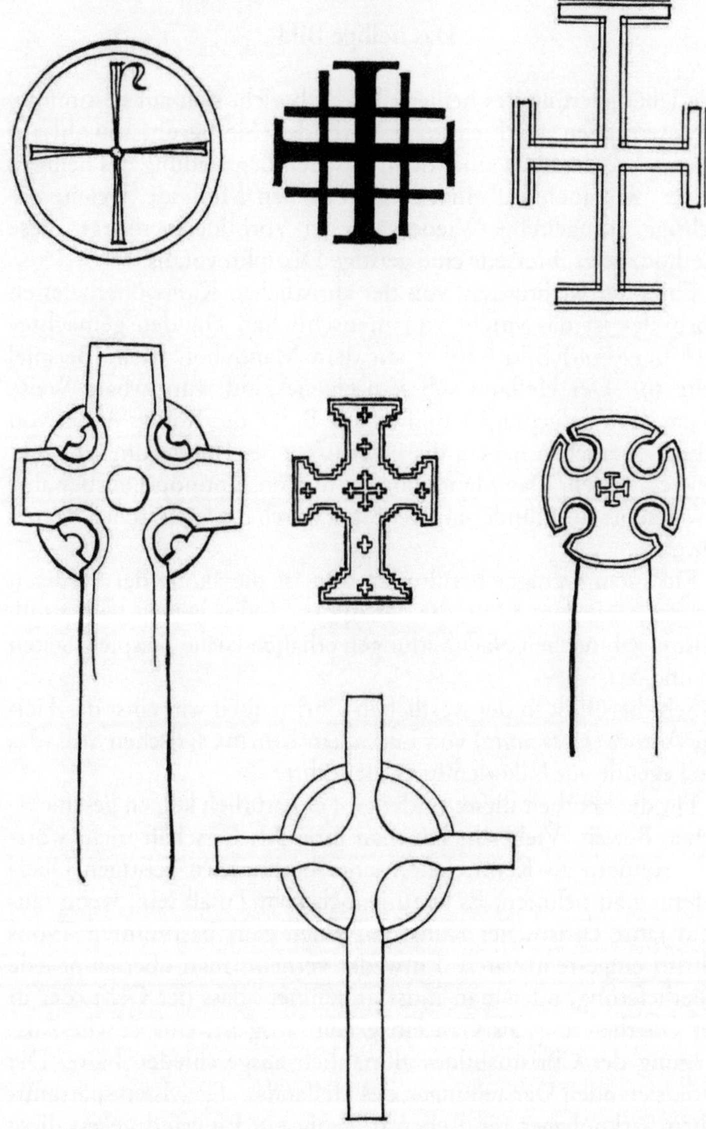

Figur 17: Verschiedene hieratische Formen des Kreuzes. Oben: römisches, jerusalemisches und griechisches Kreuz. Mitte: irisches, koptisches und angelsächsisches Kreuz. Unten: irisches Kreuz

Das heilige Bild

Die Überlieferung des heiligen Bildes bezieht sich auf bestimmte, gewissermaßen geschichtliche Vorbilder. Sie beruht sowohl auf einer Lehre, nämlich einer dogmatischen Begründung des heiligen Bildes, wie auch auf einer künstlerischen Methode, welche die richtige, sinngemäße Wiedergabe der Vorbilder verbürgt; diese Methode setzt ihrerseits eine geistige Disziplin voraus.

Eines der wichtigsten, von der christlichen Kunst überlieferten Vorbilder ist das »nicht von menschlichen Händen gemachte« (*acheiropoietos*) Bild Christi auf dem Mandylion (siehe Beispiel Seite 59): Der Heiland soll sein eigenes, auf wunderbare Weise einem Stoff aufgeprägtes Bildnis den Boten des Königs Abgar von Edessa übergeben haben, die im Auftrag des Königs um sein Bild gebeten hatten. Das Mandylion ist in Konstantinopel aufbewahrt gewesen bis zur Plünderung der Stadt durch die lateinischen Kreuzfahrer.

Ein nicht weniger berühmtes Bild ist die Ikone der Heiligen Jungfrau mit dem Kind, die der Apostel Lukas gemalt haben soll; es ist in zahlreichen Nachbildungen erhalten (siehe Beispiele Seiten 60 und 84).

Sehr berühmt in der westlichen Christenheit war einst das Heilige Antlitz (*volto santo*) von Lucca, ein Kruzifix syrischen Stils, das die Legende auf Nikodemus zurückführt.

Für die Echtheit dieser Bilder gibt es natürlich keinen geschichtlichen Beweis. Vielleicht hat man ihre Urheberschaft nicht wörtlich, sondern als Kennzeichen einer bestimmten geistigen Überlieferung zu nehmen. Es kann jedoch kein Zufall sein, wenn tausend Jahre christlicher Kunst auf einen ganz bestimmten Typus Christi eingestellt waren. Entweder verneint man überhaupt jede Überlieferung, oder man muss annehmen, dass der Geist, der in der Überlieferung als Ganzem gegenwärtig ist, eine falsche Ausprägung des Christusbildes allmählich ausgeschieden hätte. Die antikisierenden Darstellungen des Heilands auf gewissen spätrömischen Sarkophagen sind ebenso wenig ein Einwand gegen diese Überlegung wie die naturalistischen Bilder der Renaissance. Bedeutsam aber ist, dass eine der kostbarsten Reliquien der Christenheit, nämlich der Abdruck auf dem Leichentuch von Turin, dessen Züge erst in jüngster Zeit bei der Durchleuchtung deutlich sichtbar wurden, das überlieferte Bild Christi vollauf bestätigt.[65] Bei Bildern wie dem der »Muttergottes des Zeichens« (siehe Bilder Seiten 86, 93 und 94), das die Jungfrau in der Stellung einer Orantin mit dem Rundbild des Christus-Emmanuel auf der Brust zeigt,[66] oder den Darstellungen, die auf den frühmittelalterlichen Wandschmuck der heiligen Grabes- und Geburtskirchen zurückgehen, bürgt die geistige Tiefe der Komposition für den »himmlischen« Ursprung. Bestimmte Abwandlungen der Prototypen wurden in späterer Zeit, im Hinblick auf geschehene Wunder oder wegen ihrer geistigen Vollkommenheit, zu heiligen Vorbildern erhoben.[67]

Bezeichnend für die christliche Schau der Dinge ist der Umstand, dass diese heiligen Bilder einen zugleich geschichtlichen und wunderbaren Ursprung haben. Das Verhältnis einer Ikone zu ihrem Urbild ist daher vieldeutig: Einerseits ist das wunderbare

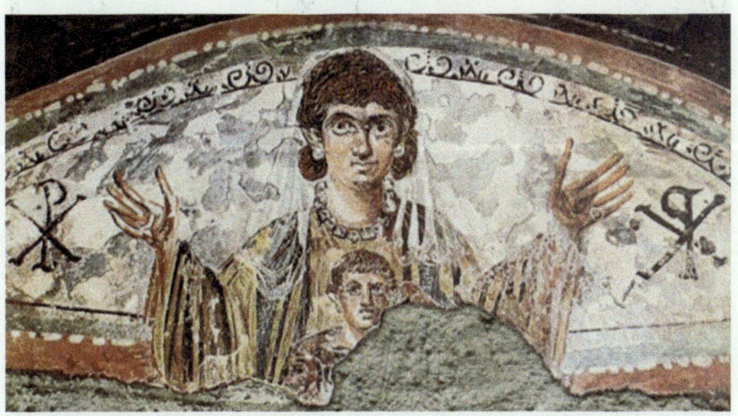

Älteste bekannte Darstellung der »Muttergottes des Zeichens« aus den Katakomben des Cimiterio Maggiore, Rom

65. Der Abdruck auf dem Leichentuch von Turin kann nichts Künstliches sein, und zwar aus geistigen und geschichtlichen Gründen, wenn man die Neuzeit in Betracht zieht, und aus stilistischen Gründen, wenn man an das Mittelalter und die Spätantike denkt.

66. Die älteste bekannte Darstellung der »Muttergottes des Zeichens« ist ein Bild des vierten Jahrhunderts in der römischen Katakombe des Cimitero Maggiore.

67. Das ist der Fall bei der berühmten Dreifaltigkeitsikone des heiligen Malers Andrei Rubljow (siehe Seite 78). Sie wurde vom russischen Synod zum kanonischen Vorbild erklärt.

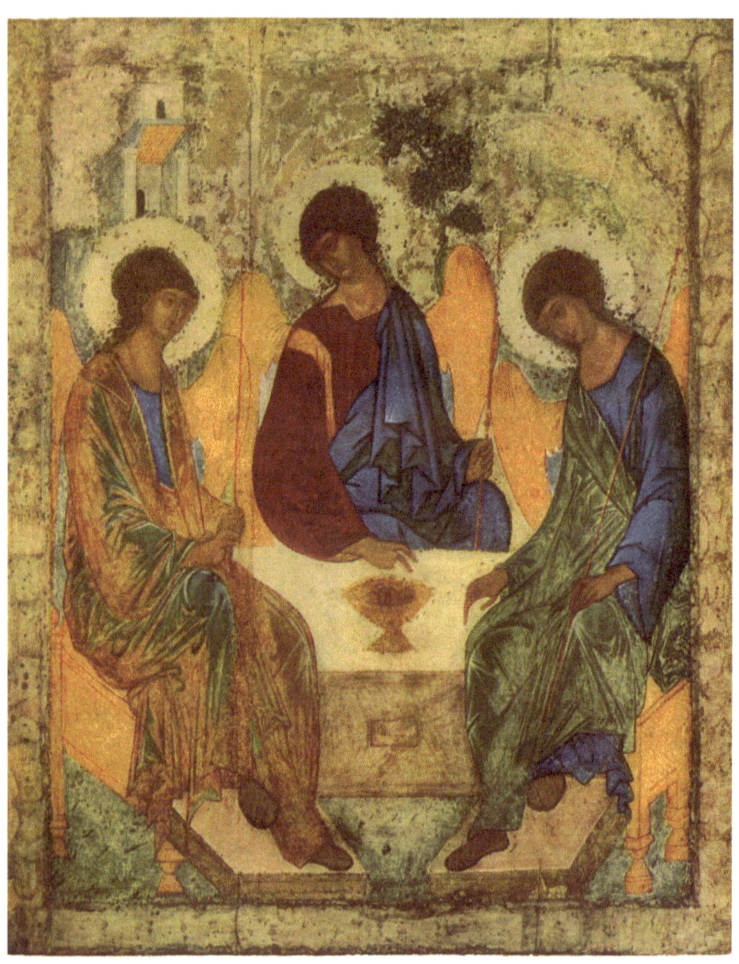

Dreifaltigkeitsikone des Andrei Rubljow, entstanden etwa um 1410

Bildnis Christi oder der Heiligen Jungfrau das Urbild, auf welches sich das Kunstwerk bezieht; andererseits aber ist das wunderbare Bildnis selbst nur das Abbild eines ewigen Urbildes, nämlich der wahren Natur des Heilandes oder seiner Mutter. Die Stellung der Kunst entspricht hier genau der des christlichen Glaubens, der sich auf ein geschichtliches Ereignis, die Menschwerdung des Göttlichen Wortes beruft, dessen innere Tragweite aber darin liegt, dass er die ewigen Wahrheiten, die sich in jenem geschichtlichen Ereignis kundgeben, zu ahnen vermag. In dem Maße, als das geistige Bewusstsein abnimmt und der Glaube sich mehr auf den geschichtlichen als auf den allheitlichen Anblick des Dogmas verlegt, wendet sich sowohl das gläubige Denken als auch die kirchliche Kunst von den ewigen »Urbildern« ab und den geschichtlichen zu, die dann auf einmal in einem »naturalistischen« Sinn verstanden werden, weil sich das gemeine gefühlsbetonte Denken an die menschlichen Umstände festklammert.

Daher kommt es, dass in Zeiten der geistigen Bewusstheit die Züge der überlieferten heiligen Bilder auf das Wesentliche hin vereinfacht werden, wobei keineswegs, wie oft behauptet wird, eine Erstarrung des künstlerischen Ausdruckes stattfindet, weil die innere, dem ewigen Urbild zugekehrte Schau das Bild mit einer unwägbaren Güte erfüllt. In Zeiten der geistigen Veräußerlichung dagegen taucht unfehlbar das naturalistische Element empor, das im hellenistischen Erbe der Malerei latent vorhanden ist und schon lange vor der Renaissance manchmal ihren christlichen Stil zu durchbrechen drohte. Diese Gefahr bestand umso mehr, als die heilige Kunst im Gegensatz zur Heiligen Schrift, die sich nicht vom Zeitdenken zurechtbiegen ließ, den Leidenschaften einen Ausweg zu bieten schien.

Die byzantinische Welt wurde sich des wahren Wesens der heiligen Bilderkunst infolge des langen Streits zwischen Bilderstürmern und Bilderverehrern und nicht zuletzt dank der drohenden Ausbreitung des Islams ganz bewusst: Der eindeutigen Bilderlosigkeit des Islams musste aufseiten der bedrohten christlichen Gemeinde eine ebenso eindeutige Begründung des heiligen Bildes gegenübergestellt werden, und das umso dringender, als die islamische Haltung in den Augen vieler Christen durch das mosaische Bilderverbot berechtigt erschien. Da erinnerte man sich daran, dass die Verehrung des Bildes Christi nicht nur erlaubt, sondern dass sie geradezu ein Zeugnis für das eigentlich christliche Dogma der Menschwerdung des Göttlichen Wortes sei. Wenn Gott Sich auch in Seinem Wesen nicht darstellen lässt, so entzieht sich doch die menschliche Natur Jesu, die dieser von seiner Mutter geliehen hat, nicht der Darstellung; nun ist aber die menschliche Gestalt Christi auf geheimnisvolle Weise seiner Göttlichen Wesenheit vereint, wenn auch die beiden »Naturen« unterschieden bleiben. Darin liegt die Berechtigung der christlichen Bilderverehrung.

Auf den ersten Blick hat die Begründung der Bilderverehrung nur mit dem Vorhandensein des Bildes zu tun, nicht aber mit seiner Form. Allein, die erwähnte Anwendung des christlichen Dogmas enthält im Keim eine ganze Lehre vom Sinnbild, die für die Kunst maßgebend sein wird: Das Göttliche Wort ist nicht nur die sowohl ewige wie zeitliche »Aussprechung« Gottes, sondern ebenso Sein »Abbild« auf jeglicher Stufe des Daseins; das gemalte Bild Christi ist so ein letzter Abglanz des auf Erden herabgestiegenen Göttlichen Wortes oder Bildes.

Das siebte ökumenische Konzil von Nicäa (787) legte die Begründung der Ikone in Gestalt eines an die Heilige Jungfrau gerichteten Gebets fest, im Hinblick darauf, dass Maria der Stoff und das Behältnis der Menschwerdung des Wortes und daher auch der eigentliche Grund seiner Abbildung sei:

> Das unumschreibbare Wort des Vaters hat durch seine Fleischwerdung aus dir, Gottesgebärerin, sich selbst umschrieben. Indem es das befleckte [menschliche] Bild [Gottes] in seiner Urgestalt wieder herstellte, durchdrang es dasselbe mit Göttlicher Schönheit. Bekennend aber die Erlösung, bilden wir dies ab in Werk und Wort.[68]

Das Wesen des Sinnbildes hatte schon der heilige Dionysius Areopagita dargelegt. Er zeigt, wie das Sinnbild, je nachdem, ob man seine ontologische Verbindung mit dem Urbild oder aber sein Ungenügen im Vergleich zu jenem betrachtet, ein zweifaches Antlitz hat. Der heilige Dionysius sagt zusammenfassend:

> Die höhere Welt wirft ihr Licht auf die niedere Welt, und in den wahrnehmbaren Dingen ist wie eine Spur der rein geistigen. [...] Eine der Pflichten und eines der Geheimnisse des Glaubens aber ist es, das Göttliche im Menschlichen, das Unerschaffene im Erschaffenen, die Einheit in der Vielheit zu betrachten (Vorrede zum *Buch über die kirchliche Hierarchie*).

> Wir nennen aber »Typen« oder »Vorbilder« die schöpferischen Gründe der Dinge, die in der Einfachheit der Gött-

68. Siehe Leonid Ouspensky und Wladimir Lossky: *Der Sinn der Ikonen,* Bern und Olten 1952.

> lichen Wesenheit vor der Zeit vorhanden sind. Die Heilige Schrift nennt sie »Vorbestimmungen« oder »heilige, gute Wallungen«, welche die Wesen bilden und verwirklichen, und nach welchen die Allmacht alles, was ist, bestimmt und hervorbringt. [...] Es heißt in den heiligen Weissagungen, dass die Geschöpfe nicht deshalb kundgegeben sind, damit sie angebetet würden, sondern auf dass wir durch die Erkenntnis, die uns aus ihnen zuteilwird, im Maße unserer Kräfte zur Ursache des Alls emporgehoben werden. Alle Dinge müssen auf Gott bezogen werden, ohne dass deshalb Seine unaussprechliche Einfachheit verändert würde. Denn Er teilt vor allem das Dasein mit, als erstes Geschenk Seiner schöpferischen Güte, dann durchdringt Er alle Dinge und erfüllt sie mit dem Reichtum des Seins, und erfreut Sich in Seinen Werken. Doch alles war schon vor der Zeit in Ihm vorhanden im Geheimnis einer transzendenten Einfachheit, die alle Eigenschaft ausschließt; alles ist gleichfalls im Schoß Seiner unteilbaren Unendlichkeit enthalten, und alles hat teil an Seiner fruchtbaren Einheit, so wie dieselbe Stimme gleichzeitig viele Ohren erreicht (*Von den Göttlichen Namen,* V 9).

> Es ist deshalb nicht unziemlich, die himmlischen Dinge mit dem Schleier der verächtlichsten Abzeichen zu verkleiden; denn einerseits bewahrt der Stoff, da er von Dem, Der dem Wesen nach schön ist, sein Dasein empfängt, in der Ordnung seiner Teile etwelche Spuren der geistigen Schönheit; andererseits aber vermögen uns eben diese Spuren zur Reinheit der Urformen zurückzuführen, wenn wir den vorgängig dargelegten Regeln treu sind, das heißt, wenn wir unterscheiden, auf welche verschiedene Weisen dasselbe Bild sich mit gleicher Richtigkeit auf die geistigen und auf die sinnlichen Dinge bezieht (*Von der himmlischen Hierarchie,* II 4).

Das zweifache Wesen des Sinnbildes ist ganz allgemein das der Form, die immer zugleich Begrenzung und Ausdruck eines wesentlichen Gehaltes ist; dieser aber ist ein Strahl des ewigen Wortes, des Urbildes aller Formen oder Sinnbilder, wie es folgende Worte des heiligen Hierotheus, jenes großen, vom heiligen Dionysius erwähnten Unbekannten bezeugen:

> »Als höchste Urform gibt sie [die Göttliche Natur Christi] all demjenigen Form, was an sich keine hat; in dem, was Form hat, aber ist sie deren bar, weil sie alle Form übersteigt« (*Von den Göttlichen Namen*).

Das ist die Ontologie des Göttlichen Wortes in seiner allheitlichen Natur; ein besonderer und gleichsam persönlicher Anblick desselben ontologischen Gesetzes ist die Menschwerdung, durch welche »das unumschreibbare Wort des Vaters sich selber umschreibt«, was der heilige Hierotheus mit diesen Worten ausdrückt:

> »Indem es sich aus Liebe zum Menschen herabließ, dessen Natur anzunehmen [...] behielt [das Göttliche Wort] dennoch in diesem Zustand sein wunderbares und überseinliches Wesen. [...] Im Schoße unserer Natur selber blieb es wunderbar, und in unserem Wesen selber überwesentlich, indem es in sich selbst und über uns hinaus alles unbegrenzt enthielt, was uns gehört und von uns kommt« (ebenda).

In dieser geistigen Schau ist das Teilhaben der menschlichen Gestalt Christi an seiner Göttlichen Wesenheit das Urgesetz jeglichen sinnbildlichen Ausdrucks. Die Fleischwerdung des Wortes setzt das seinliche Band voraus, das jegliche Form mit ihrem ewigen Urbild verbindet; zugleich verbürgt sie dasselbe. Es war nur noch nötig, diese Lehre auf das Wesen des heiligen Bildes anzuwenden, was die großen Verteidiger der Ikonen, wie der heilige Johannes von Damaskus,[69] der das siebte ökumenische Konzil von Nicäa beeinflusste, und der Abt Theodor von Studion, der den Sieg der Bilderverehrer besiegelte, getan haben.

In den *Libri Carolini* wandte sich Karl der Große gegen die Begründung der Bilderverehrung, wie sie das siebte ökumenische Konzil von Nicäa formuliert hatte, offenbar deshalb, weil er bei den Lateinern, die weniger besinnlich eingestellt waren als die östlichen Christen, die Gefahr einer Bilderanbetung voraussah. Er schrieb deshalb der kirchlichen Kunst eine mehr belehrende als sakramentale Rolle vor. Von diesem Augenblick an wurde die Mystik der Ikone im Westen mehr oder weniger esoterisch, während

69. Es ist bezeichnend, dass Johannes von Damaskus (700–750) in einer ganz von der islamischen Kultur umgebenen christlichen Gemeinde gelebt hat.

sie im Osten kanonisch blieb und vor allem vom Mönchstum getragen wurde. Die Überlieferung der heiligen Urbilder brach im Westen bis zur Zeit der Renaissance nicht ab, und noch heute sind die berühmtesten wundertätigen Bilder innerhalb der römisch-katholischen Kirche Ikonen byzantinischen Stils. Dem zersetzenden Einfluss der Renaissance aber vermochte die römische Kirche lehrlich [lehrmäßig] nichts entgegenzustellen, während in der griechisch-orthodoxen Kirche die Ikonenmalerei diesem Einfluss auf Jahrhunderte hinaus standhielt.[70]

Der Stil der Ikone

Wie wir schon andeuteten, bestimmt die lehrliche Begründung der Ikonenkunst nicht nur ihre allgemeine Geisteshaltung und ihren Gegenstand, sondern auch ihre Formensprache, den Stil. Dieser ergibt sich unmittelbar aus der Rolle des Sinnbildes: Das Bild soll nicht sein ewiges Urbild, das unvergleichlich über ihm steht, ersetzen; es soll im Gegenteil, nach den Worten des heiligen Dionysius, »den Abstand, der das Geistige vom Sinnlichen trennt, achten«. Aus diesem Grund muss es auf seiner eigenen Ebene wahrhaftig sein, das heißt, es darf nichts vortäuschen, was es nicht ist, so wie die naturalistische Malerei mit Hilfe der Verkürzung und der plastischen Schattierung eine räumliche Tiefe vortäuscht, die ein Bild an sich nicht hat. In der Ikone gibt es nur eine logische Perspektive; manchmal ist sogar die optische Perspektive absichtlich umgestülpt, um den »Fluchtpunkt«, der die Sicht in eine eingebildete Tiefe zieht, zu vermeiden. Die vom Hellenismus ererbte Modellierung durch aufgesetzte Lichter wird so behandelt, dass die Fläche des Bildes immer gewahrt bleibt. Manchmal ist diese Lasurmalerei wie durchscheinend, als seien die dargestellten Personen von einem inneren Licht durchglüht.[71] Es gibt keine einseitige Beleuchtung in der Komposition einer Ikone; es gibt keine gedachte Lichtquelle, sondern die Farben selber sind licht. Übrigens wird der goldene Grund, der oft die Figuren wie das himmlische Licht einer

70. Noch heute setzen einige russische Ikonenmaler die Überlieferung fort.

71. Das bezieht sich auf die hesychastische Lehre von der Verklärung der Leiber durch das Taborlicht. Siehe Leonid Ouspensky und Wladimir Lossky, op. cit.

verklärten Welt umgibt, in der Sprache der Ikonenmaler »Licht« genannt.[72] Die Falten der Kleider, deren Schema von der antiken griechischen Malerei abstammt, sind nicht mehr Ausdruck leiblicher, sondern innerer Bewegtheit; nicht der Wind macht die Gewänder lodern, sondern der Geist. Die Umrisse sind nicht nur da, um die Körper zu bezeichnen, sie haben einen eigenen Wert erhalten; sie sind zu einer zeichnerischen Sprache geworden, die ebenso eindeutig wie unwägbar ist.

Ein guter Teil der geistigen Ausdrucksmittel liegt schon in der künstlerischen Technik der Ikone und wird mit dieser weitergegeben. Sie ist so angelegt, dass die Eingebung wie von selber dazukommt, wenn nur die Regeln der Darstellung richtig beachtet wurden und der Maler selbst geistlich für seine Arbeit vorbereitet ist. Damit ist gemeint, dass der Künstler ganz allgemein dem Leben der Kirche treu sein muss, und dass er sich im Besonderen noch durch Fasten und Beten auf seine Arbeit vorzubereiten hat; er muss auch über den darzustellenden Gegenstand aufgrund der kanonischen Schriften nachdenken. Wenn es sich um einen einfachen und wesentlichen Gegenstand wie etwa das Bild Christi allein oder das der Heiligen Jungfrau mit dem Kind handelt, wird diese Andacht von einer heiligen Formel wie dem Jesusgebet oder dem Ave Maria getragen. Es ist dann so, als ob das überlieferte Vorbild der Ikone in seiner gesammelten Prägung auf die ewige Wahrheit, die in einem solchen Gebet liegt, Antwort gäbe und seinen eigenen Gehalt an unwägbaren Eigenschaften offenbarte. In der Tat verrät die einfache Schematik der Ikone stets den metaphysischen, allheitlichen Hintergrund des glaubenshaften Gegenstands, was übrigens den nicht nur menschlichen Ursprung der Vorbilder beweist: So sind zum Beispiel die meisten Ikonen der Heiligen Jungfrau mit dem Kind so gezeichnet, dass die Umrisse der Mutter die des Kindes umschreiben; der Mantel der Jungfrau ist dunkelblau wie die tiefste Tiefe des Himmels oder wie das Meer; manchmal ist er auch dunkel purpurn; der Rock des Göttlichen Kindes dagegen ist königlich rot oder golden. All diese Züge haben einen tiefen Sinn.

Heilige Jungfrau mit dem Kind. Mosaik aus der Apsis der Hagia Sophia in Istanbul, fertiggestellt 867

72. Siehe ebenda.

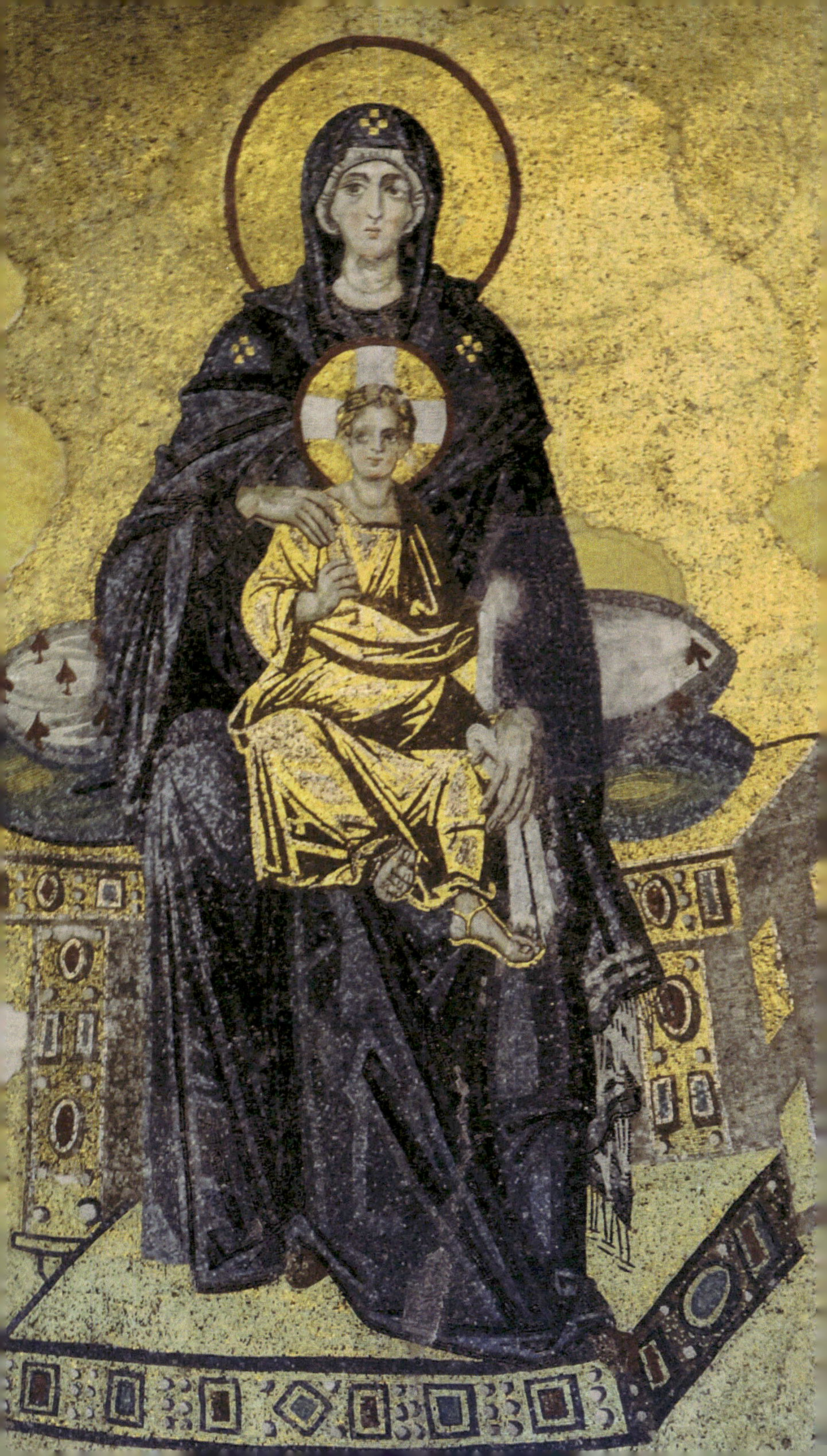

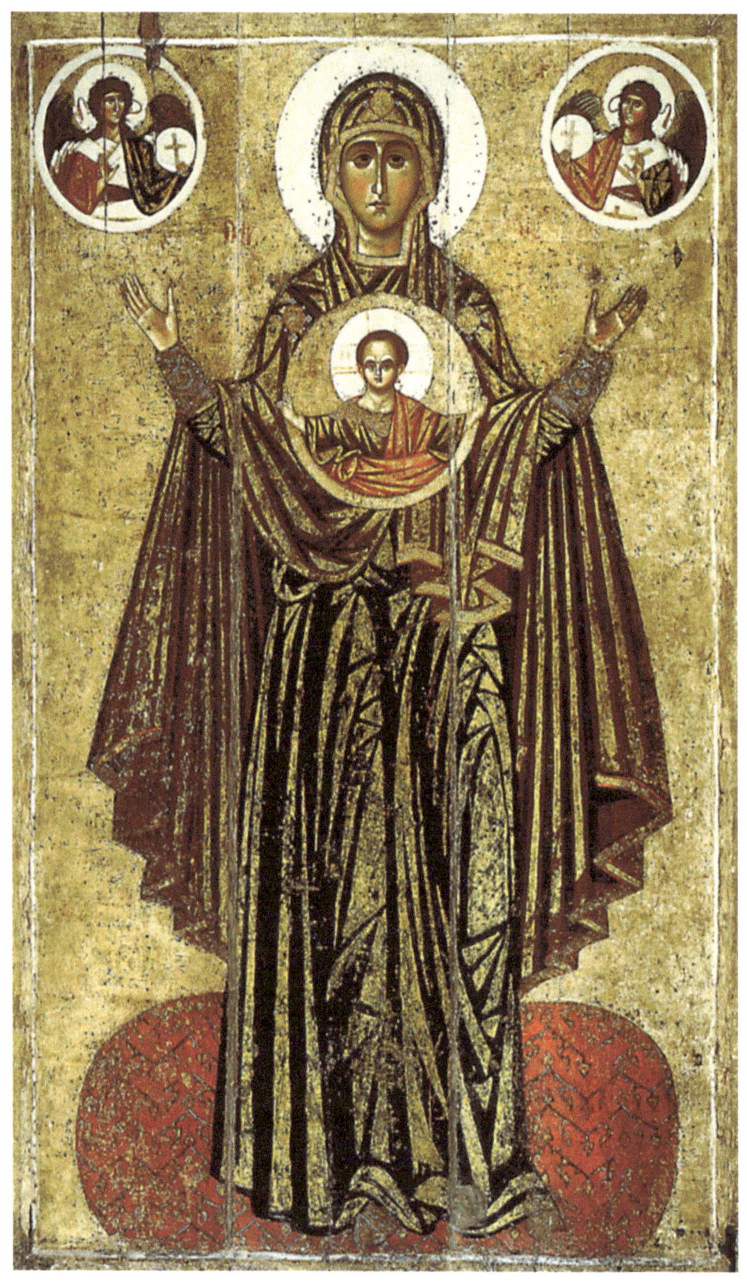

Neben dem *acheiropoietos*-Bild Christi ist das der Jungfrau mit dem Kind das wichtigste, denn die Darstellung des Kindes von geheimnisvoll Göttlichem Wesen ist gewissermaßen durch die Darstellung der Mutter, von der seine leibliche Hülle abstammt, gerechtfertigt. Zwischen beiden Personen entsteht so eine Spannung von natürlichem Reiz und von unerschöpflichem Sinn: Das Wesen des Kindes wird durch das der Mutter hindurch und kraft ihrer Liebe zu ihm betrachtet, und umgekehrt verleiht die Gegenwart des Göttlichen Kindes mit seinen Abzeichen des Königtums und der Weisheit oder der zukünftigen Passion der Mütterlichkeit etwas Unpersönliches und geistig Weites. Die Heilige Jungfrau ist so das Bild der Seele im Zustand der urhaften Reinheit, und das Göttliche Kind ist wie der Keim des Göttlichen Lichts inmitten der Seele.

Dieses mystische Verhältnis ist ganz eindeutig ausgedrückt im Bild der »Muttergottes des Zeichens«, das sich bis in die ersten Jahrhunderte des Christentums zurückverfolgen lässt: Es zeigt die Muttergottes betend, mit erhobenen Händen, das Rundbild des knabenhaften Emmanuel auf ihrer Brust. Die »Jungfrau, die gebären wird«, nach der Vision des Propheten Jesaia, ist zugleich die betende Kirche oder die betende Seele, in der Gott geboren werden soll. Die Ikonen der Heiligen nehmen daher ihre Berechtigung, dass sie mittelbar Ikonen Christi sind: Im Heiligen ist Christus gegenwärtig.

Die hauptsächlichen Szenen aus dem Leben Christi sind als fest geprägte Kompositionen überliefert. Dass auf der Ikone der Geburt Christi die Höhle mit dem neugeborenen Kind in einem dreieckigen Berg liegt, um den herum die Engel, die drei heiligen Könige und die Hirten mit ihren Herden auftreten, während der Strahl des verheißenden Sterns senkrecht, wie eine Achse, auf die Krippe in der Höhle herabfällt, ist nicht willkürlich und nicht zufällig so, wenn auch das Schema als solches nicht unmittelbar aus den heiligen Schriften hervorgeht.

Sehr bezeichnend für die christliche Schau der Dinge ist es, dass geistige Wirklichkeiten, die in Wahrheit zeitlos sind, geschichtlich in der Gestalt von Ereignissen gesehen und dadurch bildlich fassbar werden. Wenn zum Beispiel dargestellt wird, wie Christus mit dem Banner der Auferstehung in der Hand in die Vorhölle hinabsteigt und auf den zerbrochenen Türflügeln des Abgrundes ste-

Muttergottes vom Zeichen. Russische Ikone aus dem dreizehnten Jahrhundert. Tretjakow-Galerie, Moskau

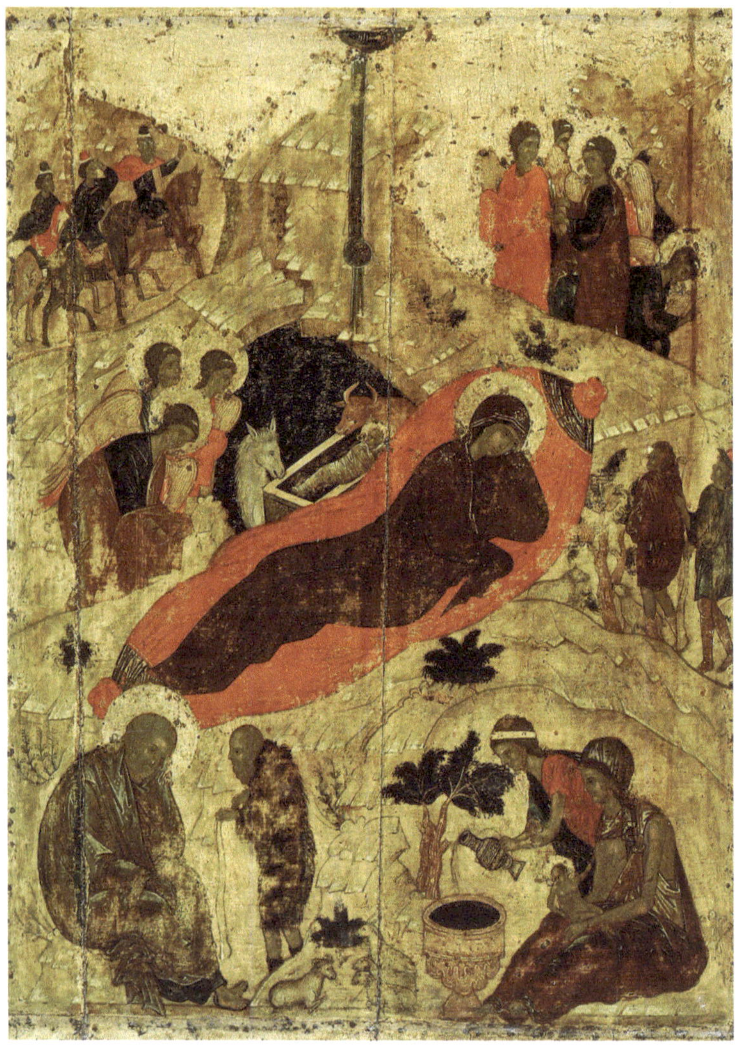

Die Geburt Christi. Russische Ikone aus dem fünfzehnten Jahrhundert. Mariä-Verkündigung-Kathedrale, Moskau

hend den Ureltern, den Patriarchen und den Propheten die rettende Hand reicht, so ist in Wahrheit das »Ereignis«, welches hier gemeint ist, ein immer geschehendes, denn wenn sogar die Pro-

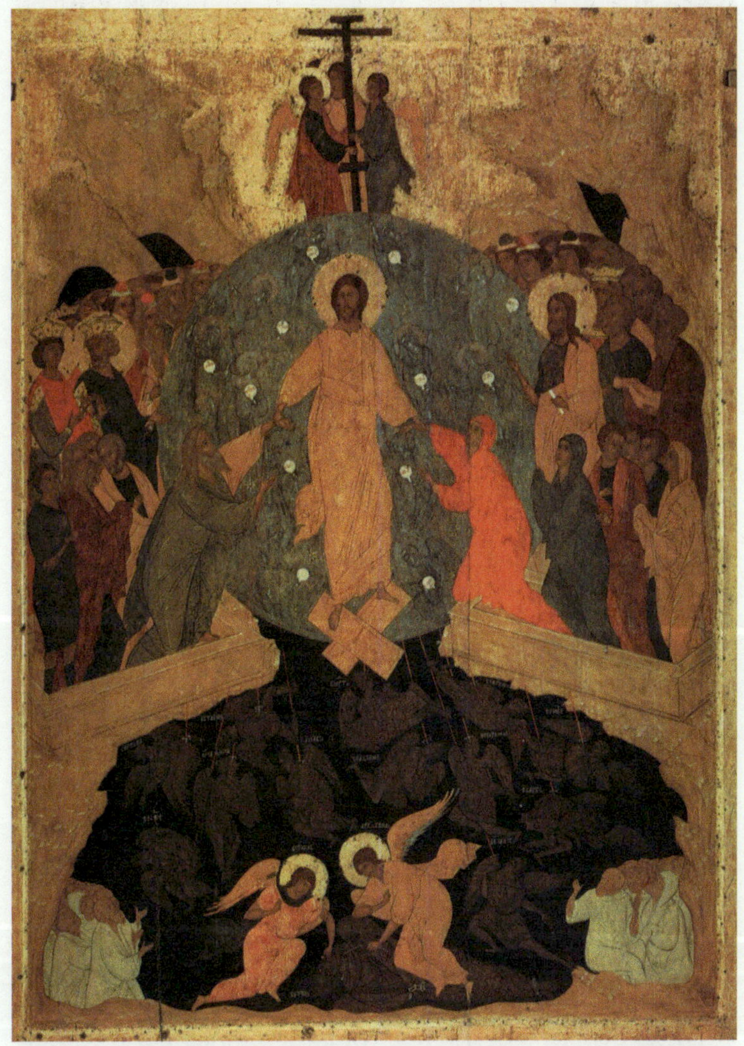

Abstieg Christi in die Unterwelt. Russische Ikone aus dem Kloster Ferapontow, zwischen 1495 und 1504 gemalt vom Patriarchen Dionysius dem Weisen. Russisches Staatsmuseum, Sankt Petersburg

pheten durch Christus erlöst werden müssen, so gilt das nur von ihm als dem ewigen Wort Gottes. Allein, obwohl Propheten und

Patriarchen dem Göttlichen Wort schon vor der Zeit begegnet sind, ist es doch sinnbildlich richtig, dass die »Höllenfahrt« Christi und die Erlösung der Altvordern mit der Überwindung des Todes am Kreuz zusammenfallen, denn in diesem Augenblick decken sich Zeit und Ewigkeit. So bleibt also der metaphysische Sinn eines heiligen Bildes trotz der kindlichen Fassung seines Gegenstandes oder gerade deswegen erhalten.

Der Zerfall der christlichen Kunst

Damit ein Bild einen geistigen Wert habe, braucht es nicht »genial« zu sein. Die heilige Kunst ist durch ihre Vorbilder verbürgt, und eine gewisse Eintönigkeit der Mittel gehört zum Schaffen der überlieferungstreuen Künstler; sie hat den Sinn, innerhalb der Pracht und des Spiels, die in der Kunst als solcher liegen, die geistige Armut zu wahren: Der eigene Genius des Künstlers berauscht sich nie an sich selber; er wird von der allgemeingültigen Form aufgesogen und geistig geläutert, während er sie mit seinem Leben sättigt. Das erklärt auch, warum zur Zeit der Renaissance, als die Überlieferung zerbrach, das künstlerische Genie allenthalben verschwenderisch hervortrat. Es ist das, wie wenn ein Mensch, der einer geistigen Disziplin gefolgt war, diese plötzlich von sich wirft: Zurückgedrängte seelische Möglichkeiten tauchen empor und wirbeln bunte Wolken von neuen Empfindungen und Sehnsüchten auf, die erst nach und nach, in ebendem Maße, als die anfängliche Stauung der Kräfte nachlässt, ihren Glanz verlieren. Die Bewegung aber hört deshalb nicht auf; das Gefühl der Befreiung des Ichs, das nun zum herrschenden Inhalt des Bewusstseins geworden ist, versucht, sich dadurch weiterzufristen, dass es auf niedrigere Schichten der Seele übergreift; das seelische Gefälle von Stufe zu Stufe wirkt als antreibende Kraft.

Dieses Beispiel lässt sich insofern nicht ganz auf das allgemeine Geschehen der Renaissance anwenden, als der einzelne Mensch, der einen solchen Dammbruch der Kultur miterlebt, nicht selber dafür verantwortlich sein muss. Das Genie als Werkzeug der beinahe kosmischen Kräfte, die ein solcher geschichtlicher Vorgang auslöst, hat eine gewisse Unschuld, die gerade seinen Zauber ausmacht. Seine Auswirkung ist deshalb nicht weniger verhängnisvoll. Dass in seinem Schaffen Werte liegen, die für sich genommen geistig fruchtbar sein könnten, sei unbestritten; es muss schon deshalb so sein, weil all die künstlerischen Möglichkeiten, die im Haushalt der überlieferungstreuen Kunst nicht Raum fanden, nun ihre Schleusen öffnen. Ebenso sicher aber ist es, dass sich diese neuen Möglichkeiten nicht mehr von einer bleibenden Mitte aus ordnen lassen, sondern sich gegenseitig in immer rascherer Abfolge ablösen. Das ist die geschichtliche Verkettung der »Stilphasen«, wie sie für die europäische Kunst der letzten vierzehnhundert Jahre so bezeichnend ist, und die man nicht auf andere Zeiten und Völker übertragen kann. Die überlieferungstreue Kunst ist darum, weil sie dieses Gefälle nicht hat, keineswegs »starr«: Geschützt vom magischen Kreis einer heiligen Form kann der überlieferungstreue Künstler immer von einer zeitlosen Mitte ausgehen, unbeschwert und klar zugleich.

Zu den Möglichkeiten, die vom Haushalt der überlieferten christlichen Kunst ausgeschlossen waren, gehört die Darstellung des nackten menschlichen Körpers in seiner natürlichen Schönheit. Deren »Wiederentdeckung« war zweifellos einer der stärksten Antriebe der Kunst der Renaissance. Solange die christliche Kunst hieratisch blieb, konnte das Verschweigen der körperlichen Schönheit nicht als Mangel empfunden werden; auch war ja die Schönheit der unverdorbenen Natur immer und überall vorhanden. Erst als die Kunst die Natur nachzuahmen begann und darin ihren eigentlichen Zweck sah – dieser Hang beginnt schon zur Zeit der Gotik sich kundzugeben –, wurde das Weglassen der natürlichen Schönheit des Leibes zur Prüderie und die griechisch-römische Kunst zur unwiderstehlichen Versuchung. Die Renaissance war in dieser Hinsicht der Ausdruck einer kosmischen Vergeltung: Es ist gefährlich, eine so wesentliche und reiche Kundgebung des Göttlichen, wie es die Schönheit des menschlichen Körpers sein kann, ausdrücklich in das Zwielicht des »nur sinnlichen« Erlebens zu verbannen. Andrerseits aber vermochte die Renaissance nicht, diese Schönheit in ihrem Göttlichen Glanz zu fassen; nach den ersten blütenhaften Werken wie dem Fonte-Gaia-Brunnen des Jacopo della Quercia verfiel die Bildhauerei der Renaissance zwangsläufig der hohlen Rhetorik spätantiker Vorbilder.

In der Kunst der Renaissance liegt eine Art denkerischer Leidenschaft: Das geistige Element der Gestaltung, das unpersönlich, weit und unwandelbar sein sollte, wird zum Gegenstand der Leidenschaft. Das verrät sich mit besonderer Deutlichkeit durch die Einführung der Perspektive in der Malerei. Sie ist der Ausdruck des Subjekts, das sich selber zur Mitte der Welt macht: Scheinbar fängt der Naturalismus die »objektive« Welt im Bild ein; in Wirklichkeit hat er zuerst den rein mentalen Zusammenhang des Subjekts auf die äußere Welt übertragen, die er arm, schal und hart machen wird, während die überlieferte Malerei, die nur Sinnbilder niederschrieb, der Wirklichkeit ihre unauslotbaren Tiefen ließ. Durch die Perspektive wird ein Bild zu einer vorgetäuschten Welt, und die Welt wird dafür zum geschlossenen System, durch das nichts Übernatürliches mehr hindurchscheint.

Ebenso hat die Renaissance die Baukunst ihrer feineren Geheimnisse beraubt, indem sie die rein geometrische Proportion der mittelalterlichen Bauten durch eine zahlenhafte, additive und deshalb geistig schale Proportion ersetzte. Die Rezepte des Vitruv haben da viel Schaden angestiftet. Gegenüber der überspitzten Formensprache der Spätgotik hat die Baukunst der frühen Renaissance zweifellos den Vorteil einer ausgewogenen Klarheit; doch ist sie verstandesmäßig begrenzt.

Die »denkerische« Leidenschaft der Renaissance wird von der rein gefühlsmäßigen Leidenschaft des Barock abgelöst. Dieser versucht, das verstandesmäßig Zergliedernde der Renaissance und ihre lehrhafte Abhängigkeit von antiken Kulissen durch das Irrationale der maßlos spielenden Einbildungskraft zu überbrücken. Nicht zufällig ist die barocke Kunst am unschuldigsten da, wo sie Wasserspiele und Brunnen gestaltet: Sie schöpft aus den »unterseeischen« Bereichen der Seele und hat etwas vom Wesen des Wassers. Man kann sie als eine Rückwirkung der spätgotischen überbetonten »Sublimation« betrachten. Die Einbildungskraft als eine dunkle, meerhafte, unabsehbar Formen gebärende Macht spielt in einer heiligen Kunst wie der indischen eine Rolle; doch ist sie dort bewusst Abbild der schöpferischen *maya* und stets vom unwandelbaren Gesetz des übergedanklichen Geistes beherrscht; die Spannweite der indischen Kunst ist groß genug, um diese beiden Pole zu umfassen. Die barocke Kunst aber kennt das rein Geistige nicht. Wenn Shakespeare sagt, die Welt sei »aus solchem Stoff gemacht wie der der Träume«, so steht er außerhalb der barocken Schau der Dinge. Denn selbst da, wo der Barock Täuschung und Tand der Welt durchbrechen will, gebraucht er rein fantastische, der Einbildung und der Leidenschaft verbundene Mittel wie seine Todes- und Marterbilder.

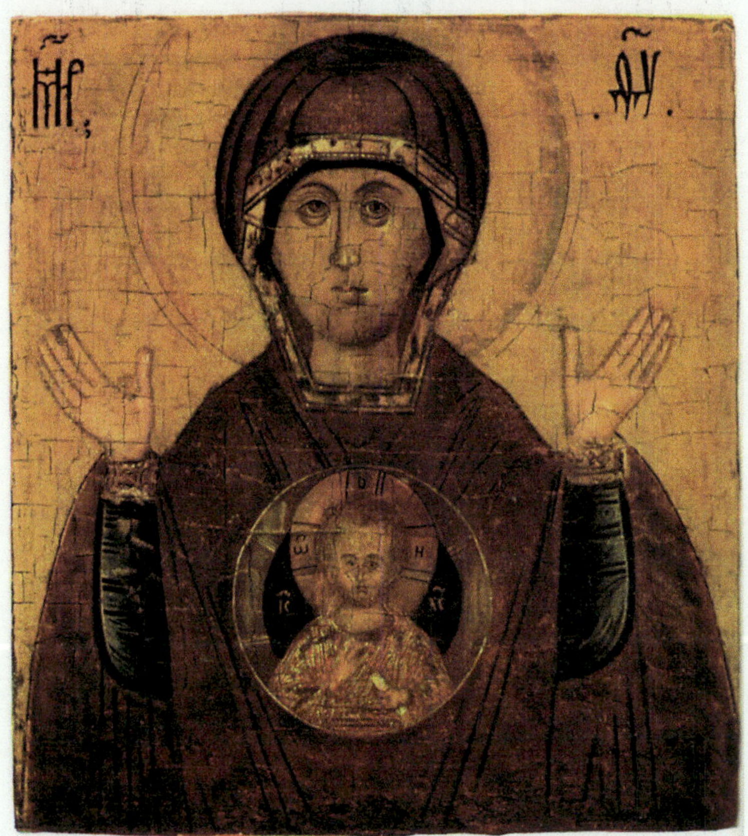

Muttergottes vom Zeichen, Russland, siebzehntes Jahrhundert

Der barocke Kirchenbau liebt den um eine Mitte gesammelten Raum; damit wendet er sich auf byzantinische Vorbilder zurück. Aber er hat nichts gemein mit der heiteren Ruhe des byzantinischen Kirchenraums: Da sind jene barocken Kuppeln, deren Fuß verkappt und deren Wölbung so gleitend ist, dass ihre Weite, von innen gesehen, jedem Ermessen entflieht und das Gefühl wie von einer falschen Unendlichkeit angezogen wird, statt sich in einer geistig klaren Form zu sammeln. Da sind auch jene Kirchendecken die sich auf einen gemalten Himmel voll sinnlich-süßlicher Engel zu öffnen scheinen... Das Unzulängliche kann Gleichnis sein, die Lüge aber nicht.

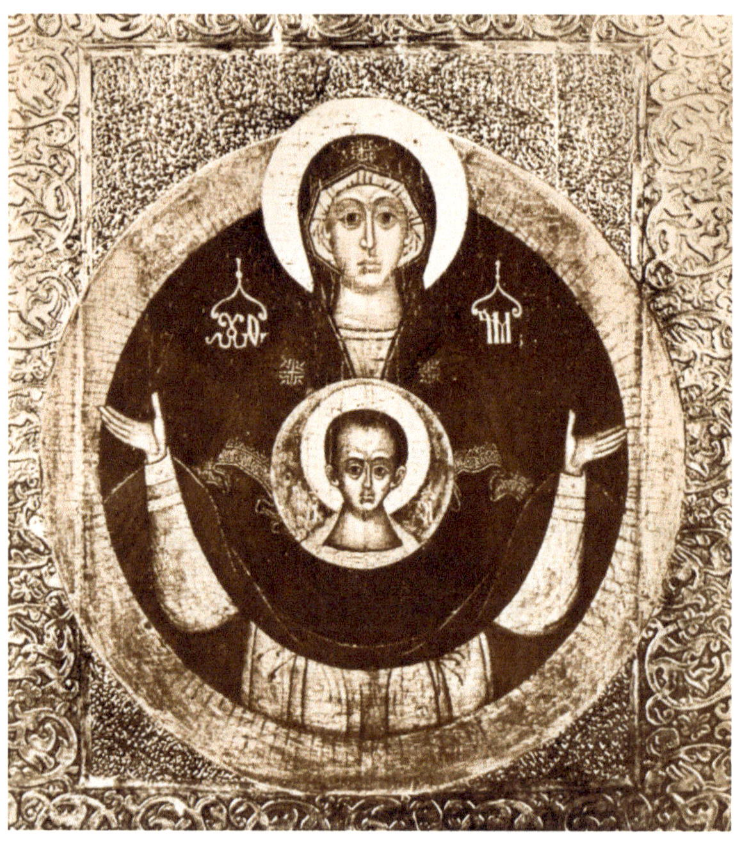

Die Heilige Jungfrau des Zeichens. Griechische Ikone aus der Sammlung George R. Hann, Pittsburgh, Pennsylvania

Die Fantastik des Barocks gerinnt im Rokoko zu gedanklich betonten, aber geistig inhaltslosen Zierformen. Es ist, wie wenn der Fluss der Leidenschaft an der Oberfläche zu spröden, fein zerteilten Formen gerönne. Alle folgenden Stilveränderungen pendeln zwischen diesen Polen der Leidenschaft und der gedanklichen Sprödigkeit.

In allen diesen Phasen gibt es Augenblicke vorübergehenden Gleichgewichts und einzelne Werke von großem seelischem Adel. Aber nirgends mehr gedeiht die Form zu jener zeitloseren Echtheit, die es der Betrachtung erlaubt, durch das Nadelöhr der Form zur geistigen Schau einzugehen. Was helfen alle Kundgebungen menschlicher Größe, wenn sie den Durst nach dem Ewigen, der in uns lebt, nicht zu stillen vermögen?

Als in den ersten Jahrzehnten des zwanzigsten Jahrhunderts der Naturalismus an seiner äußerste Grenze angelangt, sich aufzulösen begann, sah es so aus, als ob nun mit dem neuen Verständnis für das Archaische eine geistige Rückwendung zur sinnbildlichen Kunst hin stattfände. Aber da sowohl der geistige Hintergrund, die Metaphysik, als auch das Handwerk als der eigentliche Lebensboden der Kunst entschwunden waren, ging die Entwicklung rasch an dieser Möglichkeit vorbei. In der Suche nach einer neuen Quelle der Eingebung, die jetzt nicht mehr aus einer allgemeingültigen Schau der Dinge entspringen konnte, geriet die jüngste Kunst in den Bereich des rein Subjektiven im Sinne des Unverständigen und Ungestalten; sie bohrte das Chaos des Unterbewussten an. Was da heraufkommt, sind keineswegs Urbilder im wahren Sinn des Wortes, sondern seelische Schlacken. Um sie greifbar zu machen, scheut man sich nicht, alle Mittel optischer Gaukelei zu gebrauchen; statt Sinnbilder erschafft man so Gespenster. Und die kirchliche Kunst läuft der weltlichen nach.

Was es bedürfte, um die wahrhaft christliche Kunst neu zu beleben, das geht aus dem Gesagten hervor. Eines nur muss hinzugefügt werden: Eine christliche Malerei oder Bildhauerei kann nicht »abstrakt« sein. Abstrakt sind die Grundformen des überlieferten Handwerks, nicht das Bild. Die bildenden Künste haben zweifellos eine handwerkliche Seite, aber die geht den Beschauer nicht unmittelbar etwas an. Durch ihren Gegenstand sowohl als auch durch ihre Beziehung zur Gemeinde wird die christliche Bildkunst immer eine darstellende sein.

Schon deshalb kann sie nicht der überlieferten Vorbilder entbehren, ohne die sie bald der Willkür verfiele. Die Vorbilder gewähren dem schöpferischen Genius Spielraum genug und lassen sich auch dem Bedürfnis der Zeit anpassen, soweit ein solches überhaupt berechtigt ist. Diese Einschränkung ist wichtig, denn es wird heute in dieser Hinsicht viel übertrieben. Das Mittelalter kümmerte sich nicht darum, »zeitgemäß« zu sein; es wusste nicht einmal, dass es das gebe; die Zeit war damals noch etwas wie ein Raum. Die christliche Kunst kann nur dann wiedererstehen, wenn sie sich von der Tyrannei des Ichs freimacht und zu den Quellen ihrer Eingebung, die zeitlos sind, zurückkehrt.

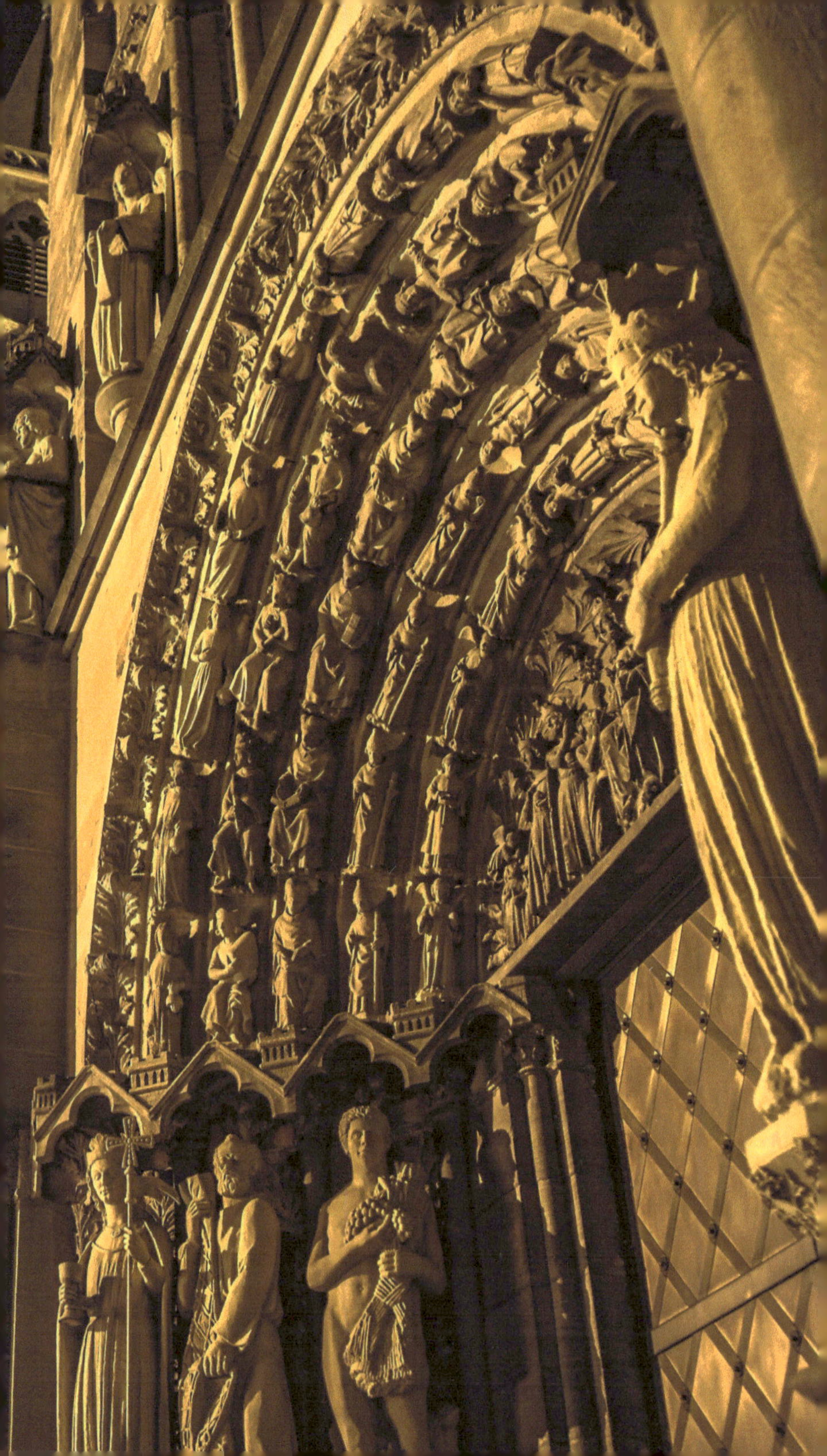

»Ich bin die Tür«

Betrachtungen über den bildlichen Schmuck der romanischen Kirchenpforte

Durchgang von einer Welt zur anderen

EIN HEILIGTUM IST WIE EINE TÜR, DIE SICH AUF DIE JENSEItige Welt oder auf das Reich Gottes öffnet. Deshalb fasst als Sinnbild die Tür des Heiligtums dessen ganzen Sinn zusammen, ist sie doch ihrerseits, bildlich gesprochen, der Eingang zur jenseitigen Welt, die das Heiligtum darstellt. So genügt bisweilen ein Tor, um einen heiligen Bezirk zu kennzeichnen.[73] Der überlieferte Bilderschmuck der Kirchenpforte, vor allem der Pforte romanischen oder frühgotischen Stils, ist ganz von dieser Bedeutung beherrscht.

Die Kirchenpforte dieser Epochen stellt übrigens durch ihre bloße bauliche Gestalt eine Art Gotteshaus im Kleinen dar, da sie aus den beiden Elementen der Tür und der Nische besteht, wobei die Letztere ihrer Grundform nach dem Chor der Kirche verwandt ist und oft auch dessen bildlichen Schmuck wiederholt.

Vom rein baulichen Standpunkt aus hat die Verbindung von Tür und Nische, wie sie dem romanischen oder gotischen Stufenportal zugrunde liegt, vor allem den Zweck, das Gewicht der Mauer, das auf dem Türbalken lastet, zu vermindern und durch den Bogen der Nische zum größeren Teil auf deren seitliche Wände abzuladen. Da aber jeder der beiden Bauteile, die Tür und die Nische, eine gewisse heilige Eigenschaft hat, paaren sich durch ihre Verbindung auch die bildlichen Zierden, die sinngemäß und dem Brauch nach zu der einen und der anderen Bauform gehören.

Wo immer die Nische in einer heiligen Baukunst vorkommt, ist sie eine Gestalt des Allerheiligsten, des Ortes, an dem die Gottheit Sich in besonderer und unmittelbarer Weise offenbart, und das unabhängig davon, ob die Gottheit selbst in der Nische durch ein

Pforte des Trierer Doms bei Nacht

73. Das ist der Fall beim japanischen *torii.*

Bild oder ein Zeichen vertreten sei, oder ob nichts weiter auf Ihre unsichtbare Gegenwart hinweise. Dieser Sinn der Nische ist ganz deutlich in der indischen Baukunst, der hinduistischen sowohl als auch der buddhistischen, und gleicherweise in der altpersischen ausgedrückt; er liegt in der Gestalt der christlichen und wohl schon der römischen Basilika und setzt sich noch in der islamischen Baukunst fort, wo die Apsis die Gestalt der *miḥrāb,* der Gebetsnische annimmt. Die Nische ist immer ein Abbild der »Höhle der Welt«: Ihr Gewölbe entspricht dem Himmel, gleich wie das Gewölbe des ganzen Tempels das Firmament darstellt, während ihre Wände, wie der rechteckige Unterbau des Tempels, die Erde bedeuten.[74] Sie ist also das All, und muss es ihrer liturgischen Bestimmung nach auch sein, denn da, wo Gott Sich offenbart, ist die Welt vollendet.

Die Tür aber, die wesentlich ein Durchgang von einer Welt zur anderen darstellt, hat als kosmisches Vorbild eine mehr zeitliche als räumliche Wirklichkeit: Ihr Vorbild im Makrokosmos sind die »Himmelspforten«, die beiden Sonnenwenden, die eher Übergänge im zeitlichen Sinn als räumliche Pforten sind, obwohl sie sich als bestimmte Punkte der Sonnenbahn am sichtbaren Himmel festlegen lassen.[75] Die mit einer Nische verbundene Tür stellt also eine Vermählung von zeitlichen mit räumlichen »Urbildern« dar.

Das sind die unveränderlichen Gegebenheiten, nach welchen sich die großen bildlichen Kompositionen der mittelalterlichen Kirchenpforten richten. Jedes dieser Meisterwerke christlicher Kunst enthüllt durch die ihm eigene Zusammenstellung von Bildern einen bestimmten Anblick jenes reichen Vorstellungskreises. Die logische Einheit des Ganzen entspringt dabei stets der Regel, wonach »die einem Gegenstand hinzugefügten Sinnbilder dem Sinn des Gegenstandes selber gemäß sein sollen«:[76] Aller bildhaue-

74. Siehe René Guénon: «Le symbolisme du dôme» in *Études traditionnelles,* Oktober 1938; sowie vom gleichen Verfasser ebenda: «La sortie de la caverne», April 1938, und «Le dôme et la roue», November 1938. Der Umriss der Nische gleicht übrigens dem Plan der Basilika mit Apsis. Diese Ähnlichkeit ist noch in einem späten hermetischen Buch von 1616, der *Chymischen Hochzeit des Christian Rosenkreutz* von Johann Valentin Andreae erwähnt.

75. Bekanntlich wandern die Sonnenwendpunkte in einem Kreislauf von 25920 Jahren am Fixsternhimmel. Sie sind aber insofern feststehend, als die Himmelsrichtungen von ihnen und nicht von den Sternbildern abhängen.

76. Siehe Frithjof Schuon: *De l'unité transcendante des religions,* Paris 1948, Kapitel «La question des formes d'art».

rische oder gemalte Schmuck der Pforte leitet sich von deren geistiger Bedeutung ab, die ihrerseits dem Sinn des ganzen Heiligtums und damit dem Wesen des Gottmenschen entspricht, denn dieser sagt von sich: »Ich bin die Tür; wer durch mich eingeht, wird gerettet« (Johannes 10.9).

Im Folgenden seien ein paar möglichst verschiedenartige Beispiele romanischer Pforten beschrieben.

Die Galluspforte des Basler Münsters

Die »Galluspforte« – man nennt sie so, weil sie in die ehemalige Kapelle des heiligen Gallus im nördlichen Kreuzarm der Kirche führt – ist von reinstem romanischem Stil, wenn auch zeitlich an der Grenze zur Gotik: Sie hat noch ganz die statische Ruhe und die ungeteilte körperliche Gegenwart der besten romanischen Werke. Auf den ersten Blick ist ihr Bilderschmuck so vielseitig, dass gewisse Wissenschaftler darin ein geniales Flickwerk aus den Resten einer früheren, in einer Feuersbrunst von 1185 zerstörten Bilderpforte sahen. Wir werden jedoch zeigen, dass die Zusammenstellung der Bilder durchaus einheitlich ist, sobald man sie auf den geistigen Sinn der Pforte selbst bezieht.

Betrachten wir zuerst die wichtigsten Teile des bildhauerischen Schmucks: Die Stirnwand der Pforte ist beherrscht von der thronenden Gestalt Christi, zu deren Rechten und Linken Petrus und Paulus stehen und Fürbitte einlegen für den Erbauer und den Stifter der Pforte; dieser wird von einem Engel Paulus zugeführt, jener kniet neben Petrus mit dem Modell der Tür in den Händen. Christus trägt das Banner der Auferstehung in seiner rechten Hand und hält mit der linken das offene Buch auf das Knie aufgestützt. Auf diese Mitte des siegreichen und richtenden Heilandes beziehen sich auch die vier Evangelisten, die aus den vier vorspringenden Kanten der Nischenwände ausgehauen sind und für den Beschauer, der von vorne hinzutritt, von einem Gitter schlanker Säulen halb verdeckt werden; sie sind mit den vier apokalyptischen Tieren, dem geflügelten Menschen, dem Adler, dem Löwen und dem Rind bekrönt. Die ganze Gruppe, die dem Bilderschmuck gewisser Kirchenchöre verwandt ist, wird dadurch vieldeutiger, dass Christus ein zweites Mal auf dem Türbalken dargestellt ist; hier erscheint er als der Göttliche Bräutigam, der den klugen Jung-

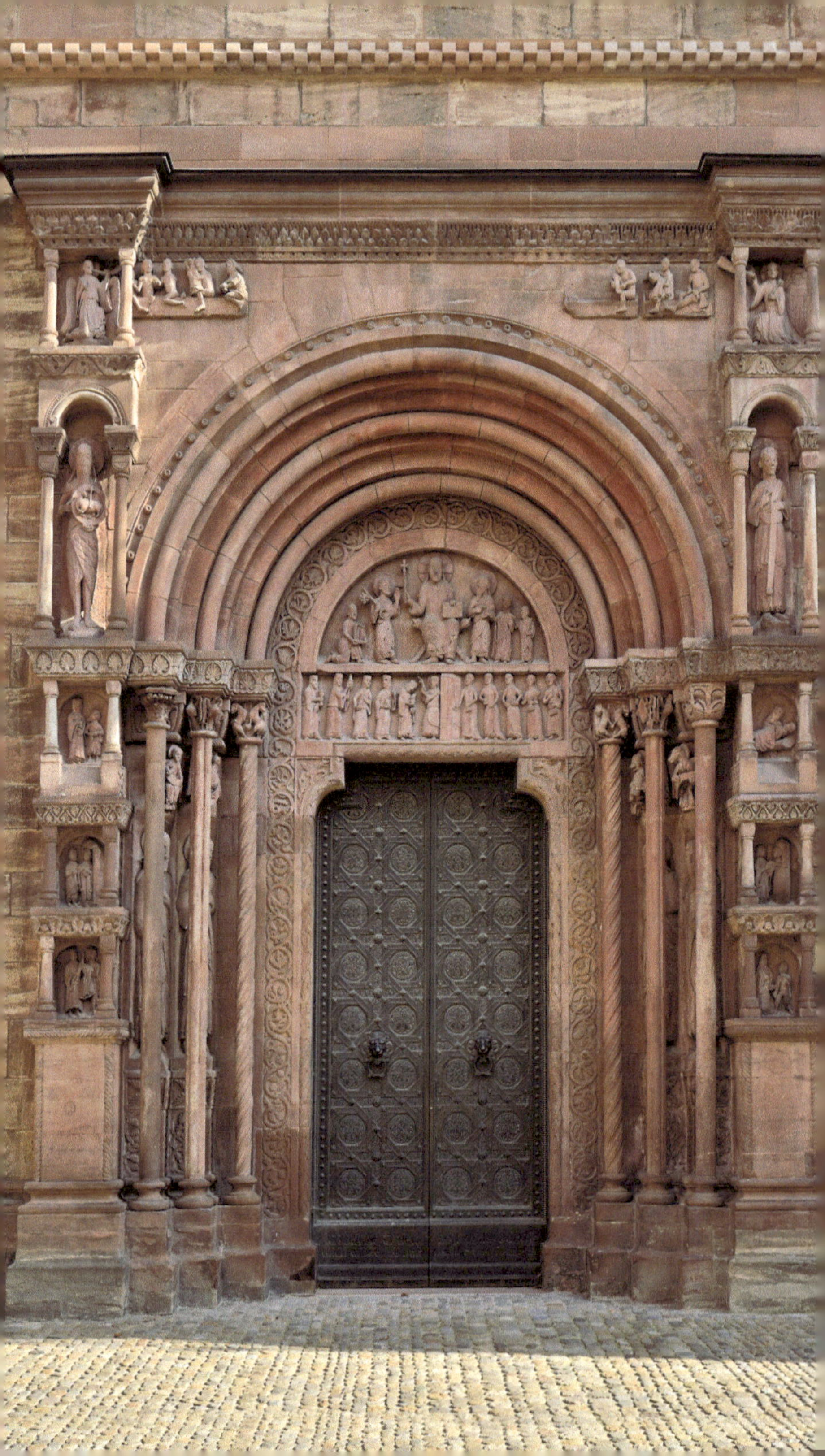

frauen die Tür der hochzeitlichen Kammer öffnet, während die törichten auf der anderen Seite vor der verschlossenen Tür stehen.

Die eigentliche Pforte ist von einer Art Triumphtor aus übereinandergestellten Bildgehäusen umrahmt. Die beiden größten Gehäuse, links und rechts neben dem Hauptbogen der Türnische, enthalten die Figuren von Johannes dem Täufer und Johannes dem Evangelisten. Dieses viel dargestellte Paar bezieht sich ebenfalls auf das Christusbild inmitten der Türstirne, gleich wie sich das Alpha und das Omega der frühchristlichen Inschriften auf das Christusmonogramm in ihrer Mitte beziehen. Über diesen beiden Figuren sieht man, in kleineren Gehäusen, zwei Engel mit den Posaunen des Jüngsten Tages und neben ihnen Männer und Frauen, die aus ihren Gräbern aufstehen und ihre Kleider anziehen.[77] Die sechs Gehäuse unter den beiden Johannesfiguren, auf der Höhe der Türgewände, enthalten Darstellungen der sechs Werke der Barmherzigkeit.

Diese hauptsächlichen Elemente des Portalschmucks sind von tier- und pflanzenförmigen Zierraten, auf die wir noch zu sprechen kommen, begleitet und umspielt. Zweideutig ist der ganze Bilderschmuck vor allem dadurch, dass Johannes der Evangelist zweimal abgebildet ist, einmal in der Gruppe der vier Evangelisten an den Türgewänden und ein andermal neben dem Hauptbogen der Nische, als Gegenstück zu Johannes dem Täufer. Allein, diese Wiederholung ist durchaus folgerichtig, wenn man bedenkt, dass die gleiche Person das eine und das andere Mal verschiedenen ikonografischen Systemen angehört, die sich einerseits auf den statischen – oder räumlichen – und andererseits auf den zyklischen – oder zeitlichen – Anblick der Pforte beziehen. In der Tat entspricht die Vierergruppe der Evangelisten sinnbildlich den vier Eckpfeilern des heiligen Baus, denn die Evangelisten sind in Wahrheit die vier irdischen »Stützen« des offenbarten Göttlichen Wortes und somit auch die »Eckpfeiler« der lebenden Kirche, deren Gewölbeschlüssel Christus selber ist;[78] auch gleichen sie den vier Grundlagen der ganzen Welt, nämlich den vier Elementen und

Die Galluspforte des Basler Münsters

77. Das bedeutet, dass sie ihre neuen Leiber »anziehen«.

78. Die Apostel werden allgemein mit Pfeilern der Kirche verglichen nach der Beschreibung des himmlischen Jerusalems, dessen Mauern mit zwölf die Namen der Apostel tragenden Pfeilern befestigt sind (Offenbarung 21.14). Das himmli-

ihren geistigen Urbildern. Diese Entsprechungen wurden schon im frühen Mittelalter einfach und deutlich im Bilderschmuck von Kuppelkirchen ausgedrückt: Das Bild des Christus Pantokrator nimmt die Mitte des Kuppelgewölbes ein, das gewissermaßen auf den Bildern oder Sinnbildern der vier Evangelisten an den Kuppelzwickeln, die den Übergang zum rechteckigen Gebäude bilden, fußt.[79] Wenn auch die Erde vom Himmel oder der ganze Kosmos von seiner Göttlichen Ursache abhängt und sie nichts anderes sind als die Kundgebung Gottes, so bedarf doch Gott, um Sich innerhalb der Welt Göttlich kundzugeben, einer irdischen oder kosmischen »Grundlage«, auf die sich Seine rettende Herabkunft »stützt«. Dieses seinshafte Verhältnis drückt die statische Ordnung des Tempels wie von selber, durch ihr natürliches Gesetz, aus, und dieses wiederholt sich im Aufbau der überwölbten Pforte, deren Stirnseite der Kuppel und deren vier Gewändekanten den vier Eckpfeilern des ganzen Gebäudes gleichen.

Dem statischen und gleichsam räumlichen Anblick der Offenbarung oder des Kosmos steht der zeitliche Anblick gegenüber, dem hier die beiden Johannes entsprechen, weil sie als »der Vorläufer« und als »der Erbe« Christi die beiden äußersten Enden, das Alpha und das Omega, der irdischen Kundgebung des ewigen Wortes darstellen, so wie auch ihre beiden Feste, die nahezu mit den beiden Sonnenwenden zusammenfallen, den Wandel der Sonne, die wie das Göttliche Wort »jeden Menschen erleuchtet, der in diese Welt kommt« (Johannes 1.9), zeitlich begrenzen.[80] Im ikonografischen Aufbau der Galluspforte ist der Zusammenhang zwischen den beiden Johannes und den Sonnenwenden dadurch unterstrichen, dass die zwei Figuren auf beiden Seiten des Haupt-

sche Jerusalem wird bei den Kirchenvätern oft Vorbild des christlichen Tempels genannt. Das Thema der mit den Pfeilern der Pforte verbundenen Apostel kehrt in der mittelalterlichen Kunst Frankreichs, Deutschlands und Italiens oft wieder.

79. So zum Beispiel im Kuppelmosaik der Kirche von San Vittorio in Ciel d'Oro in Mailand aus dem fünften Jahrhundert. Diese Kirche ist heute ein Teil der Basilika von Sant'Ambrogio.

80. »So ist es auch mit dem Bild, das die Göttliche Güte kundgibt, jener großen Sonne, die ganz Licht ist und deren Glanz nie aufhört, weil sie ein schwacher Abglanz des Guten ist: Sie erleuchtet alles, was erleuchtet werden kann; sie besitzt ein überfließendes Licht und ergießt auf die ganze sichtbare Welt, von ihrer höchsten zu ihrer tiefsten Stufe, den Glanz ihrer eigenen Ausstrahlung« (Dionysius Areopagita: *Von den Göttlichen Namen,* III 3, nach der Übersetzung von M. de Candillac.)

bogens stehen, der im plastischen Schmuck anderer, zeitgenössischer Pforten durch die Bilder des Tierkreises als Sonnenbahn gekennzeichnet ist; in der Sprache der Bauhütten nannte man zwei parallel an einen Kreis gelegte Tangenten »die beiden heiligen Johannes«.

Die Sonnenwenden werden »Pforten« (*januae*) genannt, weil durch sie die Sonne in ihre aufsteigende oder absteigende Bahn »eintritt«, und deshalb, weil zwei entgegengesetzte kosmische Strebungen oder Kräfte durch diese »Pforten« in die irdische Welt »eintreten«, wobei das räumliche Sinnbild der Pforte in einem zeitlichen Sinn zu verstehen ist. Hier sei an den Gott Janus[81] erinnert, die Schutzgottheit der *collegia fabrorum,* deren Erbe allen Anzeichen nach auf die Baugilden des Mittelalters überging.[82] Im Christentum wurden die beiden, Vergangenheit und Zukunft bedeutenden Gesichter des Gottes Janus durch die beiden heiligen Johannes ersetzt, während das dritte, unsichtbare und zeitlose Antlitz des Gottes sich in der Person Christi offenbart. Die beiden Schlüssel aus Gold und aus Silber, mit denen der alte Gott der Einweihungen die himmlischen Pforten öffnete, finden wir wieder in der Hand Petri; sein Bild an der Galluspforte zeigt deutlich beide.

Wir sagten, dass die zeitliche oder zyklische Kundgebung der statischen gegenübersteht. In gewissem Sinne sind sie einander entgegengesetzt, denn die zweite entfaltet die Welt, während die erste die Welt verzehrt und in den himmlischen Urzustand zurückverwandelt, wobei jene Scheidung der Möglichkeiten in Hinfälliges und Bleibendes, die man »das Gericht« nennt, stattfindet. Das erklärt, warum im Zusammenhang mit den beiden Johannesfiguren die Bilder des Gerichts, wie die Posaune blasenden Engel und die aus den Gräbern auferstehenden Menschen, an der Pforte erscheinen. Das Gleichnis der klugen und der törichten Jungfrauen am Türbalken gehört auch in diesen Zusammenhang, denn Christus der Bräutigam steht hier auf der Schwelle der Tür des Göttlichen Reiches, die einen empfangend und die anderen abweisend. An dieser Stelle aber, zu Füßen der Christusfigur, befindet

81. Siehe René Guénon: «Les Portes solsticiales« in *Études traditionnelles,* Mai 1938; sowie ebenda «Le symbolisme du zodiaque chez les Pythagoriciens», Juni 1938, «Le symbolisme de Janus», Juli 1938, «La porte étroite», Dezember 1938, und «Janua coeli», Januar–Februar 1946.

82. Siehe Paul Naudon: *Les origines religieuses et corporatives de la Franc-Maçonnerie,* Paris 1953.

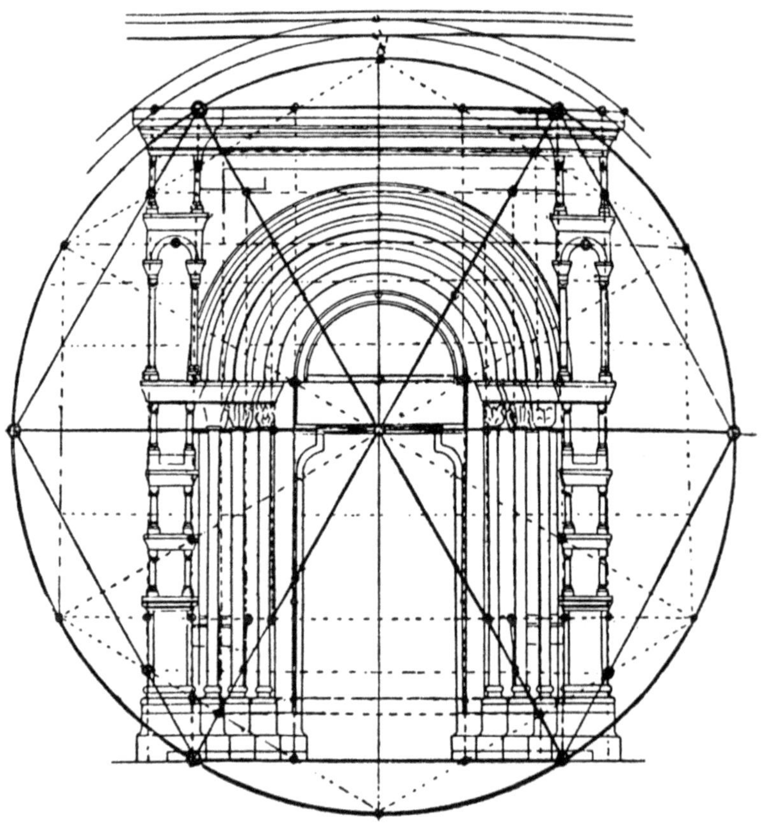

Figur 18: Geometrisches Schema der Galluspforte des Basler Münsters. Nach P. Maurice Moullet

sich die geometrische Mitte des ganzen Portalaufbaus, der sich in einen durch sechs und zwölf geteilten Kreis einschreiben läßt[83] (Figur 18).

Die Pforte ist Christus selber. Das lehren auch die Bilder der sechs Werke der Barmherzigkeit, die zum Thema des Jüngsten Gerichtes gehören, weil sie den Fragen des Göttlichen Richters entsprechen:

83. Siehe P. Maurice Moullet: *Die Galluspforte des Basler Münsters,* Basel 1938.

»Kommt her, ihr Gesegneten meines Vaters, ererbt das Reich, das euch bereitet ist von Anbeginn der Welt! Denn ich bin hungrig gewesen, und ihr habt mich gespeist. Ich bin durstig gewesen, und ihr habt mich getränkt. Ich bin ein Gast gewesen, und ihr habt mich beherbergt. Ich bin nackt gewesen, und ihr habt mich bekleidet. Ich bin krank gewesen, und ihr habt mich besucht. Ich bin gefangen gewesen, und ihr seid zu mir gekommen.«

Dann werden ihm die Gerechten antworten und sagen: »Herr, wann haben wir dich hungrig gesehen und haben dich gespeist, oder durstig und haben dich getränkt? Wann haben wir dich als einen Gast gesehen und beherbergt, oder nackt und haben dich gekleidet? Wann haben wir dich krank oder gefangen gesehen und sind zu dir gekommen?«

Und der König wird antworten und sagen zu ihnen: »Wahrlich, ich sage euch: Was ihr getan habt einem unter diesen meinen geringsten Brüdern, das habt ihr mir getan.« Dann wird er auch sagen zu denen zur Linken: »Gehet hin von mir, ihr Verfluchten, in das ewige Feuer, das bereitet ist dem Teufel und seinen Engeln! Ich bin hungrig gewesen, und ihr habt mich nicht gespeist. Ich bin durstig gewesen, und ihr habt mich nicht getränkt. Ich bin ein Gast gewesen, und ihr habt mich nicht beherbergt. Ich bin nackt gewesen, und ihr habt mich nicht bekleidet. Ich bin krank und gefangen gewesen, und ihr habt mich nicht besucht« (Matthäus 25.34–43).

So besteht die Barmherzigkeit darin, dass man das ewige Wort Gottes in den Geschöpfen erkenne; diese aber zeigen ihr wahres Wesen nur, insofern sie arm und bedürftig, von Anmaßung frei und an Macht entblößt sind. Wer die Gegenwart Gottes im Nächsten sieht, findet sie in seinem eigenen Inneren wieder, und so führt die geistige Tugend zur Einung mit Christus, der selber der Göttliche Weg und die Tür ist. Niemand tritt durch diese Tür, er sei denn mit dem Wesen der Tür eins geworden, wie es der indische Mythos der Kaushitaki-Upanishad von der jenseitigen Reise der Seele lehrt: Wenn die Seele zur Sonne gelangt ist, wird sie gefragt, wer sie sei, und erst wenn die Seele geantwortet hat: »Ich bin *du*«, darf sie durch die Sonne in die Göttliche Welt eintreten.[84]

84. Dieselbe geistige Wahrheit dürfte jenen Stellen des ägyptischen Totenbuchs zugrunde liegen, wo sich der Verstorbene mit Horus vergleicht.

Dieselbe Wahrheit ist in der Geschichte vom persischen Sufi Abū Bāyazīd al-Bistāmī enthalten: Dieser erschien nach seinem Tod einem Freund im Traum und erzählte ihm, wie ihn Gott empfangen habe: »Was bringst du Mir?«, habe ihn Gott gefragt. Abū Bāyazīd habe all seine guten Werke aufgezählt, aber keines davon sei angenommen worden; erst als er sagte: »Ich bring Dir Dich selber«, habe ihn Gott empfangen.

Auf dem Stirnfeld unserer Pforte erblickt man einen Baumeister, der vor Christus niederkniet und ihm das Modell einer Pforte darreicht; so bietet er dem Heiland, der selber die Pforte ist, dessen Sinnbild dar. Das aber drückt nicht nur das Wesen jeglichen geistigen Pfades, sondern auch das Wesen der heiligen Kunst vortrefflich aus: Dadurch, dass der Künstler ein geheiligtes Vorbild nachahmt und gegebenen Umständen sinngemäß anpasst, setzt er sich selbst geistig mit diesem Vorbild in eins; indem er es den überlieferten Regeln gemäß gestaltet, dringt er in sein Wesen ein.

Die Zierrate der Galluspforte

Wir wollen nun den tier- und pflanzenförmigen Schmuck der Pforte für sich betrachten, um ihn in einen allgemeinen Rahmen einzuordnen; denn seine Elemente sind etwas wie Überbleibsel einer viel älteren, zum Teil sogar vorgeschichtlichen Bildersprache, deren Formen sich nicht nur wegen ihrer ornamentalen Prägung, sondern auch deshalb, weil sie als Sinnbilder mit dem Zweck und dem Sinn der Bauglieder auf das Engste verbunden sind, bis in das späte Mittelalter und darüber hinaus erhalten haben.

Zuerst seien zwei Motive erwähnt, deren christliche Bedeutung keinem Zweifel unterliegt, die aber vor allem und seit jeher in der asiatischen Kunst vorkommen; wir meinen das Rad und den Lebensbaum, die beide sehr häufig auf den frühmittelalterlichen Türstirnen auftreten, zu einer Zeit, da man noch zögerte, heilige Personen an den Außenseiten der Kirchen abzubilden. Das Rad ist stets aus dem Monogramm Christi entwickelt,[85] während der Baum meistens die Gestalt einer Rebe hat, nach dem Christuswort:

85. Siehe Kapitel »Grundlagen der christlichen Kunst«, Seite 51. Ein aus dem Monogramm gebildetes achtspeichiges Rad ziert das Tympanon der romanischen Kirche von Jaca in Katalonien.

»Ich bin die Rebe«.[86] Beide Sinnbilder kommen ähnlich auch in den heiligen Nischen indischer und buddhistischer Bauten vor.[87] Die christlichen Motive mögen im Nahen Osten von asiatischen Vorbildern angeregt worden sein.

An der Galluspforte des Basler Münsters umrahmt der Lebensbaum in Gestalt der Rebe als zierendes Band die Tür. Seine Schlingen und Blätter entrollen sich in einem vollklingenden, ruhigen Rhythmus. Das kosmische Rad ist von der Pforte selbst auf die darüberliegende Wand des Gebäudes übertragen worden in Gestalt einer großen Rose, deren figürlicher Schmuck an das Rad des Glücks erinnert, wie es Boëthius in seinem *Trost der Philosophie* beschreibt. Der Bildhauer hat sich selber am tiefsten Punkt des kreisenden Rades abgebildet.

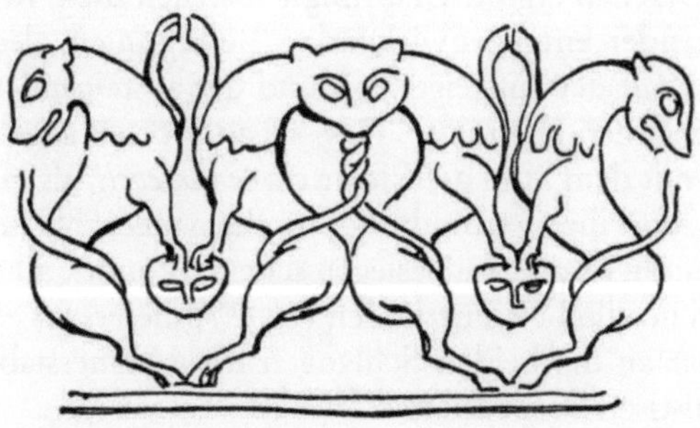

Figur 19: Schema des Doppellöwen an der Galluspforte des Basler Münsters

Die an mittelalterlichen Kirchenpforten am meisten vorkommenden Tiergestalten sind der Löwe, der Adler, der Greif als beider Mischform und der Drache. Löwe und Adler sind wesentlich sonnenhafte Tiere, ebenso wie der Greif, dessen Doppelnatur an die beiden Naturen Christi erinnert.[88] An der Galluspforte bilden Gruppen von Adlern und Paare von Löwen mit gemeinsamem

86. In der romanischen Kunst findet man häufig das Motiv der Rebe, in deren Schlingen allerlei Menschen und Tiere ihr Wesen treiben. Ein solcher Rebenfries mit Weinernte und Jagd schmückt die Außenwand des Chors des Basler Münsters.

87. Nach dem Manasara-Shilpa-Shastra soll eine heilige Nische entweder den Weltenbaum oder das Bild der Gottheit enthalten.

88. Siehe DANTE: *Divina Commedia,* «Purgatorio», XXXI 79.

Kopf[89] die Kapitelle der in die Winkel der Türgewände gestellten Säulchen. Zwei weitere Kapitelle sind in späterer Zeit durch rein pflanzliche Gebilde ersetzt worden; nach verwandten Pforten zu schließen, bestand ihr Schmuck entweder aus paarweise verschlungenen Drachen oder aus Meerweibchen, sogenannten Sirenen. Drachen findet man auch an den beiden Vorkragungen rechts und links unter dem Türsturz. In ähnlicher Weise stehen sich an den Seiten anderer romanischer Portale Drachen paarweise gegenüber.[90] Da, wo sie wie hier zu Füßen eines Bildes Christi erscheinen, erinnern sie nach den Worten des Psalms [91.13] an die vom Himmelskönig zertretenen »Basilisk und Schlange«, die besiegten Mächte der Hölle. Das schließt einen allgemeineren Sinn nicht aus, der sich aus der langen Vorgeschichte dieser als Türzierde verwendeten Drachen ergibt: Ursprünglich stellen diese Reptilien die beiden einander entgegenwirkenden Bewegungen des Kosmos, nämlich die mit der aufsteigenden und der absteigenden Sonnenbahn verbundenen Kräfte dar. Dass sie an Pforten abgebildet werden, hängt mit dem Sinn der Pforte als *janua coeli,* als Himmelstür zusammen, und ihre Verbindung mit einer menschlichen Gestalt, die sie zu bändigen oder zu besiegen scheint, kommt schon an asiatischen und nordischen Türzierden vor.[91] Andererseits erinnert das Drachenpaar an die beiden Schlangen des Hermesstabes und an ihre alchimistische Bedeutung.[92]

89. Dieses Motiv der Doppellöwen ist nicht, wie man vermuten könnte, aus rein ornamentalen Beweggründen entstanden. Seine Vorgeschichte greift auf die sassanidische und durch sie auf die frühe asiatische Kunst zurück.

90. Beispielsweise an den Pforten von San Michele in Pavia, der Kathedrale von San Donnino d'Emilia, des Doms von Verona (wo sie an den inneren Leibungen angebracht sind) und von San Fedele in Como.

91. Hier sei nur die merkwürdige Übereinstimmung zwischen einem Relief am Talismantor von Bagdad und dem Schmuck eines Kanonbogens im irischen *Evangeliar von Kells* erwähnt (Fo. 25R). In beiden Kompositionen ergreift der mit einem Heiligenschein ausgezeichnete Mensch – im *Evangeliar von Kells* handelt es sich wohl um Christus – die Zungen der beiden Drachen, die links und rechts von ihm ihre Rachen aufsperren. Das Relief in Bagdad stammt aus der seldschukischen Zeit, ist also später als jene irische Miniatur entstanden; nach der Form der Drachen zu urteilen, ist es fernöstlich beeinflusst. Allein, dasselbe Motiv kommt mit Abwandlungen in der nordischen Metallkunst, den Zierkünsten der islamischen Welt und in der romanischen Bildhauerei vor.

92. Merkwürdigerweise kann man das Motiv der beiden ineinander verschlungenen Drachen, welches dem Schlangenpaar des Hermesstabes entspricht, fast an allen gut erhaltenen romanischen Bauten finden. Es liegt deshalb nahe anzuneh-

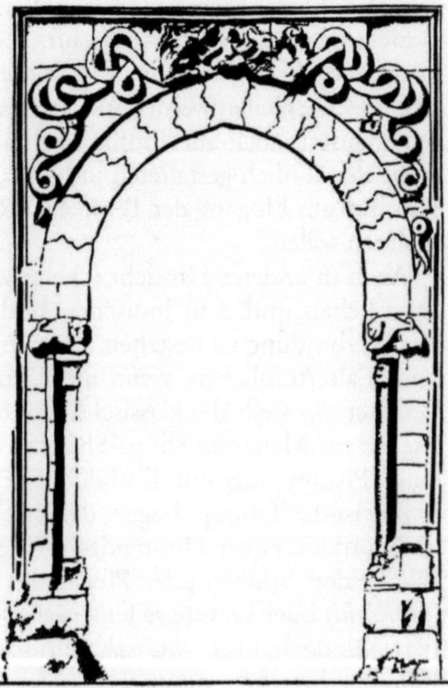

*Figur 20 A:
Talismantor in Bagdad*

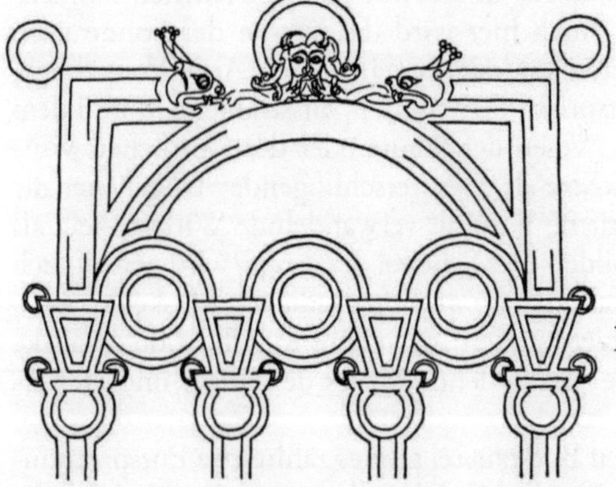

*Figur 20 B:
Kanonbogen mit
Heiligem zwischen
zwei Drachen.
Aus dem irischen*
Evangeliar von Kells
*(Fol. 25 R),
achtes Jahrhundert*

men, dass es sich um das Wahrzeichen einer beruflichen Überlieferung handle. Das ist umso wahrscheinlicher, als die hermetische Kosmologie, auf welcher die Alchimie beruht, auch in manchen Steinmetzzeichen zum Ausdruck kommt. In der Alchimie entsprechen die beiden Drachen den beiden polaren Urkräften der seelischen Welt, dem »Schwefel« und dem »Quecksilber«. Siehe TITUS BURCKHARDT: *Alchimie – Sinn und Weltbild,* Xanten 2018, Seite 127ff und 133ff.

Adler, Löwe, Meerweibchen und Drache haben eine deutliche Beziehung zu den Elementen Luft, Feuer, Wasser und Erde, wenn auch jedes dieser Wesen gleichzeitig eine allgemeinere Bedeutung hat. Meerweibchen werden in romanischer Zeit nicht nur an Pforten, sondern auch auf Taufbecken dargestellt, was seltsam an die Rolle der ähnlich gestalteten indischen *naga* erinnert, die als Wasserwesen am Eingang der Tempel an Reinigung und Wiedergeburt mahnen sollen.

Auch in anderer Hinsicht scheint zwischen dem mittelalterlich christlichen und dem indischen Bilderschmuck heiliger Pforten eine Verbindung zu bestehen, die sich vielleicht aus einer gemeinsamen altertümlichen, wenn nicht gar vorgeschichtlichen Wurzel herleitet. So stellt die klassische Ikonografie des indischen *torana,* wie sie im Manasara-Shilpa-Shastra vorgeschrieben ist, etwas wie einen Prototyp der mit Tierbildern geschmückten Pforte dar. Der *torana* ist der Triumphbogen, der eine heilige Nische mit dem Bild der Gottheit, einen Thron oder auch eine heilige Pforte umrahmt. Die beiden Stützen oder Pfeiler des *torana* sind mit Löwinnen (*shardula*) oder Löwengreifen (*vyali*) geschmückt, die als Sonnentiere Kundgebungen von *vak,* dem schöpferischen Wort sind. Die Kämpfer bestehen aus *makara,* Meerungeheuern, die dem Tierkreiszeichen des Steinbocks und somit der winterlichen Sonnenwende entsprechen. Auch hier wird das Wesen der Sonne nach zwei entgegengesetzten und sich ergänzenden Anblicken dargestellt: Die Löwin entspricht dem lichten, ausstrahlenden und dem Raum zugeordneten Wesen der Sonne oder des Göttlichen Wortes, während der *makara* als alles verschlingendes Ungeheuer die Sonne oder das Göttliche Wort als verwandelnde Wirklichkeit, als Zeit und Zyklus abbildet. Der Scheitel des *torana* wird gewöhnlich von der halb löwenhaften, halb *makara*-ähnlichen Maske der *kalamukha* oder *kirtti-mukha* geziert; sie vereint in sich beide Anblicke der Kundgebung, die ausstrahlende Macht der Sonne und die verzehrende der Zeit.[93]

In der romanischen Bildhauerei gibt es zahlreiche Entsprechungen zu den Löwengreifen und Drachen des *torana,*[94] wobei sich die

93. Siehe Kapitel »Die Schöpfung des indischen Tempels«, Seite 42.

94. So kennt namentlich die lombardisch-romanische Baukunst einen festen Plan der Pforte, deren Pfeiler auf Löwen ruhen, während die Kämpfer mit Greifen oder Drachen verziert sind (Dom von Verona, ehemalige Kirche Santa Margherita in Como, Dome von Modena, Ferrara und Assisi).

Letzteren mehr dem nordischen oder dem durch die seldschukische Kunst[95] vermittelten ostasiatischen Drachen als dem delfinartigen *makara* annähern. Die Maske der *kala-mukha,* die auch in der buddhistischen Kunst vorkommt und in der chinesischen Kunst als *taotiè* eine besondere Gestalt angenommen hat, spiegelt sich in gewissen romanischen Grotesken mit merkwürdiger Treue wieder.[96] Allein, sie kommt hier nicht in der gleichen Rolle, als Inbegriff der Pforte oder Nische, vor und kann auch nicht denselben Sinn wie in der indischen Kunst haben, denn der Gedanke, dass die Welt, insofern sie von Gott getrennt erscheint, eine Art Täuschung sei und dass deshalb ihr Ursprung nicht nur einen strahlenden, sondern auch einen dunklen, undurchdringlichen und schrecklichen Anblick habe, liegt dem Christentum nicht nahe. Dennoch besteht die furchtbare Seite des Göttlichen, die wie die Kehrseite der vergänglichen und gleichsam unwirklichen Natur der Welt ist, auch für den Christen und gerade für den mittelalterlichen Christen, der nicht im Geringsten dazu neigt, die in der Wirklichkeit vorhandenen Gegensätze zu verwischen. So stellt die romanische Kunst das übersinnliche oft in furchterregenden und beinahe grotesken Sinnbildern dar und kann sich dabei auf die Worte des heiligen Dionysius Areopagita, des großen Lehrers der Symbolik, berufen:

> Da nun im Hinblick auf das Göttliche die Bejahung weniger richtig, die Verneinung aber wahrer ist, so gebührt es sich nicht, dass man versuche, jene mit heiligem Dunkel verhüllten Geheimnisse in Formen darzustellen, die ihnen ähnlich seien; denn es ist keine Erniedrigung, sondern im Gegenteil eine Erhöhung jener himmlischen Schönheiten, wenn man sie mit offensichtlich unrichtigen Zügen beschreibt, weil man dadurch zugibt, dass zwischen ihnen und der stofflichen Welt eine ganze Welt liegt. [...] Übrigens muss man sich daran erinnern, dass nichts von dem, was Dasein hat, ganz und gar der Schönheit bar ist, denn alle Dinge sind wesentlich gut, sagt die Wahrheit selbst (*Von der himmlischen Hierarchie,* Kapitel II).

95. Die Kunst der Turkvölker, die im zwölften und dreizehnten Jahrhundert gewisse mongolische Züge in die islamische Kunst einführten.

96. So an den romanischen Kirchen von Saumur, Tournus, Venosa, Königslauterbach und so weiter. Eine verwandte, mehr schematische Form desselben Motivs kommt in der frühen skandinavischen Goldschmiedekunst vor.

Christus ist Adler, Löwe und zuweilen auch Drache oder Schlange, denn eine eherne Schlange hat Moses an einem Stab aufgerichtet, um die Kinder Israels vor der Schlangenplage zu retten.[97] Das Sinnbild der *kala-mukha,* aus deren Löwenrachen Pflanzenstengel quellen, kehrt wieder im romanischen Bild des Löwen von Juda, aus dessen Schlund der Baum Jesse oder die Rebe Christi herauswächst.[98] Das Vorbild dieses Motivs geht weit zurück; es ist gleicher Bedeutung wie die wasserspeiende Löwenmaske an antiken Brunnen: Der Sonnenlöwe ist der Quell des Lebens.

Aber der Löwe ist auch Sinnbild des Todes und als solcher der Pforte zugeordnet; die Löwen und Löwengreifen der romanischen Kirchenportale legen ihre Pranken auf menschliche und tierische Opfer.[99]

Die furchtbaren und oft gorgonenhaften Züge des romanischen Portalschmucks beziehen sich auch auf einen bestimmten Anblick der Sonnenpforte: Wenn sich zur Zeit der Sonnenwende, da sich die irdische Welt erneuert, die Pforte des Himmels (*janua coeli*) öffnet, geht auch die Pforte der Hölle (*janua inferni*) auf, denn die sich widerstrebenden Kräfte des Alls streiten dann miteinander. So treffen auch an der Pforte eines Heiligtums die größten kosmischen Gegensätze aufeinander und kämpfen um die Seele dessen, der über die Schwelle tritt. Gewisse furchtbare und fratzenhafte Bilder an Kirchentüren dienen dazu, die bösen Einflüsse zu bannen: Dadurch, dass man sie im Bild festhält, enthüllt man ihre wahre Natur; statt sie nur halbbewusst zu erdulden, betrachtet man sie urteilend und gewinnt Abstand von ihnen. Einen ähnlichen Zweck haben die volkstümlichen Maskeraden, mit denen man an gewissen Orten um die Wintersonnenwende herum die bösen Geister zu vertreiben pflegt.[100]

Man könnte noch viel derartige Motive nennen, die asiatischer und romanischer Kunst gemeinsam sind und die allem Anschein nach auf ein vorgeschichtliches Erbe zurückgehen. Die erwähnten Beispiele zeigen zur Genüge, dass die mittelalterlich christliche Kunst von einem breiten Strom uralter, teils aus dem vorchristlichen Abendland, teils vom Osten herstammender Sinnbilder um-

97. Siehe zum Beispiel die Typologie der Bildfenster von Chartres.

98. So zum Beispiel am Tympanon der Südpforte von Sankt Godehard in Hildesheim und am »Heiligen Grab« im Innern derselben Kirche.

99. Löwen findet man auch an den Tympana früher skandinavischer Kirchen.

100. In gewissen Alpentälern der Schweiz und des Tirols.

spült ist. Sie gehen vor allem in die Zierkunst über, wobei es in vielen Fällen schwer zu erraten ist, was dieses oder jenes Motiv für den mittelalterlichen Handwerker bedeutet haben mag. Gewiss aber ist, dass die eigene Logik, die diesen Formen innewohnt, eine beschauliche Weisheit immer befähigte, den ursprünglichen Sinn der Bilder, wenn nicht unmittelbar so doch unter diesem oder jenem,

Gipsabguss der Pforte der Abteikirche von Moissac. Musée des Monuments Historique, Paris

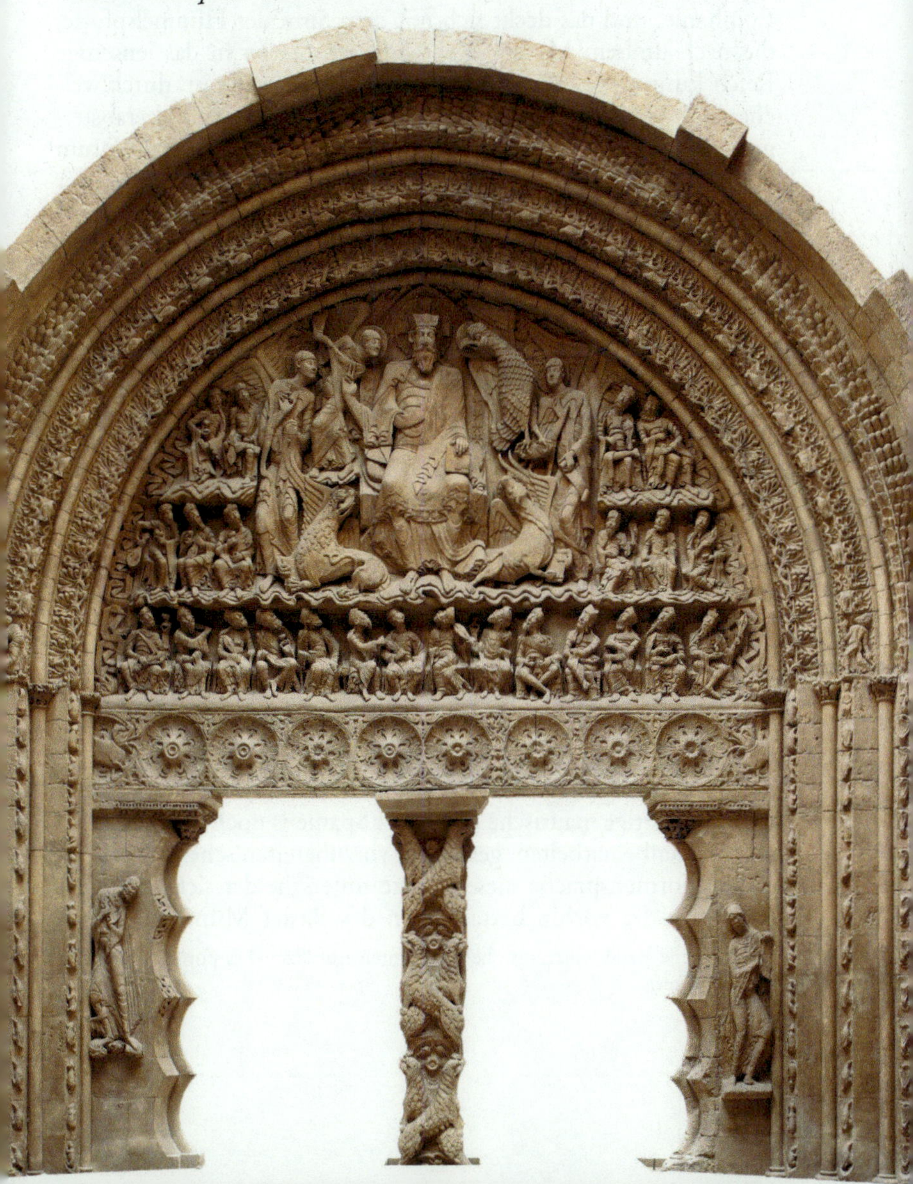

vom Glauben gegebenen Gesichtswinkel zu erschließen. So ist die als Brauch überlieferte Zierkunst wie ein Gedächtnis, dessen Inhalte gewöhnlich unbewusst sind, aber stets wieder erwachen können.

Die Pforte von Moissac

Wir sagten, dass die Nische der Pforte dem Chor der Kirche, der Apsis entspricht. Gleich dieser ist sie der Ort der Göttlichen Epiphanie, und das deckt sich mit dem Sinn der Himmelspforte, die nach uraltem Mythos nicht nur den Seelen in das jenseitige Reich Eingang gewährt, sondern auch der Ausgang ist, durch welchen die Göttlichen Boten in die »Höhle« der Welt »herabsteigen«.[101] Diese vorchristliche Vorstellung ist in das Christentum einbezogen dadurch, dass Weihnachten als der Geburtstag der Göttlichen Sonne auf der Erde nahezu mit der Wintersonnenwende, der »Pforte des Himmels« zusammenfällt.

Das Nischenportal ist deshalb wie eine Ikonostase, die das im Allerheiligsten wohnende Geheimnis verhüllt und gleichzeitig offenbart, und in derselben Beziehung ist sie auch ein Triumphbogen und ein Thron der Herrlichkeit. Diese letzteren Bedeutungen bestimmen den Bilderschmuck der großen Pforte der Abteikirche von Moissac: An der gewaltigen, von einem mittleren Pfeiler gestützten Stirnwand der Pforte erscheint Christus in seiner himmlischen Herrlichkeit, umgeben von den vier apokalyptischen »Tieren« und den vierundzwanzig Ältesten der Apokalypse; der stützende Pfeiler aber, aus lauter Löwinnen aufgebaut, trägt diese strahlende Erscheinung gleich einem Thron aus besiegten kosmischen Mächten.

Innerhalb der abendländischen Kunst ist diese Pforte von Moissac etwas wie ein plötzliches Wunder, und das sowohl wegen ihrer geistigen Einzigartigkeit als auch wegen ihres vollkommenen bildhauerischen Stils, den kein anderes uns erhalten gebliebenes Werk der Zeit, weder die verwandten romanischen Schöpfungen noch die gleichzeitige maurische Zierkunst Spaniens noch die byzantinischen Elfenbeinarbeiten, genügend vorzubereiten scheinen.

Die Formensprache dieser Pforte unterscheidet sich gründlich von jener der vorhin betrachteten des Basler Münsters. Deren

101. Siehe Renés Guénons oben erwähnten Aufsätze: «Les portes solsticiales» und so weiter.

Formen sind streng und mild zugleich, wie der Tonfall eines gregorianischen Gesangs; sie sind lateinisch in ihrer klaren baulichen Fügung und doch nicht völlig ausgesprochen, sondern leicht verhüllt wie Schmetterlingslarven. Die Bildhauerei von Moissac dagegen hat etwas Flammendes, Loderndes, ohne dass sie darüber ihre statische Einheit verlöre. Der überhöhte Bogen verleiht der ganzen Pforte eine stetig aufwärtsstrebende Bewegung, ähnlich der einer Kerzenflamme, die ruhig, ohne Flackern, aber mit innerem Beben brennt. Die Oberfläche des Reliefs, die sich im Großen und Ganzen in einer Ebene ausspannt, ist stellenweise wie ein Gitterwerk durchbrochen und unterschnitten, sodass starke Gegensätze von Hell und Dunkel entstehen. Innerhalb der kraftvoll gekerbten Umrisse blühen die einzelnen Körperformen mit satten und zarten Schwellungen; die kühn stilisierte Arabeske der Gestalten ist immer von einem verhaltenen plastischen Reichtum angefüllt. An der Stirnwand bewegt sich das Spiel der Schatten um die ruhende Mitte des Herrn der Herrlichkeit; von ihm, von seiner breit und offen dem Tag sich darbietenden Gestalt scheint alles Licht auszugehen. Die Behandlung der Oberflächen, ihre flachere oder steilere Modellierung allein, bringt hier eine Wirkung zustande, als strahle das Christusbild in blendendem Glanz. Zugleich führen die Gebärden der vierundzwanzig den Herrn umgebenden Greise den Blick immer wieder zu dessen Mitte zurück, woraus eine Art rhythmischer Bewegung erwächst, die jedoch nirgends den geometrischen Aufbau des Werks verlässt. Es gibt da nichts, was auf eine augenblickshafte Wirkung hinzielte, keine seelische Erregtheit, die mit dem beharrenden Wesen eines Bildes von Stein unvereinbar wäre.

Das Relief der Stirnwand stellt die Vision des Evangelisten Johannes dar:

> Und siehe, ein Stuhl war gesetzt im Himmel, und auf dem Stuhl saß einer. Und der dasaß, war gleich anzusehen wie der Stein Jaspis und Karneol; und ein Regenbogen war um den Stuhl, gleich anzusehen wie ein Smaragd. Und um den Stuhl waren vierundzwanzig Älteste, mit weißen Kleidern angetan, und hatten auf ihren Häuptern goldene Kronen. Und von dem Stuhl gingen aus Blitze, Donner und Stimmen; und sieben Fackeln mit Feuer brannten vor dem Stuhl, welches sind die sieben Geister Gottes. Und vor dem Stuhl war ein gläser-

> nes Meer, gleich dem Kristall, und mitten am Stuhl und um den Stuhl vier Tiere, voll Augen vorn und hinten. Und das erste Tier war gleich einem Löwen, und das andere Tier war gleich einem Kalb, und das dritte hatte ein Antlitz wie ein Mensch, und das vierte Tier war gleich einem fliegenden Adler (Apokalypse 4.2–7).

Der Meister von Moissac hat aus dieser Vision nur jene Züge ausgewählt, die sich für die plastische Darstellung eignen. Um die Gestalt des verherrlichten Christus herum entfalten die vier »Tiere«,[102] die wesentliche Anblicke des Göttlichen Wortes darstellen, einen Blütenkelch flammender Fittiche. Gleich neben ihnen recken sich zwei staunende Erzengel empor. Die vierundzwanzig Ältesten sind im Anschauen des Ewigen verzückt. In ihren Händen halten sie Kelche als Sinnbilder seliger Trunkenheit und Lauten, um Gottes Lob zu verkünden; im Trinken empfangen sie bloß, im Spielen nehmen sie tätig an der Herrlichkeit teil.[103] An den beiden Türgewänden sieht man den Apostel Petrus, auf einem Löwen stehend und die Schlüssel haltend, und den Propheten Jesaia, der die Geburt des Heilands aus der Jungfrau vorausgesehen hat.

Die Nischenbogen und der Türbalken sind mit einer reichen Blüte von Zierraten überdeckt. An den beiden äußersten Enden des Türbalkens tauchen zwei Ungeheuer auf; aus ihren Rachen quellen Girlanden, die sich um die großen, schalenförmigen Rosetten auf dem Türbalken winden. Dieses Motiv erinnert überraschend deutlich an das indische Motiv der *makara* im *torana,* aus deren Rachen oft auch Girlanden aus Blumen und Perlen quellen. Ist es möglich, dass die maurische Kunst, welche die Gesamtform des Portals, den schlanken Bogen und die gezackten Umrisse der Stützen beeinflusst hat, auch ein indisches Vorbild übermittelte?[104]

102. Der apokalyptische Text spricht von »Tieren«, obwohl eines davon ein Menschenantlitz hat. Die menschliche Eigenschaft tritt hier einfach als Ausdruck einer Gattung unter anderen auf. Der heilige Thomas von Aquin schreibt, dass sich die Engel nicht wie Individuen, die einer Gattung angehören, sondern wie lauter vollständige Gattungen unterscheiden. Das erklärt die tierförmige Sinnbildlichkeit des Tetramorphs; sie gleicht der tiergestaltigen Darstellung gewisser Gottheiten in den archaischen Kulturen, wo diese Gottheiten stets den Rang von Engeln haben.

103. Nach einer in der arabischen Welt verbreiteten Überlieferung fasst die Laute (*'ud*) in ihrer Tonleiter und in ihren sichtbaren Maßverhältnissen die Harmonie des Kosmos zusammen. Die Apokalypse spricht von Harfen (15.2).

Die Bildhauereien der mittleren Türstütze sind ebenfalls von östlichen Vorbildern abgeleitet; das Motiv der kreuzweis gestellten Löwen geht durch die islamische Kunst hindurch bis auf die sumerische zurück. Ursprünglich ist es ein Schema des Königsthrons und wirkt als solches noch im Zierrat der mittelalterlichen Klappthrone nach. Auch die indische Kunst kennt den »Löwensitz« (*simhasana*) als überlieferte Form des Göttlichen und des königlichen Throns. Es mag ein genialer Einfall des Meisters von Moissac gewesen sein, drei Paare von Löwinnen so aufeinanderzutürmen, dass sie sich wechselseitig stützend das Bild von unwillig dem kosmischen Gesetz sich fügenden Naturgewalten bieten. Die drei radgleichen Rosetten, auf die sich die Löwenschwänze mit Lotosblumen statt Quasten paarweise legen, bilden die geometrische Einheit, an der sich das Flechtwerk der Löwenleiber messen lässt. Der spekulative Geist des Mittelalters, sein Wirklichkeitssinn und sein Lachen leben in diesem Stück Bildhauerei. Dass es drei Paare von Löwinnen sind, kann kein Zufall sein: Man denkt dabei an den dreifach gestuften Kosmos.

Der Gegensatz zwischen den Bestien am Türpfosten und der Herrlichkeit Christi an der Stirnwand der Pforte ist voll Bedeutung: Der ruhmvolle Thron Gottes, der sich am Ende der Zeiten offenbart,

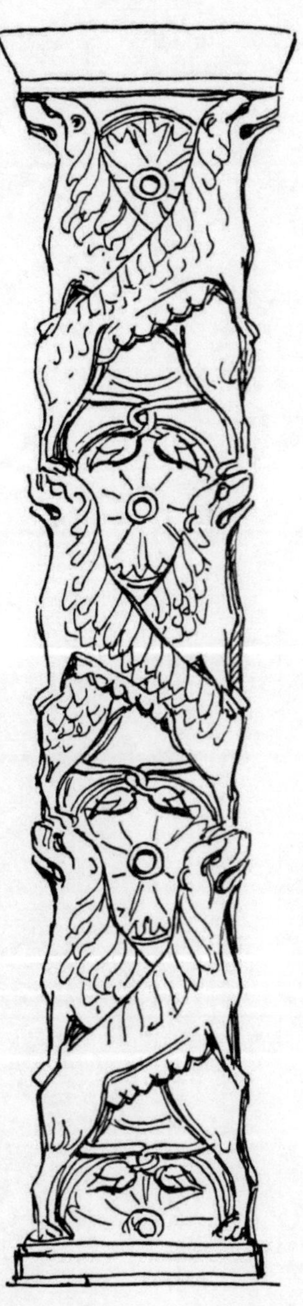

Figur 21: Der Türpfosten der Abteikirche von Moissac

104. Die islamische Kunst war zeitweise der bildlichen Darstellung gegenüber duldsamer als in den Jahrhunderten nach den Kreuzzügen.

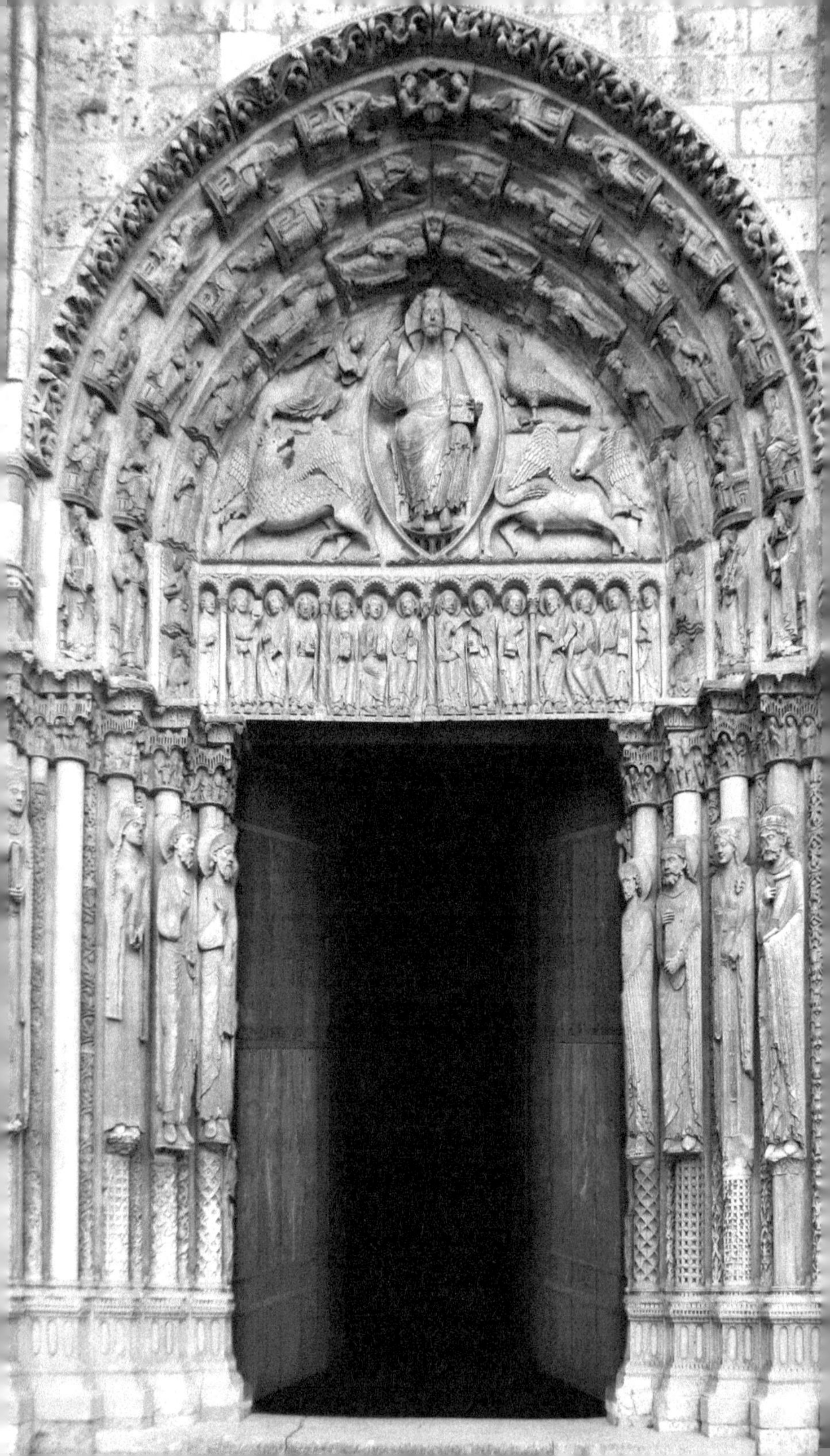

wenn die *saecula* vollendet sind und die Zeit selbst in den ewig gegenwärtigen Tag eingegangen ist, besteht aus dem Kosmos in seinem endgültigen Gleichgewicht, das alle natürlichen Gegensätze versöhnt. Dasselbe gilt auch für die innere, seelische Welt: Die Grundlage, die das Göttliche Licht zu empfangen vermag, ist das Gleichgewicht aller leidenschaftlichen Kräfte der Seele, die *natura domptata* der Alchimisten.

Die indische Ikonografie, auf die uns das Portal von Moissac immer wieder verweist, kennt zweierlei Formen des Göttlichen Throns: Der »Löwensitz« versinnbildlicht die unterworfenen kosmischen Kräfte; er ist zugleich Thron und Altar; der »Lotossitz« (*padmasana*) drückt den vollkommenen Einklang und die empfangende Reinheit des Kosmos aus. Der Lotos entfaltet sich an der Oberfläche der Wasser, welche die Gesamtheit aller noch ungeschiedenen Möglichkeiten von Dasein bedeuten.[105]

Der Portalschmuck von Moissac erinnert nicht nur wegen einzelner ikonografischer Motive an asiatische und vor allem an indische Kunst; die Ähnlichkeit, die sich dem Betrachter aufdrängt, ist allgemeiner und tieferer Natur: Da ist diese lotoshafte Sattheit der Formen, da diese hieratischen, einem heiligen Tanz verwandten Gebärden. Eine solche Ähnlichkeit lässt sich nicht geschichtlich fassen; im Bereich des Geistes aber sind alle Begegnungen möglich. Sicher ist, dass die Pforte von Moissac eine unmittelbar geistige Schau kundgibt. Die asiatischen Sinnbilder, die dem Schöpfer dieses Werks wohl von der maurischen Kunst zugetragen wurden, konnten seiner Schau nichts Wesentliches hinzufügen, wenn sie ihm auch als Ausdrucksmittel willkommen waren; sie sind hier inbegriffen in der königlichen und priesterlichen Schönheit Christi.

Die Königspforte von Chartres

Wir sahen, wie der Plan eines heiligen Baus stets aus der räumlichen Erstarrung der großen, den sichtbaren Kosmos beherrschenden Rhythmen hervorgeht. Diese Verwandlung von Zeit in Raum

Die Königspforte der Kathedrale von Chartres, mittlerer Eingang

105. Der Inbegriff und das Wesen des Kosmos ist der Göttliche Geist, der »über den Wassern schwebt«; er ist der höchste Thron. Nach dem Koran ist der Thron Gottes »auf dem Wasser« [Sure 11:7].

bedingt auch die Rolle der verschiedenen, dieser oder jener Himmelsgegend zugeordneten Pforten des Heiligtums.[106]

Die Königspforte der Kathedrale von Chartres, deren drei Eingänge nach Westen offenstehen, gibt drei verschiedene Anblicke Christi und ebenso viele Anblicke des mit Christi Leib verglichenen Tempels kund: Der linke, nördlich von der Längsachse des Schiffes liegende Eingang ist dem zum Himmel auffahrenden Heiland geweiht; der rechte, verhältnismäßig im Süden liegende ist der Jungfrau und Christi Geburt gewidmet; der mittlere Eingang, der wie die mittlere Tür einer Ikonostase die eigentliche »königliche Pforte« darstellt, ist mit dem Bild Christi in seiner Herrlichkeit nach der apokalyptischen Vision des Johannes geschmückt. So weisen die beiden links und rechts gelegenen, der Nord- und Südseite der Kirche entsprechenden Türnischen auf die himmlische und auf die irdische Natur Christi hin, in Übereinstimmung mit dem Sinn der beiden »Sonnenwendpforten«, denn die des Winters »öffnet« sich auf die ansteigende Bahn der Sonne und die des Sommers auf die absteigende. Die mittlere Türnische aber, die so die einzige und ewige Tür darstellt, bedeutet notwendigerweise die Himmel und Erde, Vergangenheit und Zukunft aufhebende Offenbarung Christi als Göttlicher Richter am Ende der Zeiten.

Die Darstellung des verherrlichten Menschensohnes, von den vier apokalyptischen Tieren umgeben, erfüllt die Stirnwand der mittleren Tür mit ihrem lauteren Sternbild. Dessen Formen sind so zwischen der mandelförmigen Aureole des Heilands und dem breit gespannten Spitzbogen der Nische ausgewogen, dass sie wie von einem ruhigen Atem leben, der sich von der Mitte aus weitet und zur Mitte zurückkehrt. An den Bogenleibungen thronen die vierundzwanzig Ältesten der Apokalypse. Eine Reihe von Engeln trennt sie von Christus. Auf dem Türbalken sind die zwölf Apostel und neben ihnen zwei prophetische Zeugen dargestellt.[107]

Die Personen, deren Standbilder die Gewände der Nischen schmücken, lassen sich nicht mit Sicherheit benennen; sie stellen Propheten und Könige des alten Bundes, zum Teil wohl auch Vorfahren Christi dar. Diese ganze Zone, die dem viereckigen und

106. Siehe darüber Honorius Augustodunensis: *Speculum mundi;* oder Durandus von Mende: *Speculum ecclesiae.*

107. Es mag sich um Jesaia und Hesekiel handeln, deren Visionen mit der des Evangelisten Johannes übereinstimmen.

»irdischen« Unterbau des Tempels verwandt ist, entspricht also dem Gesetz, das nach christlicher Auffassung das Kommen des »fleischgewordenen Wortes« vorbereitet hat.

Die Himmelfahrt Christi an der Stirnwand der linken Nische ist nach dem überlieferten Vorbild dargestellt: Christus wird von zwei Engeln in einer Wolke emporgetragen. Vier weitere Engel verkünden das Ereignis den versammelten Aposteln. An den Bogenleibungen sind die Tierkreiszeichen angebracht, abwechselnd mit den Bildern der Monatsarbeiten; das betont die himmlische Bedeutung dieser Türnische: Deren Lage im Norden der Hauptpforte bezieht sich in der Tat auf die »Pforte des Himmels« (*janua coeli*), die Wintersonnenwende.

Die Stirnwand der rechten Nische ist vom Standbild der Jungfrau mit dem Kind beherrscht. Diese sitzt auf einem Thron, in streng frontaler Haltung, zwischen zwei Erzengeln, die Räucherfässer schwingen, nach byzantinischem Vorbild. Wie Tauben, die zum Flug ansetzen, bewegen sich die beiden Engel von links und von rechts auf die Muttergottes zu; indem ihr Aufflug jäh vor der Thronenden innehält, wird deren unnahbare Ruhe noch deutlicher fühlbar. Die Komposition dieser freudig strengen Gruppe ist genau das Gegenteil jener der Himmelfahrt in der linken Portalnische: Dort ist der Nischenbogen als sich entfaltender Blumenkelch ausgelegt, hier als sich schließender; dort taumeln die Engel von der Mitte des aufsteigenden Heilands zur Seite, oder fallen herab auf die Apostel wie Regen aus Gewitterwolken, hier drängen sie der Mitte zu.

Unter der thronenden Muttergottes am rechten Portal sind auf zwei waagrechten Streifen der Stirnwand die Verkündigung, die Heimsuchung, die Geburt Christi und seine Darstellung im Tempel abgebildet. Am tiefsten Punkt des Bogenfeldes liegt die Jungfrau auf einem überdachten Bett, dessen Himmel die Wiege des Christuskindes trägt. Diese außergewöhnliche Anordnung hat ihren Grund im Einklang der drei senkrecht übereinander angeordneten Gruppen: Die zuunterst waagrecht ruhende Jungfrau, die tiefer als das neugeborene Kind daliegt, verkörpert die vollkommene Demut und dadurch zugleich auch den reinen Gehorsam des allempfangenden Urstoffs, der *materia prima,* die gegenüber dem Göttlichen Wort ganz und gar duldig ist; im unmittelbar darüberliegenden Reliefstreifen und in derselben Mittelachse bezeugt das senkrecht auf dem Altar stehende Jesuskind die Ent-

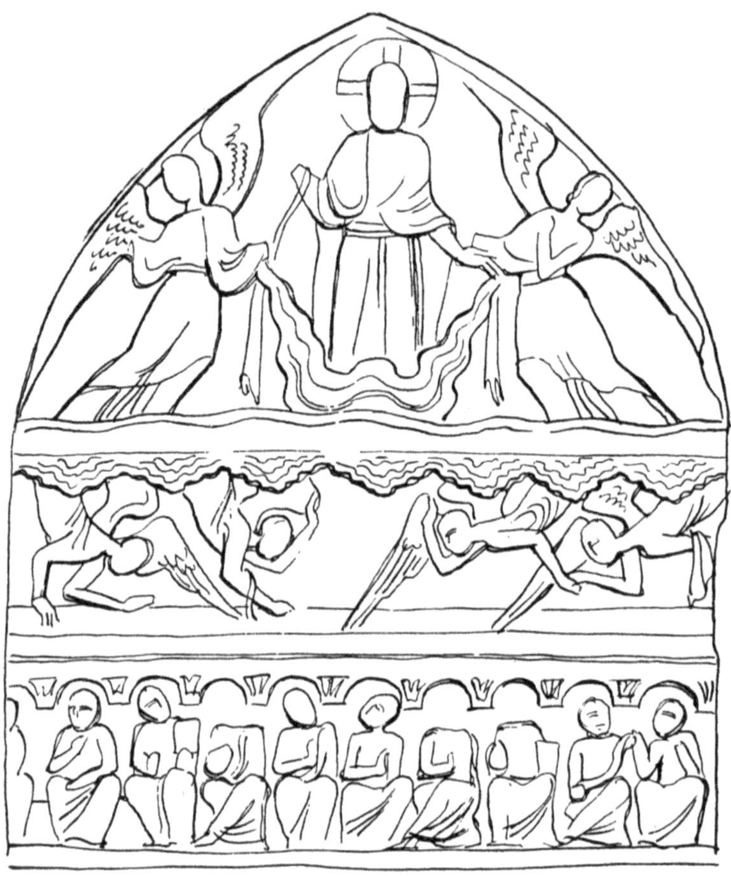

Figur 22: Stirnwand der linken Nische

sprechung zwischen der Jungfrau und dem Opferaltar. Die zuoberst thronende Muttergottes aber, die das Kind vor sich hält, entspricht der Allmutter, die zugleich die demütige Grundlage aller Dinge und ihrer aller edelster und höchster Bestand ist. *«Vergine madre, figlia del tuo figlio, umile ed alta più che creatura»*, sagt Dante in seinem berühmten, dem heiligen Bernhard in den Mund gelegten Gebet an die Jungfrau. Das dreifache Thema der Jungfrau mit dem Kind ist durch die geometrische Fügung der drei Gruppen eindeutig unterstrichen: zuunterst die beiden

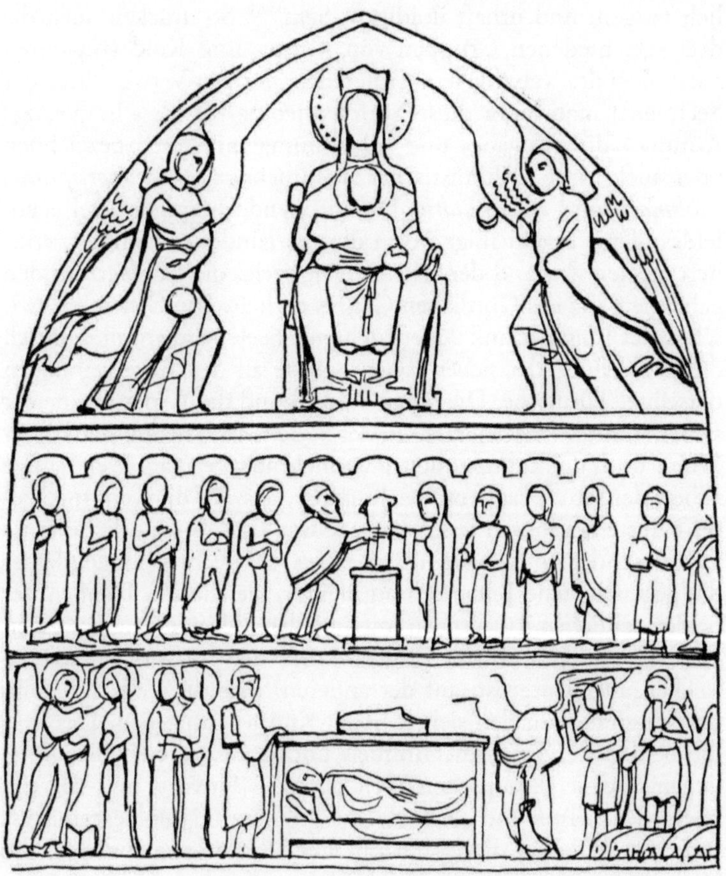

Figur 23: Stirnwand der rechten Nische

Waagrechten der Mutter und der Wiege; in der Mitte die senkrechte Aufrichtung des Kindes auf dem Altar; zuoberst die königliche, das Kind von allen Seiten umschließende Gestalt der Jungfrau: Mutter und Kind lassen sich in zwei konzentrische Kreise einschreiben.

Die Jungfrau stellt den vom Göttlichen Wort gestalteten Urstoff des Alls dar aus demselben Grund, der sie auch zur Verkörperung der reinen, die Göttliche Gnade empfangenden Seele macht, denn es handelt sich hier wie dort um dasselbe Verhältnis von ursprünglich tätigem und urhaft duldigem Sein.[108] So drücken auch die drei verschiedenen Gruppen von Mutter und Kind von unten nach oben drei verschiedene Stufen der geistigen Verwandlung der Seele aus; man kann diese Stufen theologisch als »die geistige Armut«, »die Hingabe« und »die Einung mit Gott« bezeichnen oder auch, nach alchimistischer Ausdrucksweise, als *mortificatio, sublimatio* und *transmutatio.* Die thronende Jungfrau des Bogenfeldes, deren regelmäßige Form die des Kindes umschreibt, erinnert an den Zustand der erleuchteten Seele, die das Herz als den geheimen Sitz des Göttlichen Geistes enthält. Die Gleichung zwischen der Jungfrau und der erleuchteten Seele wird erweitert durch die Darstellung der sieben freien Künste an den Bogenleibungen derselben Türnische: Die freien Künste sind die Widerscheine der sieben himmlischen Sphären in der Seele,[109] die sie nur dank ihrer Weite und Vollkommenheit aufzunehmen vermag. Der heilige Albert der Große sagt von der Jungfrau, dass ihr die Kenntnis dieser Künste angeboren war, was bedeutet, dass sie natürlicherweise ihre wesentlichen Gehalte in sich besaß. Das hebt noch deutlicher die gegensätzliche Entsprechung hervor, welche die Themen der beiden seitlichen Türnischen miteinander verbindet: auf der einen Seite die Auffahrt Christi zum Himmel, der durch die Tierkreiszeichen angedeutet ist; auf der anderen Seite die Verherrlichung der Jungfrau, von den sieben freien Künsten umgeben. Das sind die beiden Bereiche des Himmels und der Erde oder der Göttlichen und der kosmischen Welt oder des Urworts und des Urstoffs, des Geistes und der Seele, der großen und der kleinen Mysterien, von denen die ersten mit der Wintersonnenwende, die zweiten aber mit der Sommersonnenwende verbunden werden.

Es ist jedoch zu bemerken, dass die sinnbildliche Zuordnung der beiden seitlichen Türen zu der Winter- und der Sommersonnenwende eine Umkehrung mit sich bringt, denn das Tierkreiszeichen des Steinbocks, das der Wintersonnenwende entspricht, gehört zur südlichen Hälfte des Himmels, während das Zeichen des Krebses, in dem die Sommersonnenwende stattfindet, der nördlichen Hälfte angehört. Aber diese Umkehrung drückt

108. Wenn Dante die heilige Jungfrau »demütiger und höher als jegliches Geschöpf« nennt, so ist das ein deutlicher Hinweis auf den Urstoff, der niedriger ist als alle Schöpfung, weil er deren »Grundlage« bildet, und höher als alle Schöpfung, weil er vor ihr im Sein vorhanden ist.

109. Siehe Dantes *Gastmahl.*

sich ebenfalls in der Ikonografie der Königspforte von Chartres aus, denn die rechte Nische, die verhältnismäßig im Süden liegt und der Jungfrau gewidmet ist, enthält das Bild von Christi Geburt, die zur Zeit der Wintersonnenwende gefeiert wird. Einen ähnlichen Ausgleich gibt es auch auf geistiger Ebene: Die empfangende, jungfräuliche Schönheit der Seele, die »von unten« emporsteigt, begegnet der Offenbarung des Göttlichen Wortes, die sich »von oben« herabsenkt.

Die ikonografischen Themen der drei Nischen der Königspforte sind durch die kleinen, an den Kapitellen der Gewändepfeiler ausgehauenen Szenen aus dem Leben Christi wie durch ein fortlaufendes Band miteinander verflochten: Gemäß der ausgesprochen geschichtlichen Denkweise des Christentums werden so alle geistigen Wirklichkeiten auf das Leben des Gottmenschen bezogen.

Im geometrischen Gefüge einer Bildhauerei drückt sich die Weisheit aus, in der Behandlung ihrer Oberfläche die Liebe. Die Weisheit, die sich im Portalschmuck von Moissac kundgibt, ist blitzhaft, einmalig und unbekümmert; die Weisheit der Königspforte von Chartres ist nachdenklicher, aber ganz von Barmherzigkeit getragen, einer lichten, durchsichtigen Barmherzigkeit. Ihre Bilder sind voll weiser Liebe und voll barmherziger Weisheit.

Zum Abschluss dieser Betrachtungen über den romanischen Portalschmuck wollen wir die drei geistigen »Ausdehnungen« kennzeichnen, in denen sich diese mittelalterliche Kunst bewegt: Die eine davon ist die kosmologische Ausdehnung, die sich schon aus der Baukunst ergibt; die zweite ist die theologische, die im glaubensmäßigen Gegenstand der Bilder liegt, und die dritte die metaphysische, die auch den mystischen Sinn in des Wortes tiefster Bedeutung in sich schließt. Den von der christlichen Offenbarung ausgehenden Lichtern hat der kosmologische Plan seine innere Bedeutung zu verdanken; andererseits aber werden die Bilder dadurch, dass hier die glaubensmäßige Ikonografie mit kosmischen Vorbildern zusammentrifft, ihres nur geschichtlichen und buchstäblichen Sinnes entkleidet und zu allgültigen Wahrheiten erweitert.

❧

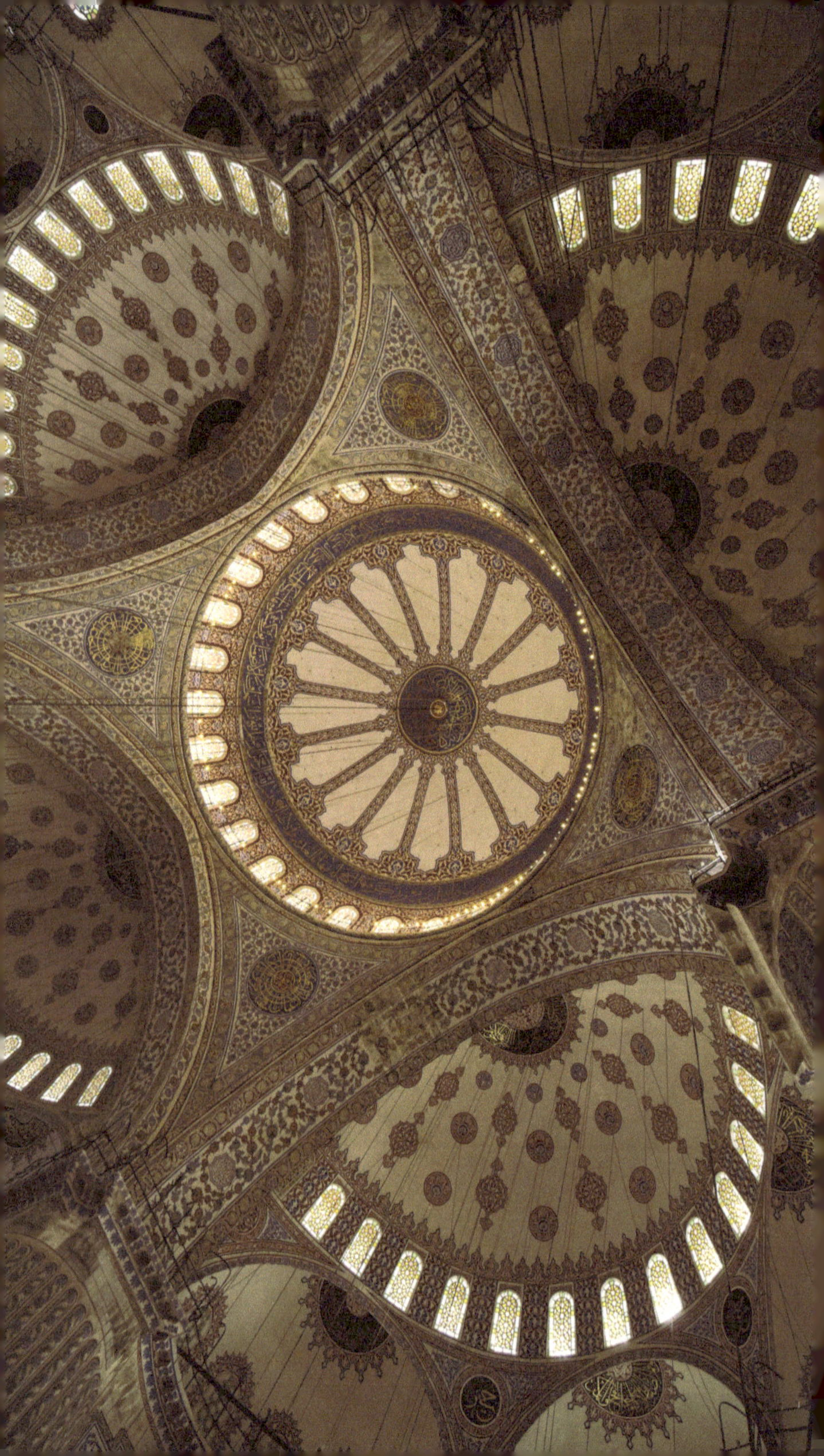

Grundlagen der islamischen Kunst

Sinn der Bildlosigkeit

»Gott ist schön und liebt die Schönheit.«
(Ausspruch des Propheten)

OBWOHL DIE EINHEIT AN SICH UNMITTELBARES SEIN IST, erscheint sie im menschlichen Geist als abstrakte Idee, und das erklärt neben anderen, in der semitischen Denkart verankerten, Gründen, warum die Kunst des Islams bildlos ist. Der Islam ist ganz auf den Gedanken der Göttlichen Einheit angesammelt; diesen aber vermag kein Bild auszudrücken.

Das Bild wird vom Islam nicht unbedingt und restlos verworfen; das flache Bild ist als weltliche Kunst geduldet, vorausgesetzt, dass es weder Gott noch das Antlitz des Propheten darstelle. Das Bild, das »einen Schatten wirft«,[110] wird nur zugelassen, sofern es nicht die Natur nachahmt. Fantastische Tiere oder stilisierte Pflanzen darf die Bildhauerei wiedergeben,[111] doch nur die stilisierte Pflanze findet in der heiligen Kunst, beim Schmuck der Moscheen und Grabmäler Verwendung.

Die Abwesenheit von Bildern in den Moscheen hat zunächst den negativen Zweck, jegliche »Gegenwart« auszuschalten, die sich der unsichtbaren Gegenwart Gottes entgegenstellen könnte, abgesehen von den Irrtümern, zu denen die Unvollkommenheit eines

Sultan-Ahmed- oder »Blaue« Moschee in Istanbul

110. Als die Muslime Mekka eroberten, ließ der Prophet alle Götzenbilder zerstören, welche die heidnischen Araber auf dem Platz um die Kaaba herum errichtet hatten. Dann trat er in das Innere des Heiligtums ein: Die Wände der Kammer waren von einem byzantinischen Maler verziert worden. Man sah da unter anderem eine Darstellung Abrahams, die Augurenpfeile werfend, und ein Bild der Heiligen Jungfrau mit dem Kind. Der Prophet deckte dieses Bild mit beiden Händen zu und befahl, alle anderen Malereien abzukratzen (nach Muḥammad Ibn Isḥāq.)

111. Al-'Abbās, der Onkel des Propheten, riet einem Künstler, der sich über den Verfall seines Berufes beklagte, fortan nur Pflanzen und unwirkliche Tiere darzustellen.

jeden Sinnbildes Anlass geben kann. Im positiven Sinn aber weist die Bildlosigkeit auf die Erhabenheit Gottes hin, Dessen Wesen sich mit nichts Erschaffenem vergleichen lässt.

Es ist wahr, dass die Einheit auch den Anblick des Verbindenden, sich Mitteilenden hat, insofern sie nämlich das Vielheitliche vereint und aller Ähnlichkeit zugrunde liegt, und in dieser Hinsicht nimmt auch das heilige Bild auf sie Bezug und drückt sie mittelbar aus. Zugleich jedoch ist die Einheit Inbegriff der wesentlichen Unterscheidung, da sich jegliches Wesen durch seine innere Einheit, das heißt dadurch, dass es einzig ist, von anderen unterscheidet und sich weder verwechseln noch ersetzen lässt. Dieser Anblick der Einheit aber ist der höhere, denn er weist auf die wesentliche Einheit Gottes im Sinne Seiner »Nicht-Andersheit« und unbedingten Alleinheit hin. Das ist es auch, was das oberste Bekenntnis des Islams, der Satz »es gibt keine Gottheit außer Gott« (*lā ilāha ill-Allāh*) in erster Linie ausdrückt. Nach dem Sinn dieser Formel ist es gerade die klare Unterscheidung der verschiedenen Ebenen von Wirklichkeit, die es ermöglicht, alle Dinge der Wahrheit gemäß in die allumfassende Einheit einzubeziehen, da es genügt, das Endliche als endlich zu erkennen, um es nicht mehr, bewusst oder unbewusst, als zweite »Gottheit« neben das Unendliche zu stellen. Fällt aber diese falsche Angleichung dahin, so geht das Erste im Zweiten, das Endliche im Unendlichen auf.

Diesem Standpunkt entsprechend beruht der Irrtum aller Irrtümer darin, dass man die Natur des Unbedingten auf das Bedingte übertrage, indem man diesem eine Selbstständigkeit, die es nicht hat, beimisst. Ursache dieser Verwechslung oder Täuschung ist die Einbildung (*wahm*) im negativen Sinne des Wortes. Der Muslim sieht in der bildlichen Kunst eine offensichtliche Kundgebung dieses Irrtums, die umso gefährlicher ist, als sie ansteckend wirkt; nach seiner Auffassung ist das Bild unzulässig, weil es verschiedene Arten von Wirklichkeit miteinander vermischt. Das Gegenmittel gegen diese Vermengung, das heißt gegen Irrtum und Täuschung im Allgemeinen, ist die Weisheit (*ḥikma*), die jedes Ding an seinen richtigen Platz stellt. Auf die Kunst angewendet bedeutet das, dass sich jegliche künstlerische Schöpfung nach den Gesetzen, die ihre eigene Daseinsebene bestimmen, vollziehen soll und dass sie diese Gesetze nicht vertuschen, sondern im Gegenteil sichtbar machen soll. So muss zum Beispiel die Baukunst das statische Gleichgewicht kundgeben und zugleich den vollkommenen

Zustand der trägen Körper, der sich in der regelmäßigen Gestalt des Kristalls ausdrückt.

Dieses Beispiel bedarf noch einer Erklärung: Wir wissen wohl, dass gewisse Kritiker der islamischen Baukunst vorwerfen, sie unterstreiche nicht genügend die statischen Funktionen, so wie es die Baukunst der Renaissance tut, die alle stützenden Glieder sich stauen und alle verbindenden sich spannen lässt, als besäßen die Teile eines Baues ein organisches Bewusstsein gleich den Muskeln und Sehnen eines Leibes. Nun, das ist es gerade, was in der Sicht des Islams als eine Verwechslung oder Vermengung von zwei verschiedenen Arten von Wirklichkeit und daher als ein Mangel an geistiger Aufrichtigkeit gälte: Wenn schlanke Pfeiler tatsächlich die Last eines Gewölbes zu tragen vermögen, weshalb ihnen künstlich eine Anstrengung andichten, die gar nicht im Wesen eines mineralischen Stoffes liegt? Andererseits trachtet die islamische Baukunst nicht danach, dem Stein seine Schwere zu nehmen, indem sie ihm, wie es die gotische Kunst tut, eine aufwärtsstrebende Bewegung verleiht; das statische Gleichgewicht schließt Bewegung aus. Allein, der rohe Stoff wird dadurch gewissermaßen leicht und durchsichtig gemacht, dass die fein ausgehauenen Arabesken und die waben- oder tropfsteinförmigen Übergänge dem Licht tausend Facetten darbieten und so den Stein oder den Stuck in einen kostbaren Stoff verwandeln. Die Bogenreihen eines Hofs der Alhambra zum Beispiel oder die gewisser maghrebinischer Moscheen verharren in vollkommener Ruhe; zugleich aber erscheinen sie wie aus bebendem Licht gewoben. Sie sind wie Kristall gewordenes Licht; man möchte glauben, sie seien im Innersten nicht aus Stein, sondern aus Göttlichem Licht gemacht, aus jener schöpferischen Vernunft, die insgeheim in allen Dingen wirkt. Das zeigt, dass die »Sachlichkeit« der islamischen Kunst, ihre Unberührtheit von jeglichem subjektiven, sozusagen »mystischen«, Schwung nichts mit Rationalismus zu tun hat. Übrigens, was ist Rationalismus, wenn nicht die Beschränkung des Geistes auf ein nur menschliches Maß der Dinge? Und eben dies drückt die Kunst der Renaissance mit ihrer »organischen« und subjektiv menschenförmigen Deutung der Baukunst aus. Vom Rationalismus zur ichbetonten Leidenschaftlichkeit ist es nur ein Schritt, und von da ist es nicht weit zur mechanistischen Auffassung der Welt. Nichts von all dem liegt in der islamischen Kunst, deren Logik immer unpersönlich und qualitativ bleibt. In der Tat ist nach islamischer Auffassung die Vernunft

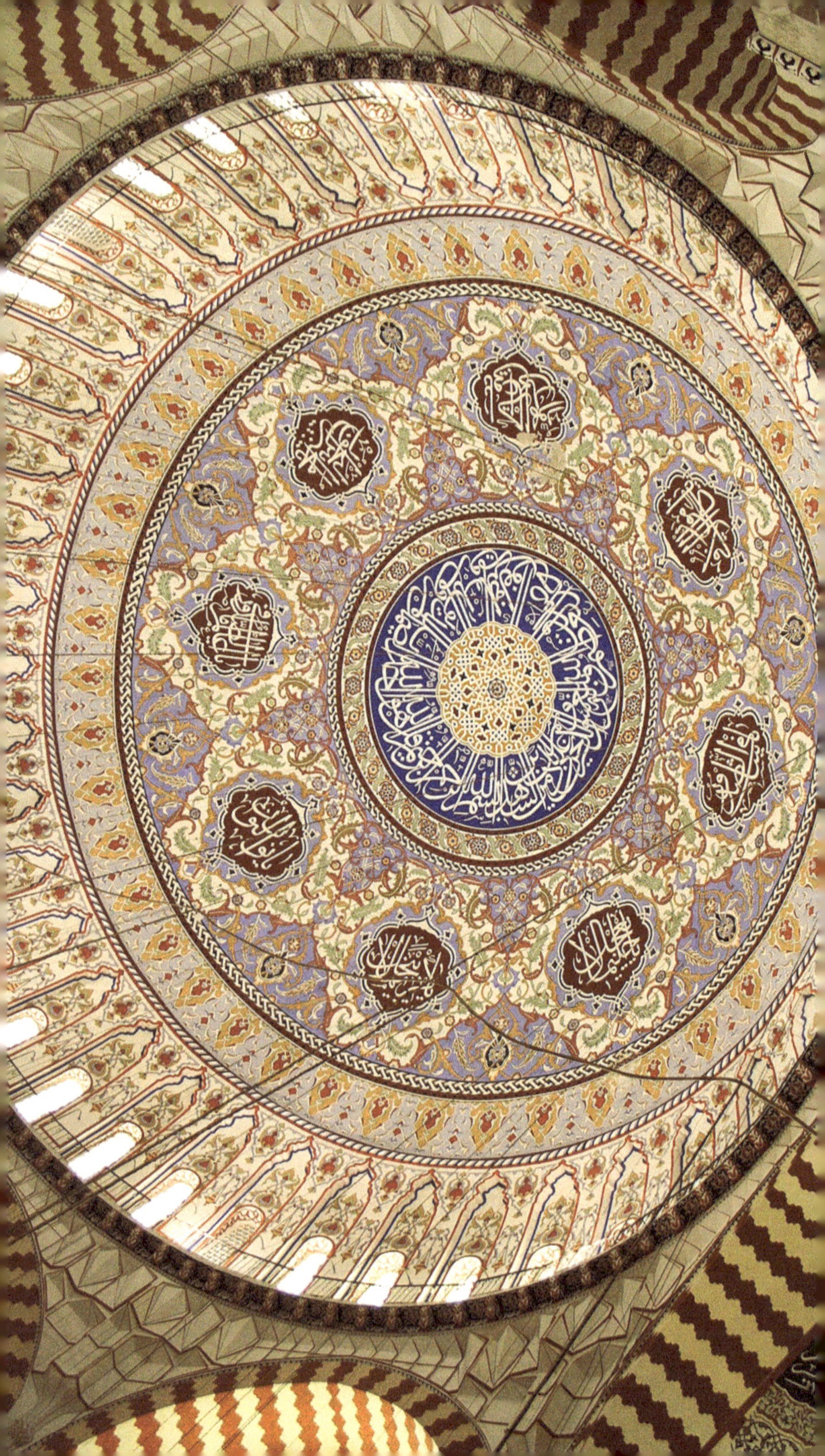

(*ʿaql*) vor allem das, wodurch der Mensch die offenbarten Wahrheiten, die weder irrational noch bloß rational sind, zu erfassen vermag. Darin, in dieser angeborenen Fähigkeit, ewige Wahrheiten zu spiegeln, besteht der Adel der Vernunft, und aus demselben Grund erwächst auch der Adel der Kunst: Wenn die Meister der islamischen Kunst sagen, die Kunst entstamme der Vernunft oder der Wissenschaft, so ist das keineswegs ein rationalistisches Bekenntnis, etwa in dem Sinne, dass das künstlerische Schaffen nicht der Eingebung bedürfe; im Gegenteil, denn die Vernunft drosselt hier die Eingebung nicht ab, sie öffnet ihr vielmehr die Quellen unpersönlicher Schönheit.

Merkwürdigerweise sieht die moderne Kunst in der abstrakten Gestaltung eine größere Freiheit, den irrationalen, unversehens aus dem Unterbewussten aufsteigenden Impulsen nachzuleben; die islamische Kunst dagegen sieht die abstrakte Form als Gesetz, als folgerichtige Kundgebung der Einheit in der Vielheit.

Der Schreiber dieser Zeilen wollte einmal bei einem maghrebinischen Meister der Zierkunst Gesellenarbeit tun und berief sich dabei auf seine Kenntnis der europäischen Bildhauerei. »Was würdest du tun«, sagte ihm der Handwerker, »wenn man dir auftrüge, eine Fläche wie diese zu verzieren?«

»Ich zöge hier eine Ranke hindurch, und in den freien Räumen stellte ich springende Rehe und Hasen dar.«

»Rehe und Hasen und andere Tiere«, erwiderte der Araber, »gibt es in der Welt schon genug; sie einfach abzubilden, ist keine Kunst. Aber auf dieser Fläche drei geometrische Rosen (*tasātir*) von zwei Achtersternen und einem Elferstern ausgehend so anzuordnen, dass sie sich gegenseitig durchdringen und den Raum mit ihrem Geflecht gleichmäßig ausfüllen – das ist Kunst!«

Man könnte auch sagen, die Kunst, so wie sie die muslimischen Meister betrachten, bestehe darin, die Gegenstände ihrer eigenen Natur gemäß zu gestalten. Die Schönheit liegt schon in der Natur der Dinge, die von Gott kommt; man hat sie nur aus ihnen herauszuholen, sie zur Geltung zu bringen. Nach der allgemeinsten islamischen Auffassung ist die Kunst vor allem eine Methode, den Stoff zu veredeln.

Kuppel der Selimiye-Moschee in Edirne, Türkei

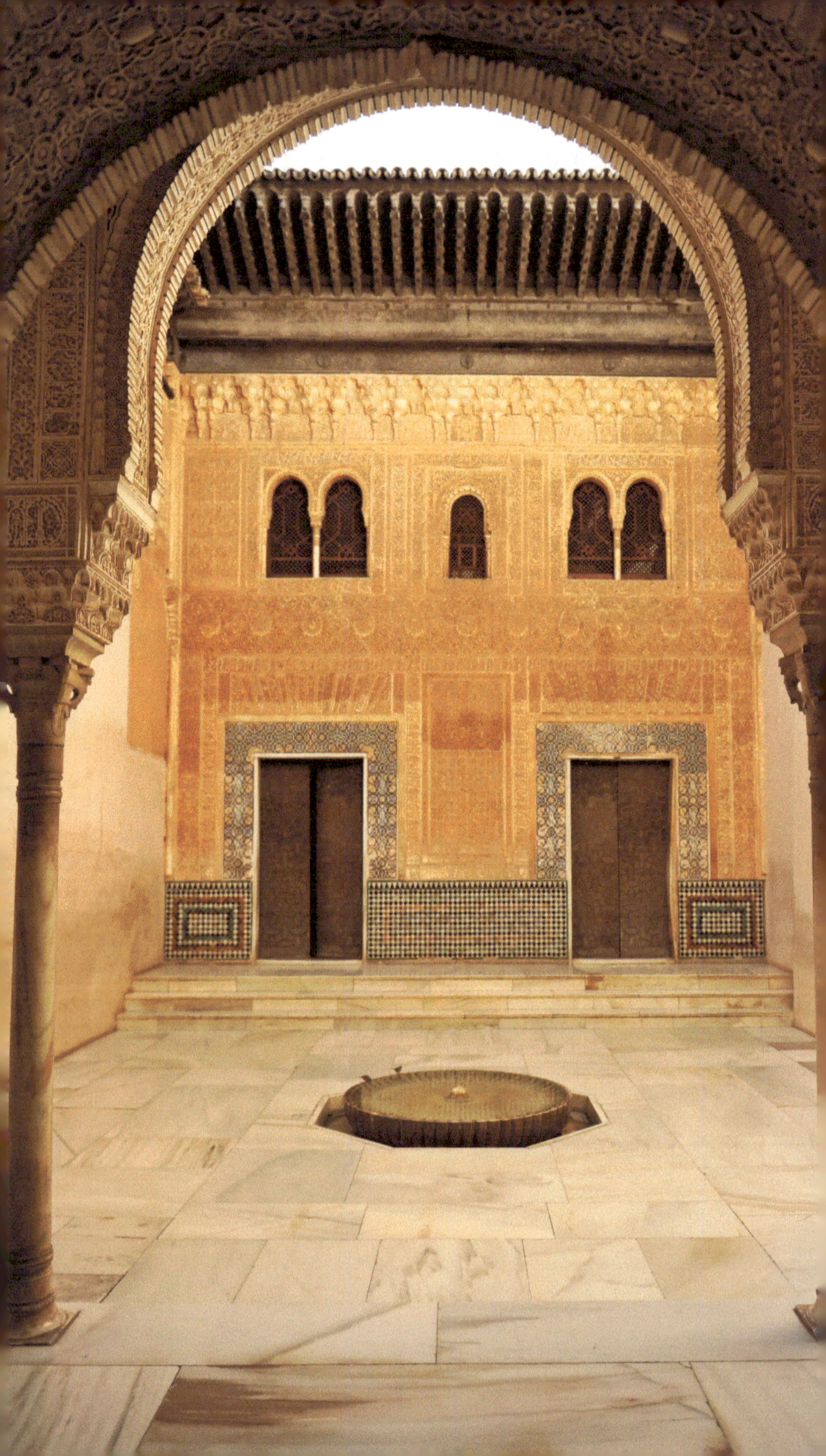

Nomadentum und geistige Geometrie

Der Grundsatz, dass die Kunst sich immer nach den Gesetzen des Gegenstands, den sie gestaltet, zu richten hat, kommt auch in den minderen Künsten zum Ausdruck, zum Beispiel in der Kunst der Teppichweberei, die für die Welt des Islams so bezeichnend ist: Dadurch, dass sich die Teppichkunst auf geometrische, der reinen Fläche gemäße Formen beschränkt und das Bild im eigentlichen Sinne des Wortes weglässt, hat sie nichts an künstlerischer Fruchtbarkeit eingebüßt; im Gegenteil, ihre Formenelemente, die durchwegs von den beiden Achsen des Zettels und des Einschlags bestimmt sind, regen zu immer neuen Fügungen an; mit Ausnahme jener Stücke, die einzig und allein für den europäischen Markt entstanden sind, zeugt jeder Teppich von einer ungebrochenen Schöpferfreude.

Die Technik des geknüpften Teppichs, der einen so großen Markt gewonnen hat, ist sehr wahrscheinlich nomadischer Herkunft; der Teppich ist das eigentliche Möbel des Nomaden; auch findet man gerade unter den Nomadenteppichen die schönsten und eigenartigsten Stücke. Der städtische Teppich hat einen gewissen Hang zu gesuchter Verfeinerung, die den Formen ihre geometrische und rhythmische Kraft nimmt. Die nomadische Teppichkunst liebt die Wiederholung stark ausgeprägter geometrischer Motive, auch den heftigen Wechsel des Rhythmus und die Symmetrie in der Diagonale. Gerade diese Vorlieben treten aber auch in der islamischen Kunst im Großen und Ganzen hervor: Die islamische Denkart entspricht auf geistiger Ebene dem, was die nomadische Gesinnung auf der vitalen Ebene ist: Das wache Bewusstsein von der Hinfälligkeit der scheinbar festen Welt, die Schärfe und Knappheit im Denken und Handeln sowie der Sinn für Rhythmus kennzeichnen die Wandervölker.

Als die ersten muslimischen Heere Persien eroberten, fanden sie in der königlichen Halle zu Ktesiphon einen »Frühlingsteppich« von ungeheuren Ausmaßen, mit Gold und Silber durchwirkt. Das Beutestück wurde nach Medina gebracht und dort kurzerhand zerschnitten und unter die Gefährten des Propheten verteilt. Diese Tat war nicht so sehr aus dem Beuterecht geboren als vielmehr aus

Meschuar-Hof der Alhambra im spanischen Granada

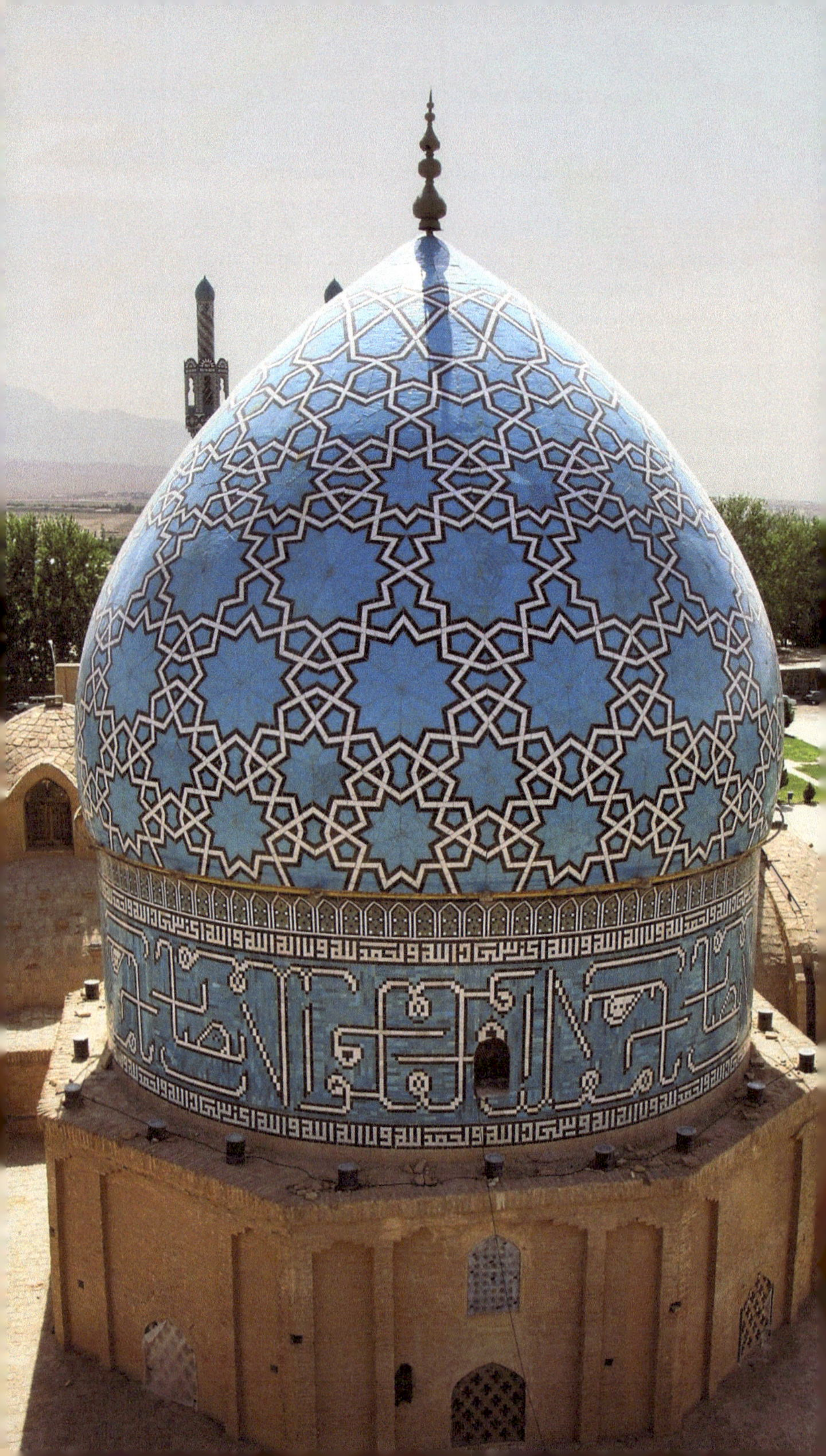

dem urislamischen Misstrauen gegenüber Werken, die endgültig und ewig und alles sein wollen. Zugleich war sie auch sinnbildlich, wenn man bedenkt, dass jener Teppich ein Abbild des irdischen Paradieses sein sollte.

Die Spuren nomadischer Gesinnung sind sogar in der Baukunst zu sehen, obwohl doch gerade diese Kunst ihrem Wesen nach sesshaft ist: Elemente wie Pfeiler, Bogen oder Pforten bewahren innerhalb einer Bauanlage eine gewisse Selbstständigkeit, ohne dass die Einheit des Ganzen darunter litte. Es gibt nicht jene, an das Wachstum einer Pflanze erinnernde, Verbundenheit der einzelnen Bauglieder, wie man sie zum Beispiel in der Gotik findet. Wenn es sich darum handelt, eintönige Wiederholungen – die nicht immer als ein Übel betrachtet werden – zu vermeiden, hebt man sie weniger durch allmähliche Abstufung einer Reihe ähnlicher Elemente als durch einschneidenden Wechsel auf: Die Abwandlung ist nicht organisch, sondern rhythmisch.

Die ursprüngliche Gestalt der Moschee steht der nomadischen Umwelt sehr nahe: Eine breit ausgedehnte Halle, deren flaches Dach durch einen Palmenhain von Pfeilern gestützt wird; sogar die schon sehr kunstvolle Moschee von Cordoba mit ihren übereinandergestellten Bogenreihen erinnert noch an einen Palmenhain. Eine Moschee hat keinen Mittelpunkt wie eine Kirche oder ein Tempel; der Gottesdienst ist nicht auf ein gegenwärtiges Heiligtum hin gerichtet, und die konzentrische Ansammlung der Gläubigen, die für die christliche Gemeinde so bezeichnend ist, wird in der islamischen Welt einzig und allein in Mekka, beim gemeinsamen Gebet um die Kaaba herum sichtbar. An allen anderen Orten sind die Betenden nach diesem fernen Ziel, das außerhalb der Mauern der Moschee liegt, hingewandt. Aber auch die Kaaba stellt keine sakramentale Mitte dar, die man einem Altar vergleichen könnte, noch enthält sie ein Sinnbild, das eine solche wäre, denn sie ist inwendig leer.[112] Das ist sehr bedeutsam für die islami-

Grabmal des Mystikers und Poeten Schāh Ni'matullāh-i Valī im iranischen Māhān, erbaut 1431. Das Kuppelmosaik zeigt von oben nach unten Fünfer-, Siebener-, Neuner-, Zwölfer-, (in der islamischen Kunst sehr seltene) Elfer-, nochmals Neuner- und Zehnersterne [A.d.H.]

112. Der berühmte schwarze Stein ist in eine Ecke der Kaaba eingelassen und gibt nicht die Mitte an, nach der sich die Betenden richten.

sche Einstellung: Während sich das christliche Gottesbewusstsein vornehmlich auf eine gegenständliche Mitte ansammelt – so wie ja das »fleischgewordene« Wort Gottes als Wendepunkt der Geschichte und als Eucharistie eine kundgegebene Mitte ist –, verneint das islamische Gottesbewusstsein jede gegenständlich gewordene Mitte der Ansammlung und stützt sich dafür auf das Erlebnis der Weite und der Endlosigkeit, um die Allgegenwart Gottes zu ahnen.

Dennoch kennt die heilige Kunst des Islams auch einen konzentrischen Bauplan, nämlich den mit einer Kuppel gedeckten Grabbau. Der Typus dieses Baues ist sowohl in der byzantinischen als auch in der asiatischen Kunst zu finden, und sein Sinn als Verbindung von Himmel und Erde, die in der sphärischen Kuppel und im kubischen Unterbau zum Ausdruck kommen, ist uralt. Der Islam hat diesen Typus auf eine unübertroffen klare Formel gebracht: Zwischen den Würfel der Kammer und die leicht überhöhte Kuppel fügt sich gewöhnlich das vermittelnde Glied einer achteckigen Trommel ein. Ein solcher Bau vermag die Weite einer Wüste oder die Wildnis einer Berglandschaft durch seine einfache Vollkommenheit zu bannen. Als Grabmal eines Heiligen ist er in der Tat eine segenspendende Mitte der Welt.

Was sich in dieser Bauform, die durch ihre äußerste Knappheit dem Nomadentum verwandt bleibt, so machtvoll ausdrückt, ist der geometrische Genius, der unmittelbar aus der islamischen Schau entspringt: In der Tat ist die dem Islam eigene Spekulation wesentlich »abstrakt«; sie ist weder mythologisch noch vorwiegend eschatologisch, und ihr natürliches Abbild ist deshalb die geometrische Spekulation. Die seinshafte Beziehung zwischen Einheit und Vielheit, der Übergang von der unteilbaren Einheit zur »Vielheit in der Einheit« und zur »Einheit in der Vielheit« vermöchte nicht besser dargestellt zu werden als durch die Abfolge der regelmäßigen, im Kreis enthaltenen Vielecke oder der in der Kugel enthaltenen Vielflächner [Polyeder].

Die ursprüngliche Rhythmik der Nomaden und die geistig begründete Geometrie: Das sind geradezu die beiden Pole der islamischen Kunst. Die nomadische Rhythmik fand ihren eindeutigsten Niederschlag in der arabischen Metrik, die mittelbar auch die christliche Minnedichtung beeinflusst hat, während sich die geometrische Spekulation um jenes pythagoreische Erbe kristallisierte, das sich im Nahen Osten vollständiger als im Westen erhalten hatte.

Die Baukunst

Für den Muslim ist die Kunst dann ein »Gottesbeweis«, wenn sie schön ist, ohne die Spuren einer subjektiven, ichbezogenen Eingebung zu tragen; sie soll schön sein wie der Sternenhimmel. Und in der Tat hat die islamische Kunst eine Art von Vollkommenheit erreicht, vor welcher die Urheberschaft des einzelnen Künstlers oder Handwerkers mit seinen menschlichen Vorlieben und Unzulänglichkeiten ganz verschwindet.

Überall da, wo sich der Islam ein schon vorhandenes bauliches Vorbild anglich, sei es auf ehemals byzantinischem Boden, sei es in Persien oder in Indien, hat er dessen Formen im Sinne der geometrischen Genauigkeit und im Hinblick auf Geschmeidigkeit und Leichtigkeit weiterentwickelt. Der Gegensatz zwischen der einheimischen Baukunst und der Vorstellung, welche die muslimischen Eroberer von Kunst hatten, war wohl nirgends so stark wie in Indien: Die indische Baukunst ist wuchtig und vielfältig, elementar und reich zugleich, wie ein heiliges Gebirge mit geheimnisvollen Höhlen, während die islamische Kunst nach Klarheit und geistiger Nüchternheit trachtet. Sofern sich die islamische Kunst gewisse

Die Gebetsnische (miḥrāb) der Sultan-Hasan-Moschee in Kairo, vierzehntes Jahrhundert

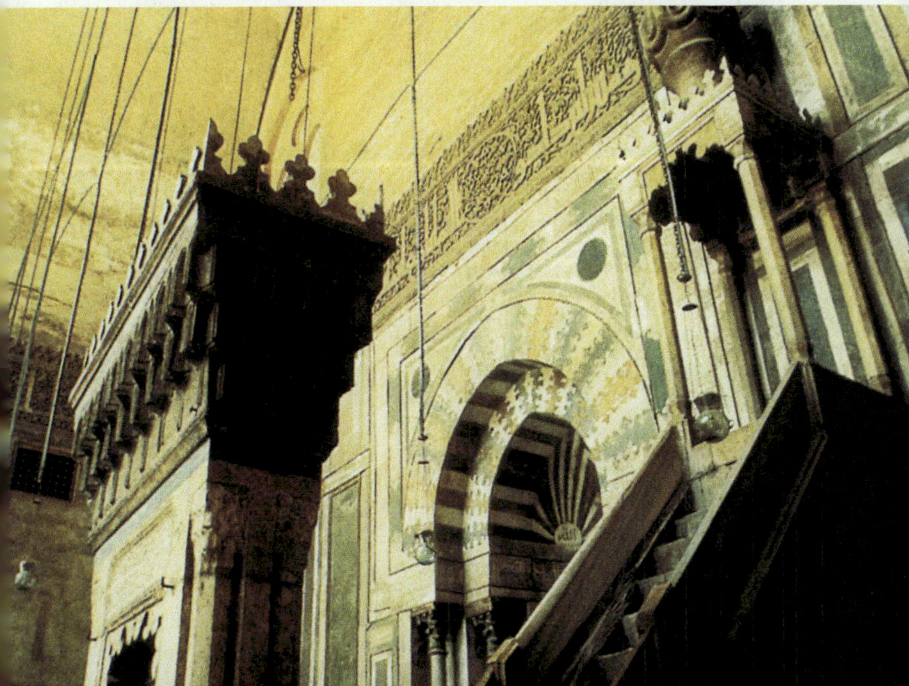

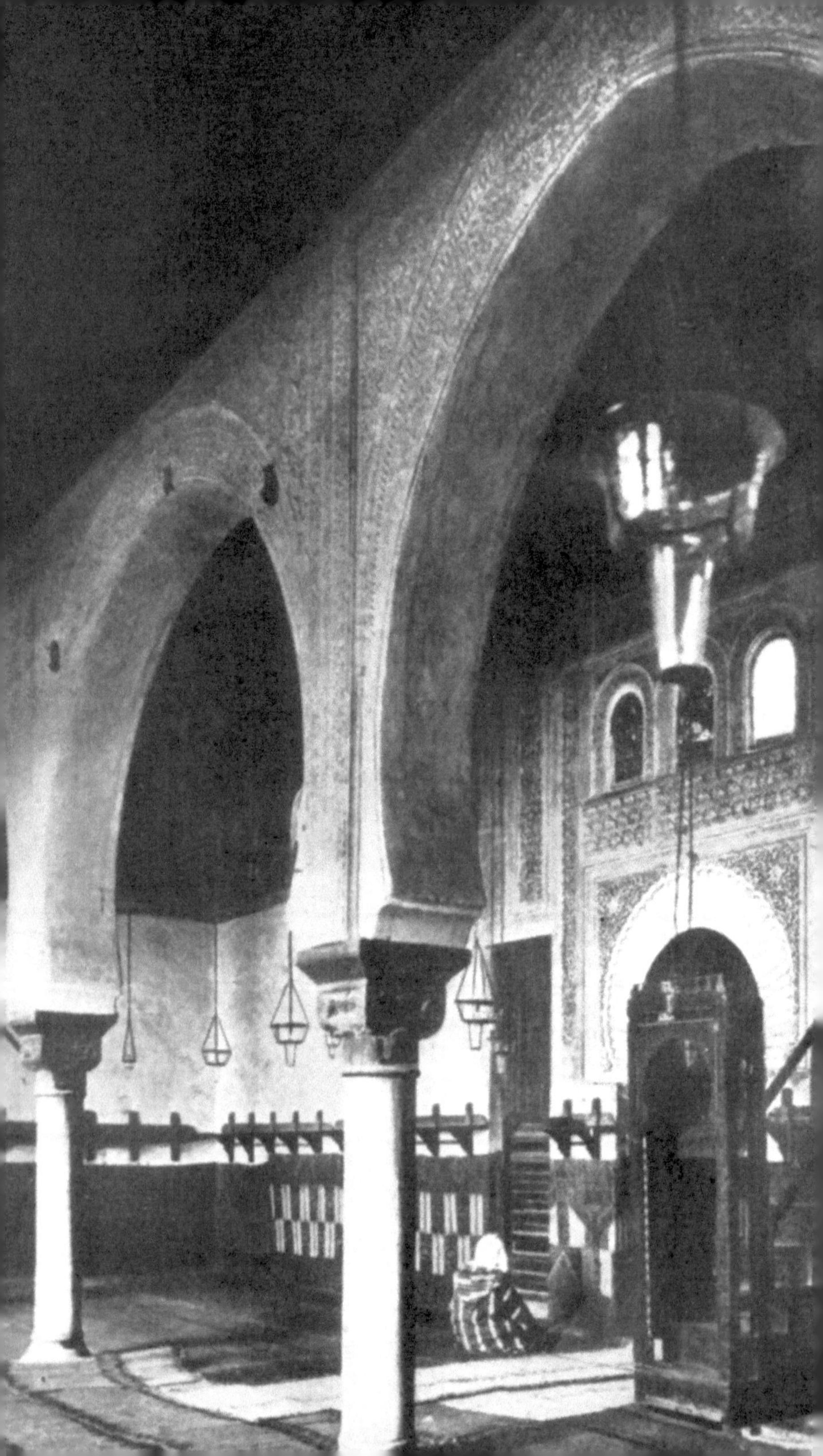

Elemente der indischen aneignet, vermindert sie stets deren erdhafte Gewalt zugunsten der Einheit und der Leichtigkeit.[113] Gewisse muslimische Bauten Indiens gehören zu den schönsten, die es überhaupt gibt; keine andere Baukunst hat sie jemals übertroffen.

Allein, die Baukunst des Islams ist im Maghreb, dem äußersten Westen der muslimischen Welt, ihrem Genius treuer. Hier, in Tunesien, Algerien, Marokko und Andalusien, hat sie jene kristalline Vollkommenheit verwirklicht, die das Innere einer Moschee zur kühlen Oase, zu einer Welt voll lauterer, grabesnaher Wonne macht.[114]

Die Verwandlung byzantinischer Vorbilder durch die islamische Kunst ist besonders deutlich an den türkischen, von der Hagia Sophia abgeleiteten Moscheebauten sichtbar. Bekanntlich besteht die Hagia Sophia aus einem ungewöhnlich großen, konzentrischen Kuppelbau (siehe Seite 140), der von zwei Halbkuppeln gestützt und durch mehrere gewölbte Apsiden erweitert wird. Das Ganze bildet einen länglichen Raum, dessen Verhältnisse dadurch, dass die verschiedenen Kuppeln fast ineinander überleiten, unabsehbar sind. Die muslimischen Architekten, wie Sinān, die diesen Plan eines durch Halbkuppeln erweiterten Domes wieder aufgenommen haben, gelangten zu neuen, viel strenger geometrischen Lösungen, wie dem besonders genialen Plan der Selimiye-Moschee in Edirne, deren außerordentlich weite Hauptkuppel (siehe Seite 130) auf einem Achteck ruht, das von abwechselnd geraden oder zu Apsiden gebuchteten Mauern getragen wird; es entsteht so ein Gefüge von flachen und gewölbten Facetten, deren Kanten deutlich gezeichnet sind. Diese Verwandlung des Plans der Hagia Sophia gleicht der Bearbeitung eines Edelsteins, der durch Schleifen regelmäßiger und glänzender wird.

Gebetshalle der Madrasa Bū 'Inānīya in Fès (vor ihrer 1995 erfolgten vollständigen Restaurierung)

113. Von Anfang an übte die indische Baukunst, durch die persische hindurch, einen gewissen Einfluss auf die islamische aus, aber erst bei der Eroberung Nordindiens durch die Muslime trafen die beiden Kulturen unmittelbar aufeinander.

114. Dass die Natur des Kristalls Sinnbild geistiger Vollkommenheit sei, zeigt unter anderem dieser Ausspruch des Kalifen ʿAlī, des Vetters des Propheten: »Mohammed ist Mensch, nicht wie die anderen Menschen, sondern wie der Edelstein unter den Steinen.«

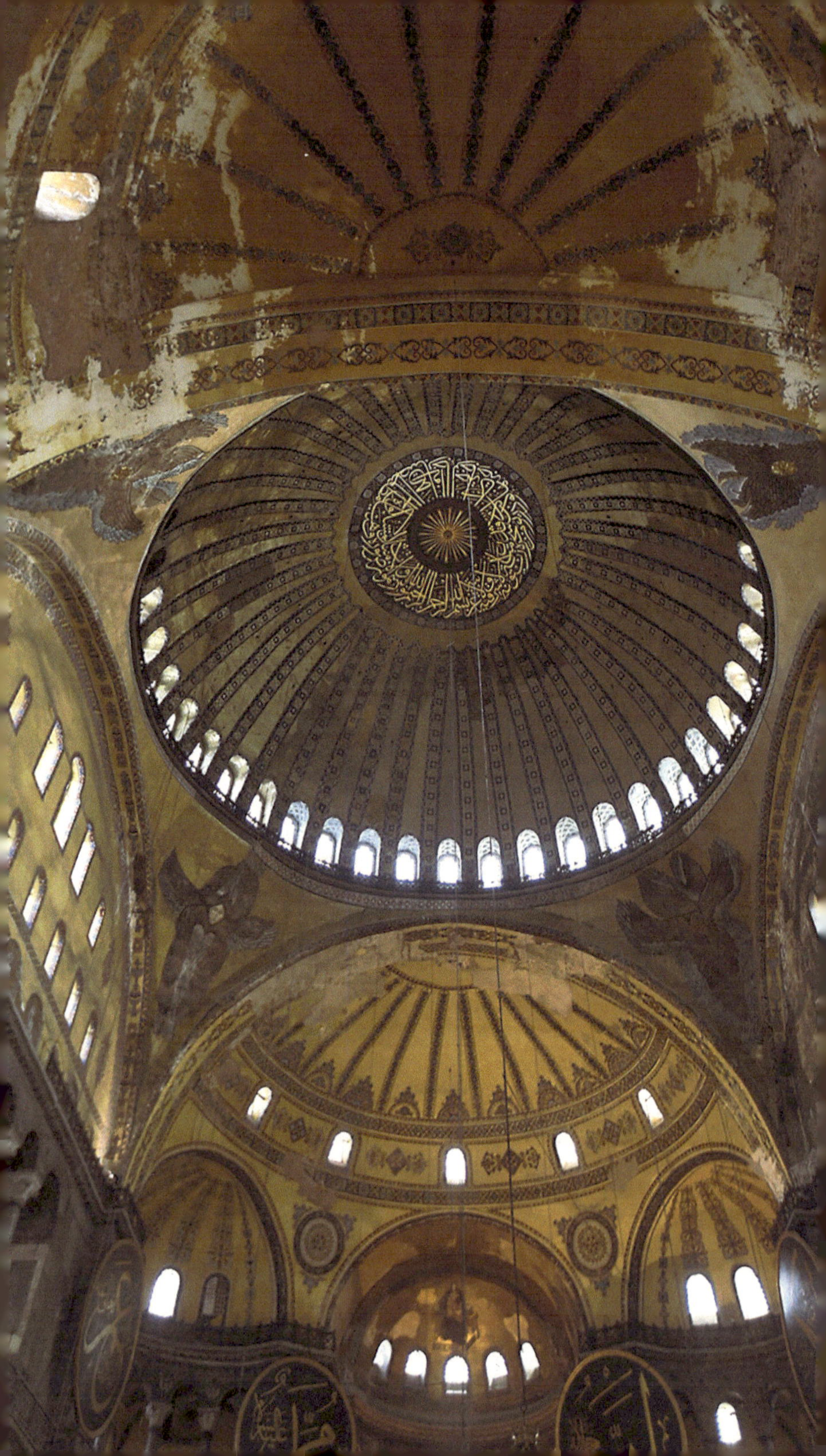

Von innen gesehen hat die Kuppel einer solchen Moschee nicht das geheimnisvoll Schwebende des Doms der Hagia Sophia, noch lastet sie auf den Stützpfeilern:

> Nicht der herabschwebende Himmelsraum wie in der Hagia Sophia, auch nicht das Aufwärtsstreben der gotischen Kathedrale macht hier das Grunderlebnis aus. Den Höhepunkt des mohammedanischen Gebets bildet das Berühren der Bodenfläche mit der Stirn des auf dem Teppich kauernden Gläubigen, das Berühren jener Spiegelfläche also, die den Unterschied zwischen unten und oben aufhebt und den Raum zu einem absolut in sich geschlossenen und richtungsfreien Gebilde macht. Gerade durch ihre Wandellosigkeit unterscheiden sich die Moscheeräume von allem Endlichen. Unendlichkeit wird hier nicht auf Verwandlungswegen durch dialektische Überwindung erreicht. Das Jenseitige ist für diese Baukunst nicht ein Ziel, sondern wird, hier und jetzt, allgegenwärtig verkörpert im diamentenhaften Bau, frei und richtungslos, ruhend und ziellos erlebt (nach Ulya Vogt-Göknil).[115]

So verschieden auch, rein baulich, die ursprüngliche Hallenmoschee mit ihrer grundsätzlich unbegrenzten, waagrechten Ausdehnung vom türkischen Zentralbau ist, die geistige Wertung des Raums bleibt dieselbe.

Das Äußere der türkischen Moscheen ist durch den Gegensatz zwischen der Halbkugel der Kuppel und den Nadeln der Minarette gekennzeichnet: Gegensatz und Ausgleich von Ruhe und Wachsamkeit, von Ergebenheit (*islām*) und tätiger Zeugenschaft (*schahāda*).

Kuppelgewölbe der Hagia Sophia in Istanbul. Die mittlere Hauptkuppel schmückt eine Kalligrafie des berühmten Lichtverses aus dem Koran (Sure 24:35): »Gott ist das Licht der Himmel und der Erde…« (vergleiche Seite 158) [A.d.H.]

115. Ulya Vogt-Göknil: *Türkische Moscheen.* Zürich: Origo-Verlag, 1953.

Die Arabeske

In der Arabeske, dieser typischen Schöpfung islamischen Geistes, verbindet sich ebenfalls bildlose, geometrische Spekulation mit nomadischem Genius. Der spekulativen Geometrie entspricht das Flechtwerk; nomadisch ist die heraldische Vereinfachung tierischer und pflanzlicher Motive aufgrund eines vorwiegend rhythmischen, aus der doppelten Spirale entwickelten Musters: Die stilisierte Ranke, die ein Hauptelement der Arabeske darstellt, lässt sich auch auf dieses lineare Schema zurückführen; die Kunst der Skythen ist dafür ein sprechendes Beispiel.[116]

Die Elemente der islamischen Zierkunst sind jener archaischen Formensprache entnommen, die nach dem Untergang des ganz auf das menschliche Bildnis eingestellten Hellenismus allenthalben, im Abendland und im Nahen Osten, wieder an die Oberfläche trat. Die mittelalterlich christliche Kunst empfing dieses vorgeschichtliche Erbe aus dem Strandgut der Völkerwanderung, doch reiner und reicher noch aus der irisch-angelsächsischen Kunst, die auf ihre Weise eine vollkommene Synthese archaischer Motive darstellt. Ihre Entfaltung innerhalb der christlichen Welt dauerte nicht lange; sie wurde bald wieder von den griechisch-römischen Vorbildern, die das Christentum übernommen und umgestaltet hatte, verdrängt. Anders verhielt sich der islamische Geist zu diesem breiten Tiefenstrom archaischer Formen; sie entsprachen seiner bewussten Rückkehr zum Zeitlosen. Aus ihnen schuf er eine Art ornamentaler Dialektik, die deshalb nie verdorrt, weil sie stets die Logik mit dem ununterbrochenen Rhythmus der Linien verbindet. Durch die Vereinheitlichung verloren die ursprünglichen archaischen Motive wohl etwas von ihrem Eigenwert; der Islam drängte ihre magische Kraft zurück, verlieh ihnen

Torbogen im Meschuar-Hof der Alhambra im spanischen Granada

116. Die allgemein verbreitete Auffassung, dass die Kunst der Skythen und anderer asiatischer Wandervölker wie auch die der Kelten aus einer ornamentalen Rückbildung klassischer Motive entstanden sei, ist nur teilweise richtig. Man vergisst dabei, dass diese Völker selbst Vorbilder nicht-figürlicher Art, das heißt rein geometrische, Sinnbilder besaßen, die diesen ornamentalen Rückbildungen ihr Gesetz aufprägten. Deshalb hat die arabeske Ranke sowohl einen pflanzlichen als auch einen rein geometrischen Ursprung.

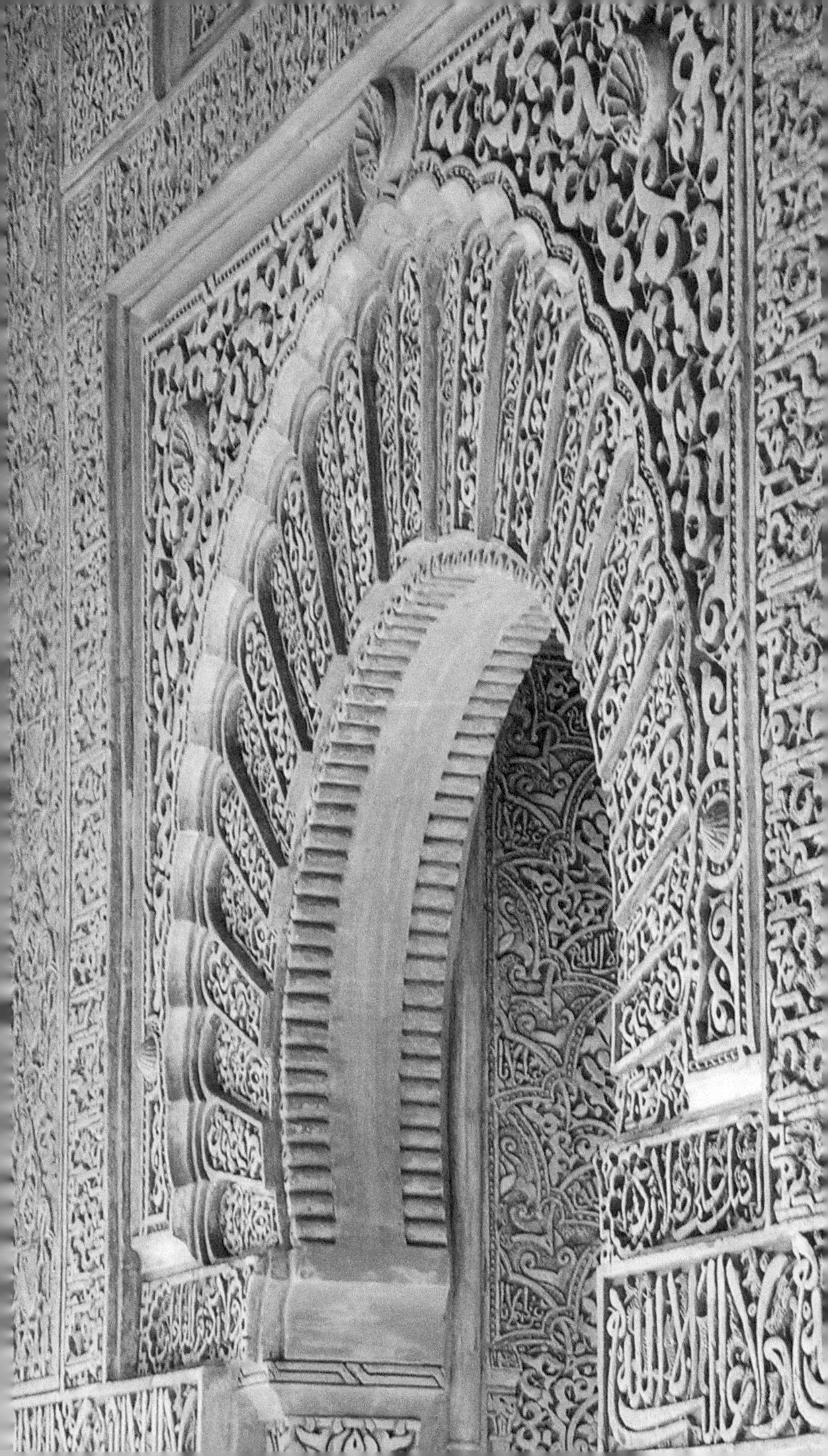

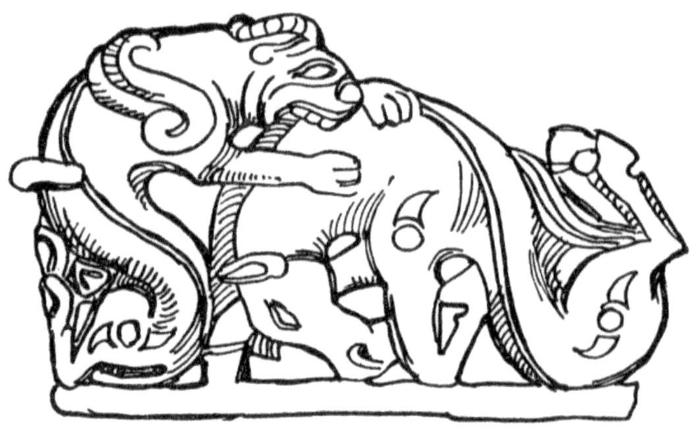

Figur 24: Ein Beispiel skythischer Kunst

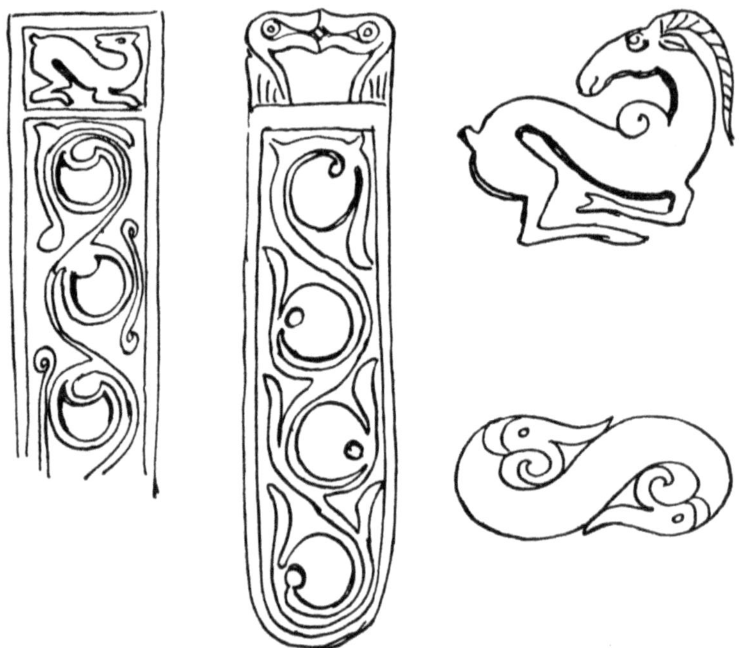

Figur 25: Nomadische Gürtelzungen aus Ungarn; Tierbild von einer skythischen Standarte; Schließe aus der Völkerwanderungszeit

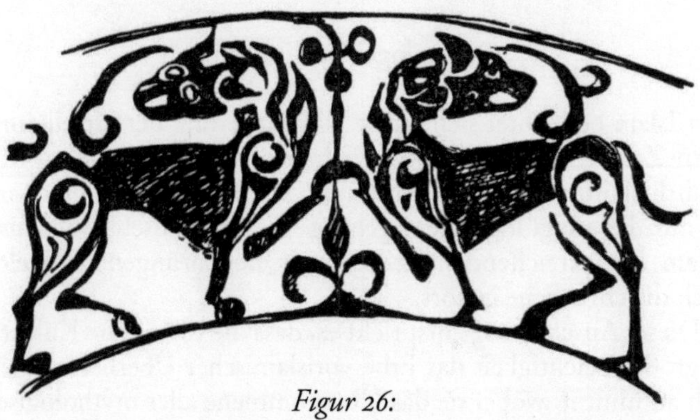

Figur 26:
Zierrat von einem Nomadenkessel aus Daghestan

aber eine neue geistige Bewusstheit, fast könnte man sagen: eine geistige Eleganz.

Die Arabeske ist nicht nur eine vom Islam geduldete Form der bildenden Kunst; sie ist geradezu, wenn man sich so ausdrücken darf, ein Mittel der »Entbildlichung«: In ihr ist jede einzelne, fern an ein Ding erinnernde Form aufgelöst in einem endlosen Gewebe. Dieser Verwandlung dienen die flimmernde Wiederholung der Muster, das ununterbrochene Gleiten der Kurven und die Gleichwertigkeit der erhabenen und der hohlen, spiegelbildlich einander ergänzenden Formen. Wie der Anblick glitzernder Wogen oder im Wind bebender Blätter erweckt solche Kunst ein Sehnen, das sich vom Gegenständlichen löst und doch keinem inneren Bild, keinem »Götzen« nachhängt, sondern in sich selber verharrt, als ein Zustand wachen, schwingenden Seins.

Nach einem Ausspruch des Propheten verbirgt Gott Sich hinter siebzigtausend Vorhängen aus Licht und Finsternis: »Wenn sie weggezogen würden, so verbrennte alles, was Sein Blick erreicht, vom Blitzen Seines Angesichts.« Die Vorhänge sind aus Licht, weil sie die Göttliche »Dunkelheit«, und aus Finsternis, weil sie das Göttliche Licht verhüllen. Die mit rieselnden Arabesken verzierten Wände gewisser Moscheen gleichen diesen aus Licht und Dunkelheit gewobenen Vorhängen des Alls.[117]

117. Zu dieser Verwandlung der Wände einer Moschee in lichte Vorhänge trägt vor allem auch die Kunst der farbigen Glasuren bei. Farbig glasierte Tonfriese oder zum Mosaik zusammengefügte farbige Platten dienen oft in Moscheen als Wandverkleidung. Die Kunst der farbigen Glasuren hat sich im Islam anstelle der

Kosmologische Sinnbilder

Der Islam betrachtet sich selbst als Erneuerung der Urreligion: In allen Zeitaltern der Menschheit haben Propheten die Göttliche Wahrheit ihren Völkern verkündet; die koranische Offenbarung ist nur die endgültige »Besiegelung« dieser unabsehbaren, bis auf Adam zurückreichenden Reihe von Offenbarungen, zu welchen auch die christliche gehört.

Dieser Anschauung entspricht es, dass die islamische Kultur mit so großer Leichtigkeit das Erbe vorislamischer Überlieferungen in sich aufnimmt, wobei sie das Übernommene aller mythologischen Einkleidungen entblößt und im Hinblick auf die Lehre von der Einheit in allgemeinere, man könnte fast sagen »abstraktere« Formen fasst. Die handwerklichen Überlieferungen, die in muslimischen Ländern bis in die Neuzeit hinein fortbestanden haben, berufen sich meistens auf vorislamische Propheten als ihre Gründer, vor allem auf Seth, den dritten Sohn Adams, der die Wiederherstellung des kosmisch-menschlichen Gleichgewichts nach dem Zwist von Kain und Abel, von Sesshaften und Nomaden,[118] verkörpert.

Zugleich werden die Urbilder, die der handwerkliche Brauch überliefert hat, auf die verwandten Gleichnisse des Korans und der Prophetenworte bezogen, ähnlich wie die in das Christentum aufgenommenen Überlieferungen an evangelische Gleichnisse anknüpfen.

In der Erzählung von seiner Himmelfahrt (*miʿrādsch*) spricht der Prophet von einer unermesslich großen Kuppel aus weißer Perlmutter, die auf vier Pfeilern ruht, auf denen die vier Worte der koranischen Formel »Im Namen – Gottes – des Barmherzigen – des Erbarmers« [*bismi – ʾllāh – ar-Raḥmān – ar-Raḥīm*] geschrieben stehen und von welchen vier Flüsse der Glückseligkeit, von

Goldschmiedekunst, die als rein weltliche, unheilige Kunst gilt, auf das Reichste entfaltet. Gold und Silber sind im Islam aus der heiligen Kunst ausgeschieden und auch in fürstlicher Umgebung kaum geduldet; sie werden als Ausdruck weltlicher Eitelkeit betrachtet. Der Islam kennt keine liturgischen Geräte, für welche die Edelmetalle Verwendung fänden, und weder priesterliche noch königliche Abzeichen wie Mitra und Krone.

118. Siehe René Guénon: *Le règne de la quantité et les signes du temps,* Paris 1945, Kapitel «Caïn et Abel».

Wasser, von Milch, von Honig und von Wein ausgehen. Dieses Gleichnis ist das geistige Vorbild des Kuppelbaus. Die weiße Perle ist das Sinnbild des ersterschaffenen Geistes, dessen »Kuppel« das ganze Weltall umfasst. Der Geist (*rūḥ*) ist wesentlich eins mit dem »allumfassenden Thron« (*'arsh al-muhīt*) Gottes. Sinnbild dieses Throns ist der unsichtbare Raum jenseits der Sternenhimmel: Vom irdischen Standpunkt aus, der für den Menschen natürlich gegeben und deshalb auch zutiefst in seinem Wesen begründet sein muss, bewegen sich die Gestirne in mehr oder weniger weiten Sphären um die Erde herum und sind umfasst vom grenzenlosen Raum, der seinerseits vom allheitlichen Geist als dem metaphysischen »Ort« aller Wahrnehmung und Erkenntnis »umfasst« ist.

Wenn so die Kuppel eines heiligen Baus den allheitlichen Geist darstellt, so bedeutet die achteckige Trommel, die von der Kuppel zum würfelförmigen Unterbau überleitet, die acht Engel, die den Thron Gottes stützen und denen ihrerseits die acht Richtungen der »Windrose« entsprechen. Der Würfel selbst ist das Abbild des Kosmos, dessen vier Eckpfeiler (*arkān*) die Elemente als körperliche wie auch als seelische Bestimmungen sind. Die Gesamtform des Baus drückt vor allem das Gleichgewicht aus, das die Göttliche Einheit auf kosmischer Ebene spiegelt. Da jedoch die Einheit auf jeder Stufe des Daseins sich selber bleibt, kann die regelmäßige Form des Baus auch in *divinis* übertragen werden. Der polygonale Teil des Gebäudes entspricht dann den »Antlitzen« oder »Flächen« (*wudschū*) der Göttlichen Eigenschaften (*sīfāt*), während die krönende Kuppel an die unteilbare Einheit der Göttlichen Wesenheit (*dhāt*) erinnert.[119]

Zu einer Moschee gehört in der Regel ein Hof mit einem Brunnen, an dem die Gläubigen, bevor sie in die Gebetshalle treten, Gesicht, Hände und Füße waschen können. Manchmal ist der Brunnen mit einer kleinen Kuppel in Gestalt eines Baldachins überdacht. Der Binnenhof, der um ein Wasserbecken herum gesammelt ist, oder der Garten, in dessen Mitte ein Brunnen vier Wasserrinnen speist, spiegeln dasselbe paradiesische Vorbild: Der Koran spricht von den Gärten der Glückseligkeit, in deren Mitten lebendige Quellen entspringen, eine oder zwei Quellen in jeglichem der von himmlischen Jungfrauen bewohnten Gärten. Zum

119. Siehe TITUS BURCKHARDT: *Sufismus – Einführung in eine Sprache der Mystik,* Kapitel »Von den Anblicken der Einheit».

Wesen des Paradieses (*dschanna*) gehört die Heimlichkeit und Verborgenheit; ihm entspricht die innere, seelische Welt, und dieser gleicht das islamische Haus mit seinem auf allen vier Seiten geschlossenen Innenhof oder Innengarten, in dessen Mitte wenn immer möglich ein Brunnen steht. Das Haus ist das *sacratum* (*ḥarīm*) der Familie, das Reich der Frauen, in dem der Mann nur zu Gast weilt. Die vierfache Gestalt des Hauses entspricht dem islamischen Ehegesetz, nach welchem ein Mann bis zu vier Frauen freien darf, wenn er ihnen gleiche Vorteile gewährt. Der Außenwelt gegenüber ist diese bauliche Anlage ganz geschlossen – die Familie gehört nicht dem gemeinen Leben an –, offen ist sie nur nach oben, nach dem Himmel, der sich im Brunnen spiegelt.

Die geistige Bedeutung der Tracht

Der geistige »Stil« des Islams gibt sich auch in der überlieferten männlichen Tracht kund. Diese erhält umso größere Bedeutung, als keine bildliche Darstellung, kein künstlerisches Ideal die wirkliche Erscheinung des Menschen in ihrer urmenschlichen Würde ersetzt. Die Kunst der Kleidung ist eine kollektive und in gewissem Sinne volkstümliche, mittelbar aber heilige Kunst, da sie wesentlich aus einer Verallgemeinerung der priesterlichen Gewandung hervorgeht, ebenso wie der islamische Gottesdienst das Priestertum verallgemeinert, indem er die Hierarchie aufhebt und dafür jeden einzelnen Gläubigen zum Priester macht: Jeder kann allein die wesentlichen Riten vollziehen; jeder kann, Erfahrung und sittliche Würdigkeit vorausgesetzt, der Vorbeter einer kleineren oder größeren Gemeinde sein.

Dass die priesterliche Gewandung zur heiligen Kunst im strengsten Sinne des Wortes gehört, geht aus dem Beispiel des mosaischen Gesetzes hervor. Ihre Formensprache beruht darauf, dass die menschliche Erscheinung einerseits das unmittelbarste Sinnbild Gottes, andererseits aber, wegen ihrer ichhaften Betonung, auch der dichteste Schleier vor der Göttlichen Gegenwart ist. Die hieratische Kleidung der semitischen Völker verhüllt das »allzu Menschliche« und hebt zugleich die in der Natur des Menschen liegenden, aber durch die Vieldeutigkeit seiner Erscheinung verhüllten übermenschlichen Eigenschaften hervor, indem sie jene ganz anders geartete »unpersönliche« Kundgebung Gottes, die Schönheit und

Unverderblichkeit der Gestirne, dem menschlichen Leib andichtet: Das ist die goldene Brustscheibe des Hohepriesters, die der Sonne gleicht, das sind die Edelsteine, die er nach dem mosaischen Gebot auf verschiedenen Stellen des Leibes, den »Brennpunkten« der geistigen Kraft entsprechend, tragen muss; sie gleichen den Gestirnen. Die Kopfbedeckung gemahnt an die Hörner des Mondes, und die Quasten am Gewand erinnern an den Tau und den Regen der Gnade.[120] Die liturgische Gewandung des Christentums setzt diese hieratische Erscheinung des Priesters fort, bezieht sie aber eindeutig auf Christus als Priester und Opfer zugleich.[121] Neben dem Priestergewand mit seiner sonnenhaften Würde dient das Mönchsgewand lediglich der Verhüllung des ichhaften und Sinnlichen am Menschen,[122] während die Kleidung der Laien, mit Ausnahme des Kleids gesalbter Könige und dem heraldischen Schmuck der Ritterschaft,[123] nur der Notdurft oder der bloßen weltlichen Eitelkeit entsprechen kann. Das Christentum unterscheidet so zwischen dem Priester, der kraft seines unpersönlichen Amtes auch äußerlich an der Herrlichkeit des Heilandes teilhaben darf, und dem Laien, an dem alles Äußerliche nur Eitelkeit ist, es sei denn, dass er im Gewand des Büßers einhergehe. Die moderne Männerkleidung zeigt eine merkwürdige Umkehrung dieser Anblicke: Die Verneinung des Leibes in seiner natürlichen Geschmeidigkeit wird hier zum Ausdruck einer neuen, der Natur und der

120. Ähnliche Sinnbilder kommen bei den nordamerikanischen Indianern vor: der Hörnerschmuck als Zeichen der geistigen Macht, die Fransen als Sinnbild des Regens und der Gnade. Der Kopfschmuck aus Adlerfedern bezieht sich zugleich auf den »Donnervogel« und die Sonne, die beide Abbilder des allheitlichen Geistes sind. Siehe darüber: HEHAKA SAPA: *Les rites secrets des Indiens Sioux,* Paris 1953, Einleitung von Frithjof Schuon.

121. Siehe SIMEON VON THESSALONICH: *De Divino templo.* Die Abzeichen des christlichen Priesters sind zum Teil königlich und sonnenhaft, wie die Mitra, der Krummstab, der Mantel und so weiter; zum Teil erinnern sie an das Opferlamm, wie der wollene Rock, die Stola, das Kreuzeszeichen.

122. Die Nacktheit kann auch einen heiligen Sinn haben, weil sie an den Urzustand erinnert und sinnbildlich die Scheidung von Mensch und Kosmos aufhebt: So ist der indische Einsiedler »mit dem Raum bekleidet«.

123. Die heraldische Bildersprache hat einen doppelten Ursprung: Einerseits geht sie auf die Stammesabzeichen der Wandervölker zurück, andererseits schöpft sie aus der hermetisch-alchimistischen Überlieferung, die ihrerseits ihre Sinnbilder der mesopotamischen Kultur des Altertums entlehnt. Beide Strömungen dürften sich in der Seldschukenzeit im Nahen Osten miteinander vermählt haben. Der gemeinsame Grund ist die Auffassung des Tiers als geistiger Typus.

Schönheit feindlichen Ichbehauptung, zu der sich ein instinktiver Hass gegen jegliche Hierarchie gesellt.[124]

Die islamische Männerkleidung ist eine Synthese der priesterlichen und der mönchischen Gewandung mit gleichzeitiger Betonung der ritterlich-männlichen Würde. Priesterlich ist das Tragen des Turbans, den der Prophet selber »ein Zeichen geistiger Würde« genannt hat,[125] priesterlich auch die Vorliebe für die weiße Farbe, der Gebrauch des weiten, verhüllenden Mantels oder Umschlagtuchs (*haik*). Gewisse Bestandteile der Wüstentracht sind hier aus geistigen Gründen verallgemeinert und »stilisiert«. Mönchisch ist die Schlichtheit der Kleider, auch das Verbot goldenen Schmucks bei den Männern und die Verpönung seidener Gewänder;[126] nur die Frauen dürfen Gold und Seide tragen, doch nicht öffentlich, sondern nur im Haus, das der inneren, seelischen Welt entspricht.

Überall da, wo islamische Bildung zu zerbröckeln beginnt, wird zuerst das Tragen des Turbans und der weiten, den Gebärden des Gebetes angemessenen Gewänder aufgegeben. Die Einführung des Hutes aber, dessen Rand das Berühren des Bodens mit der Stirn verhindert, ist geradezu gegen den islamischen Gottesdienst gerichtet und nicht minder der Gebrauch der wie absichtlich entwürdigenden Schirmmütze. Wenn der Umgang mit Maschinen solche Kleidung mit sich bringt, so ist das, vom Islam aus gesehen, ein Beweis dafür, dass das Maschinenwesen den Menschen dahin führt, seine seinshafte Mitte, in der er »vor Gott steht«, zu verlassen.

Unsere Beschreibung der muslimischen Tracht wäre nicht vollständig, wenn wir nicht auch die »geheiligte Kleidung« (*ihrām*) des Pilgers erwähnten, die während der großen Pilgerfahrt (*ḥaddsch*) innerhalb des heiligen Bezirks um und in Mekka getragen wird. Sie besteht aus zwei nahtlosen Stücken Tuches, die um Lenden und Schultern geschlagen werden; im Übrigen ist der männliche Pilger bis auf die Sandalen nackt, damit er sich seiner Bedürftigkeit vor Gott bewusst sei.

124. In der modernen Männerkleidung, die zum Teil auf die Französische Revolution, zum Teil auf das englische Puritanertum zurückgeht, vereinen sich mehrere geistfeindliche Strebungen zu einem in seiner Art unüberbietbaren Ausdruck des Individualismus und des Materialismus. Einerseits betont das Kleid die Körperformen nicht nur, es »verbessert« sie sogar; andererseits verneint es all das, was am menschlichen Körper der Schönheit der Natur oder Gottes entspricht. Das ist die Religion des »Alltags«.

125. Der Turban wird »die Krone des Islams« genannt.

126. Es handelt sich nicht um ein Verbot, sondern nur um einen »Tadel«.

Heilige Schreibkunst

Die vornehmste bildende Kunst im Islam ist die Schreibkunst. Heilig im eigentlichsten Sinne des Wortes ist die Schrift des Korans; ihre Rolle gleicht gewissermaßen der Rolle der Ikone in der christlichen Kunst, denn sie stellt den sichtbaren Leib des Göttlichen Wortes dar.[127]

Die Buchstaben heiliger Inschriften sind oft mit Arabesken verbunden, vor allem mit der stilisierten Ranke, die in gewissen Fällen an das asiatische Sinnbild des Weltenbaums, dessen Blätter heilige Worte sind, erinnert. Die arabischen Buchstaben eignen sich zu den mannigfachsten ornamentalen Entfaltungen; die Schrift umfasst die verschiedensten Stile, vom lapidaren, steil und rechtwinklig geschriebenen *kufī* bis zum geschmeidig dahingleitenden *neskhī.* Der Reichtum der Schrift kommt daher, dass ihre beiden »Dimensionen«, nämlich die senkrechte, welche dem einzelnen Buchstaben seine hieratische Würde verleiht, und die waagrechte, welche die Zeichen in fortlaufendem Fluss miteinander verbindet, auf das Stärkste entwickelt sind, ohne dass darüber die Zeichen ihre Eigenformen verlören: Wie bei einem Gewebe, dessen senkrecht am Webstuhl festgemachter Zettel vom waagrecht dahinschießenden Einschlag zum Ganzen verbunden wird, entspricht die Steilheit den unveränderlichen, zeitlosen Gehalten, während die Waagrechte dem Werden gleicht. Dieser Sinn ist in der arabischen Schrift besonders klar ausgesprochen, wenn ihre steilen Balken in unverschmolzenem Takt das Wellenspiel der fließenden Verbindungen messen.

Arabisch wird von rechts nach links geschrieben; das heißt, die Schrift läuft von dem Feld der Tat zurück nach dem Herzen. Unter allen phonetischen Schriften des semitischen Stamms bildet die arabische den stärksten Gegensatz zur jüdischen; diese ist statisch wie der Stein des Gesetzes und insgeheim vom Feuer der Göttlichen Gegenwart erfüllt, während die arabische Schrift die Einheit rhythmisch kundgibt: Je weiter ihr Schwingmaß ist, desto deutlicher wird die Einheit.

127. Der Streit der islamischen Theologenschulen um die Frage, ob der Koran in seinem Wortlaut erschaffen oder unerschaffen sei, erinnert fast buchstäblich an die Auseinandersetzung der christlichen Theologen über das Verhältnis der beiden Naturen Christi zueinander.

Die Inschriften, die als Fries an den Wänden einer Gebetshalle dahinlaufen oder die *miḥrāb* einrahmen, gemahnen sowohl durch ihren Sinn als auch durch ihren Rhythmus an den machtvollen Strom der koranischen Rede.

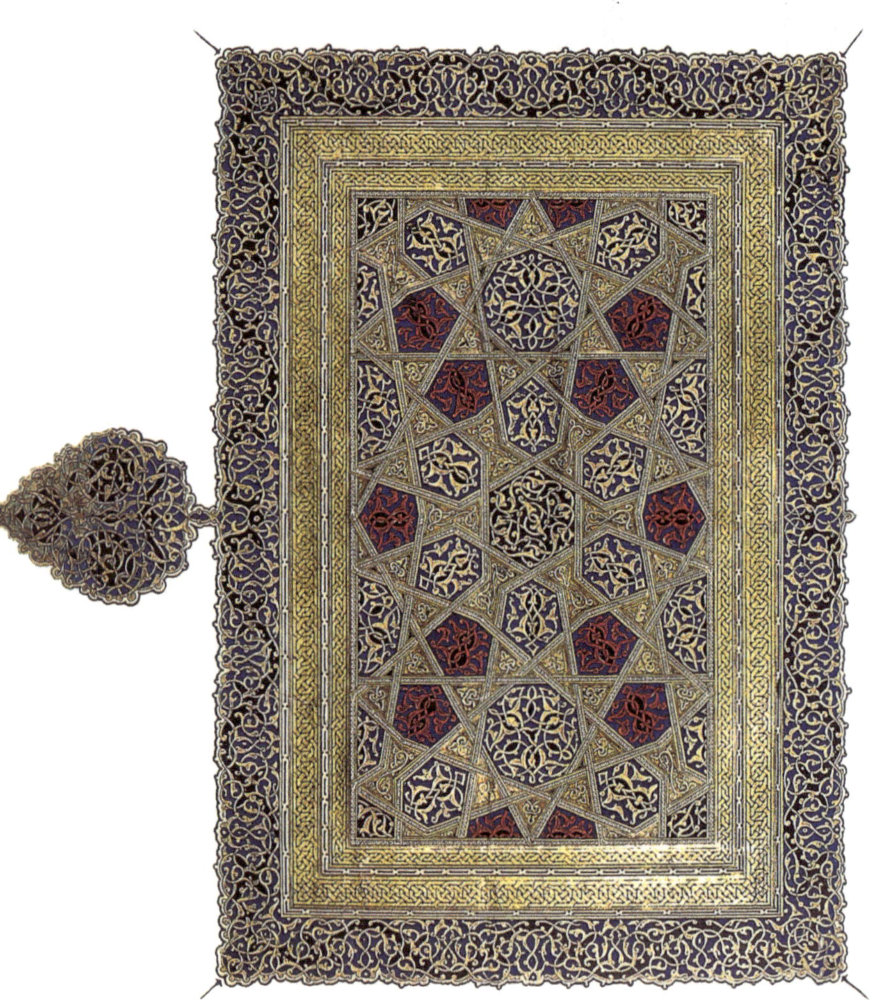

Vorderer Buchdeckel einer vom Kalligrafen Aḥmad Ibn al-Suhrawardī al-Bakrī und vom Buchmaler Muḥammad Ibn Aibak um 1304 in Bagdad gestalteten Koranausgabe

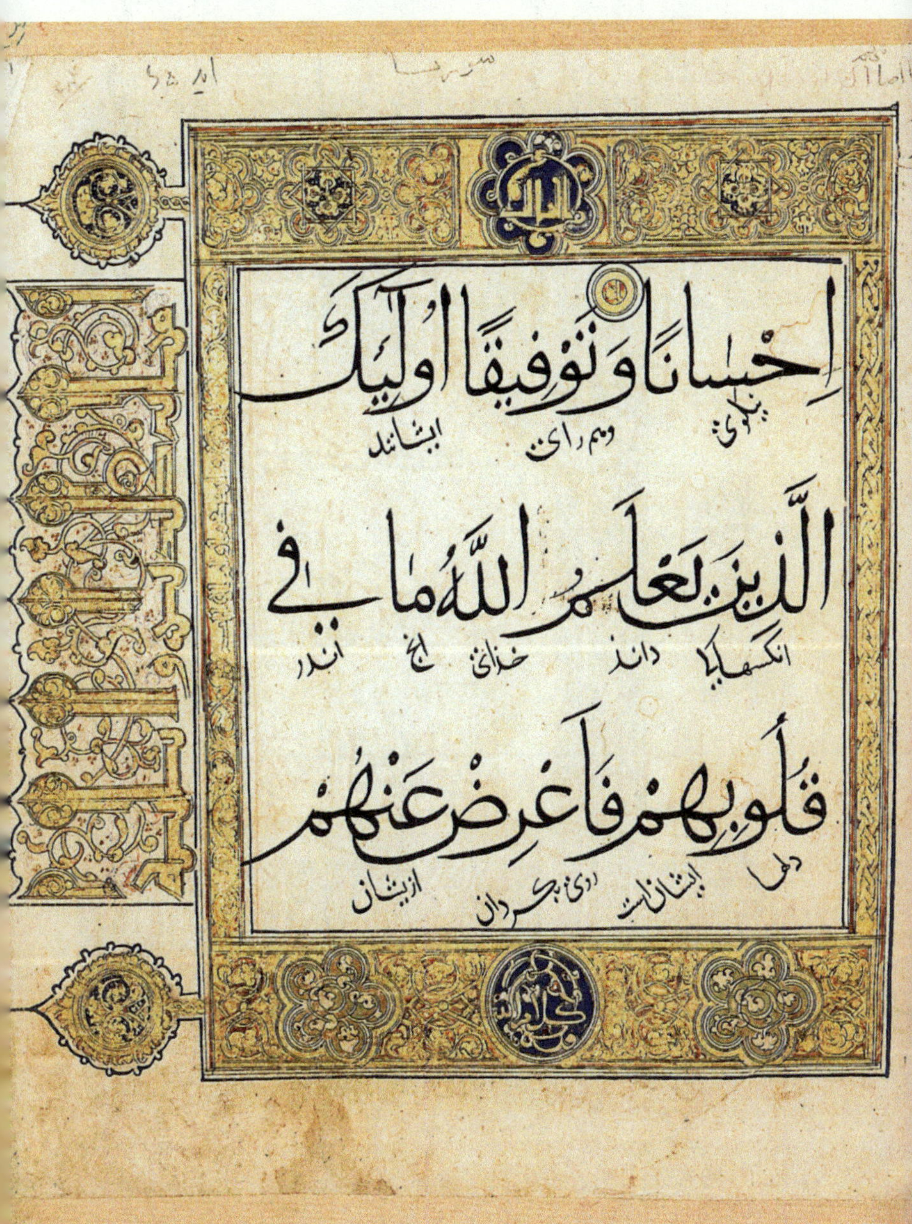

Blatt aus einem Koran der Seldschuken-Zeit, Persien

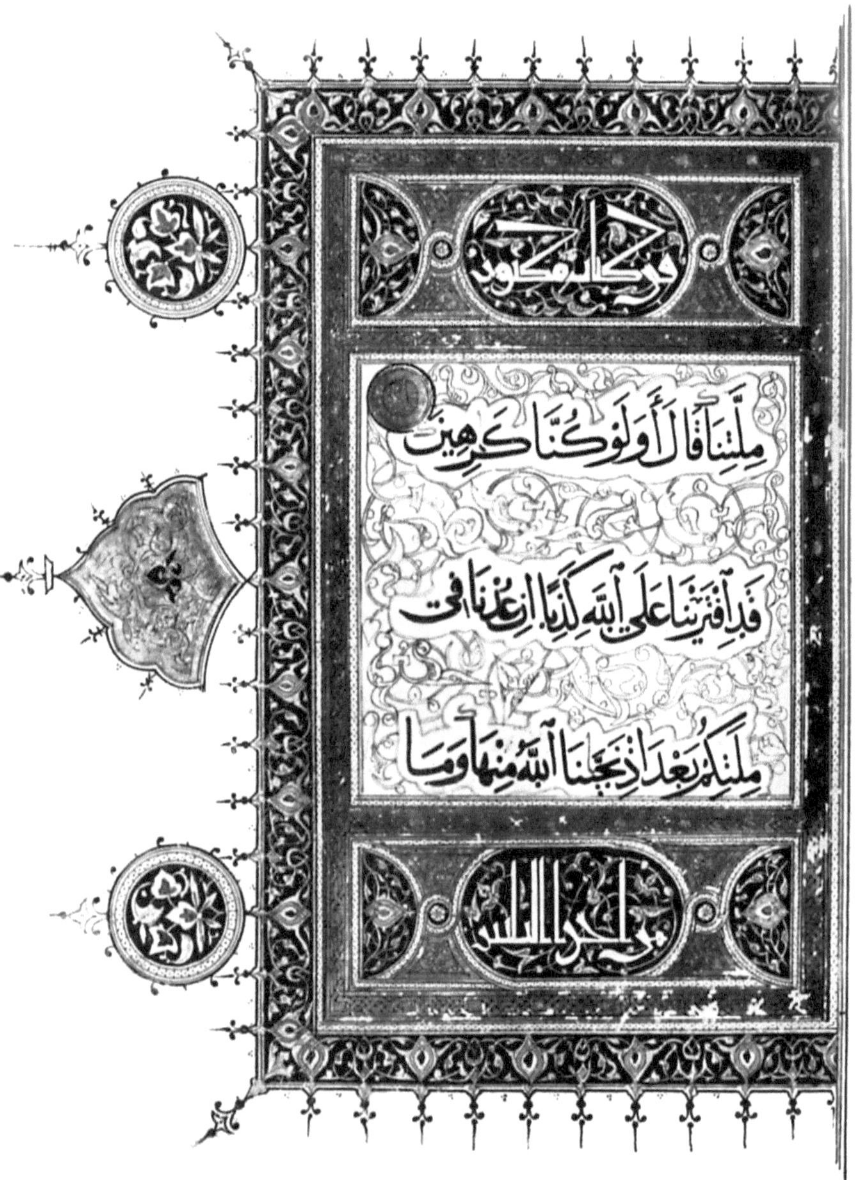

Seite eines ägyptischen Korans aus dem vierzehnten Jahrhundert. British Museum, Ms. OR 848

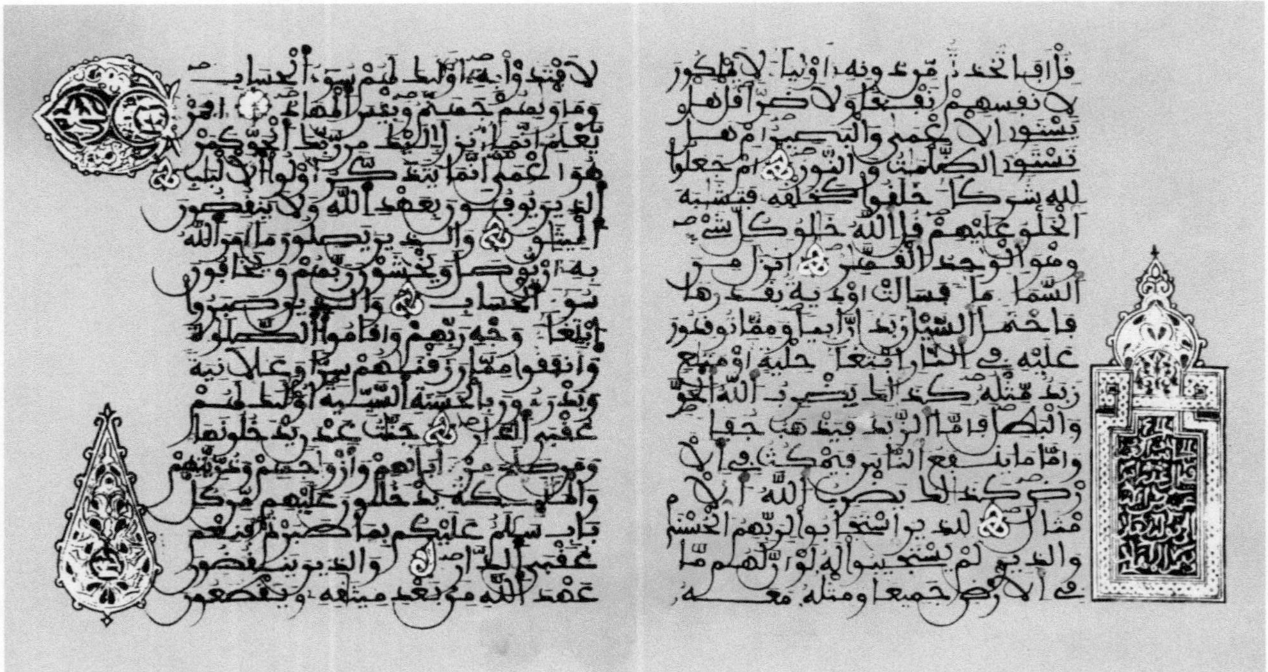

Doppelseite aus einem maghrebinischen Koran des dreizehnten Jahrhunderts. British Museum, Ms. OR 1405

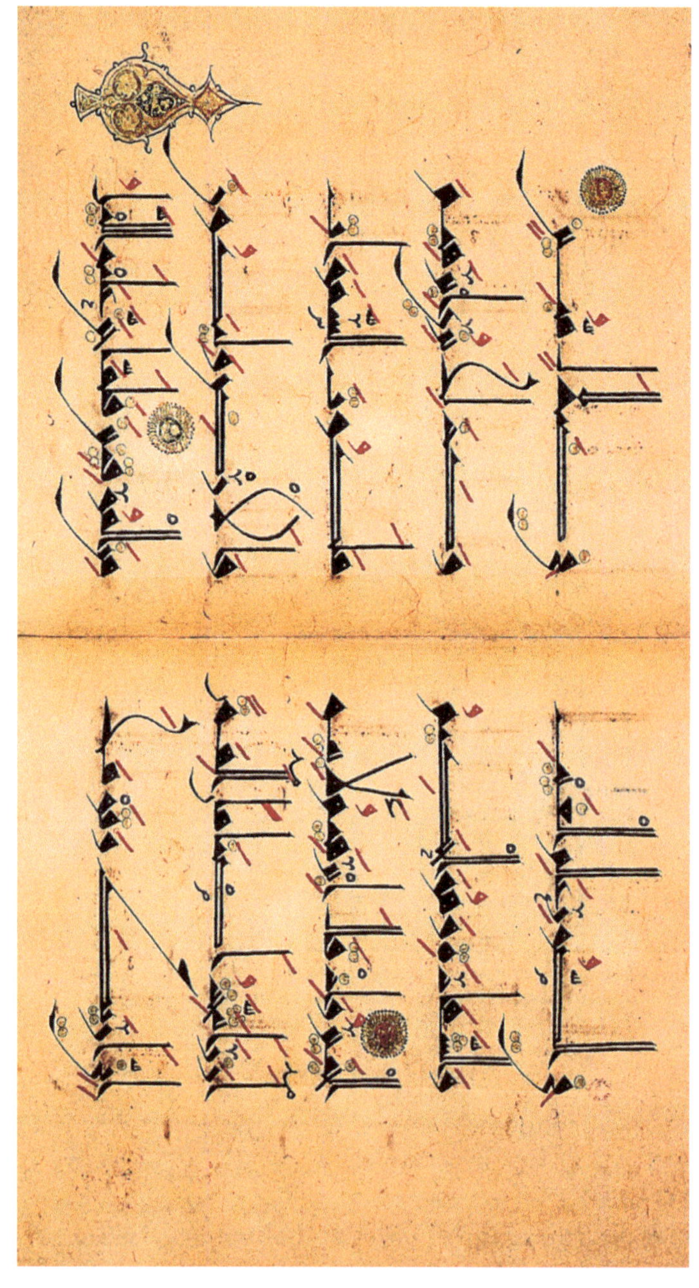

Doppelseite aus einem Maghribi-Koran in östlicher Kufi-Schrift, Irak / Persien

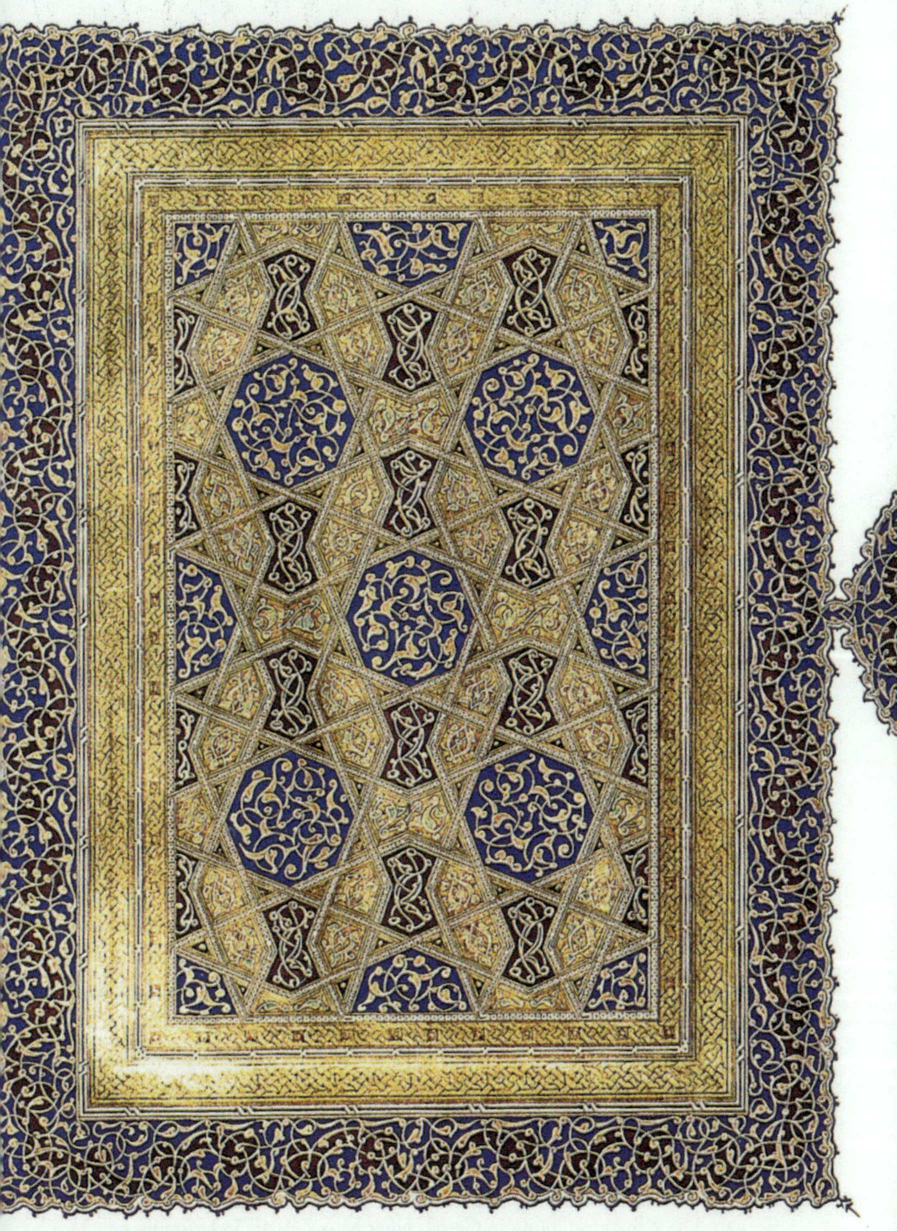

Hinterer Buchdeckel der Bagdader Koranausgabe von Seite 152

Die *miḥrāb*

Die *miḥrāb* ist die Gebetsnische, die in einer Moschee die Richtung nach Mekka angibt und beim gemeinsamen Gebet den vor den Reihen stehenden *imām* oder Vorbeter aufnimmt. Sie hat vor allem einen akustischen Zweck: Die Worte, die der Vorbeter aufsagt, sollen rückwärts, nach der Gemeinde hin widerhallen. Zugleich aber stellt sie ihrer allgemeinen Form nach eine Entsprechung zum Chor oder zur Apsis, zum »Allerheiligsten«, dar. Die förmliche Ähnlichkeit wird auf sinnbildlicher Ebene dadurch bestätigt, dass in der Regel eine Lampe vor der Gebetnische hängt.[128] Diese Lampe erinnert an die »Nische der Lichter«, von der im »Lichtvers« des Korans die Rede ist:

> Gott ist das Licht der Himmel und der Erde. Sein Licht ist gleich einer Nische, die eine Lampe birgt. Die Lampe ist in einem Glas, das wie ein glänzender Stern leuchtet. [Die Lampe brennt mit dem Öl eines gesegneten Olivenbaums, eines, der weder östlich noch westlich steht. Sein Öl leuchtet fast schon, ohne vom Feuer berührt zu werden. Licht über Licht! Gott leitet zu Seinem Licht, wen Er will. Gott prägt den Leuten Gleichnisse. Gott hat zu allem Macht] (24. Sure des Lichts, Vers 35).[129]

Hier, in diesem Punkt, begegnen sich die sinnbildlich gemeinten Formen der Moschee, der Kirche, des jüdischen und vielleicht auch des persischen Tempels.

Aber die *miḥrāb* ist vor allem deshalb ein Sinnbild der Göttlichen Gegenwart, weil sie die beim Gebet ausgesprochenen Gottesworte weitergibt;[130] im Vergleich dazu ist die »liturgische« Rolle

Gebetsnische (miḥrāb) in der Mezquita von Córdoba, Spanien

128. Die Nische mit der Lampe ist oft auf den kleinasiatischen Gebetsteppichen dargestellt.

129. Übersetzung erster Teil: Titus Burckhardt. Übersetzung zweiter Teil: Tilman Nagel: *Der Koran,* München: C.H. Beck, 1983 [A.d.H.].

130. Die Nischenwölbung in Gestalt einer Muschel, die in fatimidischen Moscheen zu finden ist, erinnert an das Sinnbild der Seelenmuschel, welche die Perle des Göttlichen Geistes wie die Ohrmuschel die Perle des Göttlichen Wortes in sich aufnimmt.

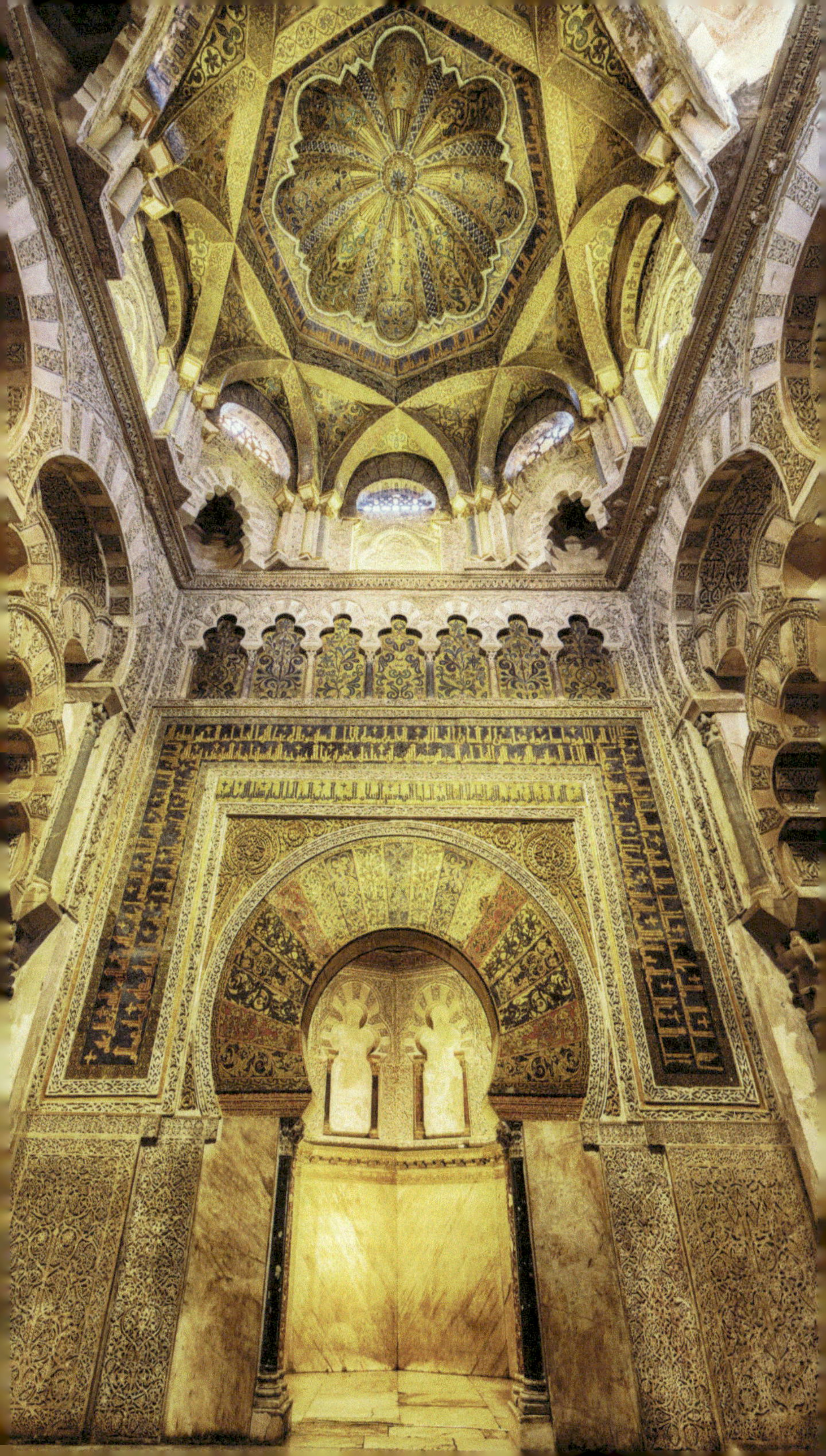

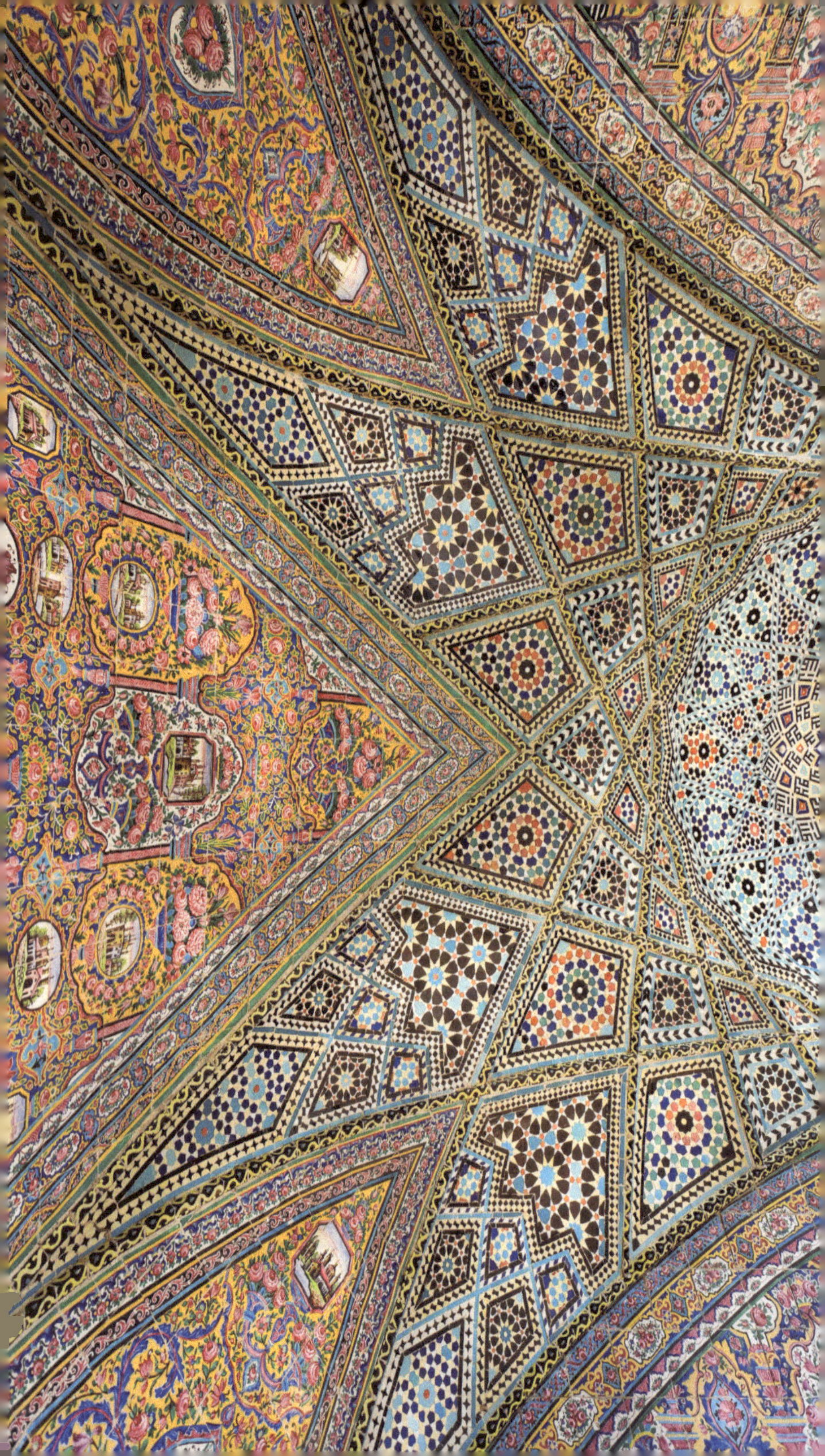

der Lampe beiläufig. Das Wunder, von dem der Islam lebt, ist das im Koran unmittelbar offenbarte Gotteswort, welches im Ritus zum seinshaften Erlebnis wird. Dies aber zeigt genau die Tragweite der islamischen Bilderfeindschaft an: Das Göttliche Wort soll sprachlicher Ausdruck und als solcher unmittelbar und unstofflich bleiben, nach dem Vorbild der Schöpfertat. Nur so wird es seine belebende Kraft bewahren und jener Abnutzung entgehen, der alles greifbar Stoffliche unterworfen ist und die sogar auf den Stoff der menschlichen Einbildungskraft überzugreifen scheint dadurch, dass alles einmal zum Bild Gewordene jedes weitere Gestalten mitbestimmt. Weil es in der Zeit, nicht aber im Raum kundgegeben ist, entzieht sich das Wort leichter dieser tötenden Wirkung der Zeit als die körperlichen Formen: Das wissen die Wandervölker, die nicht von Bildern, sondern vom Wort leben. Der Islam überträgt diese Enthaltsamkeit im Ausdruck, dieses Misstrauen gegenüber allem körperlich und bildlich Festgelegten, das den Wandervölkern und vor allem den semitischen Wandervölkern natürlich eigen ist, auf die geistige Ebene.[131] Dafür verleiht er der gebauten Umgebung des Menschen jenen Anblick von Klarheit und geistiger Durchsichtigkeit, der daran erinnert, dass jegliches Ding ein Ausdruck Göttlicher Wahrheit ist.

❧

Gekachelte Mosaiken in der Nasir-ol-Molk-Moschee in Schiras, Iran, erbaut 1876–1888

131. Die islamische Bilderfeindschaft hat noch einen anderen Anblick: Da der Mensch »nach dem Bild Gottes« erschaffen ist, erachtet man es als eine Lästerung, seine Gestalt nachzuahmen. Aber diese Anschauung ist eher eine Folge als eine Ursache des Bilderverbots.

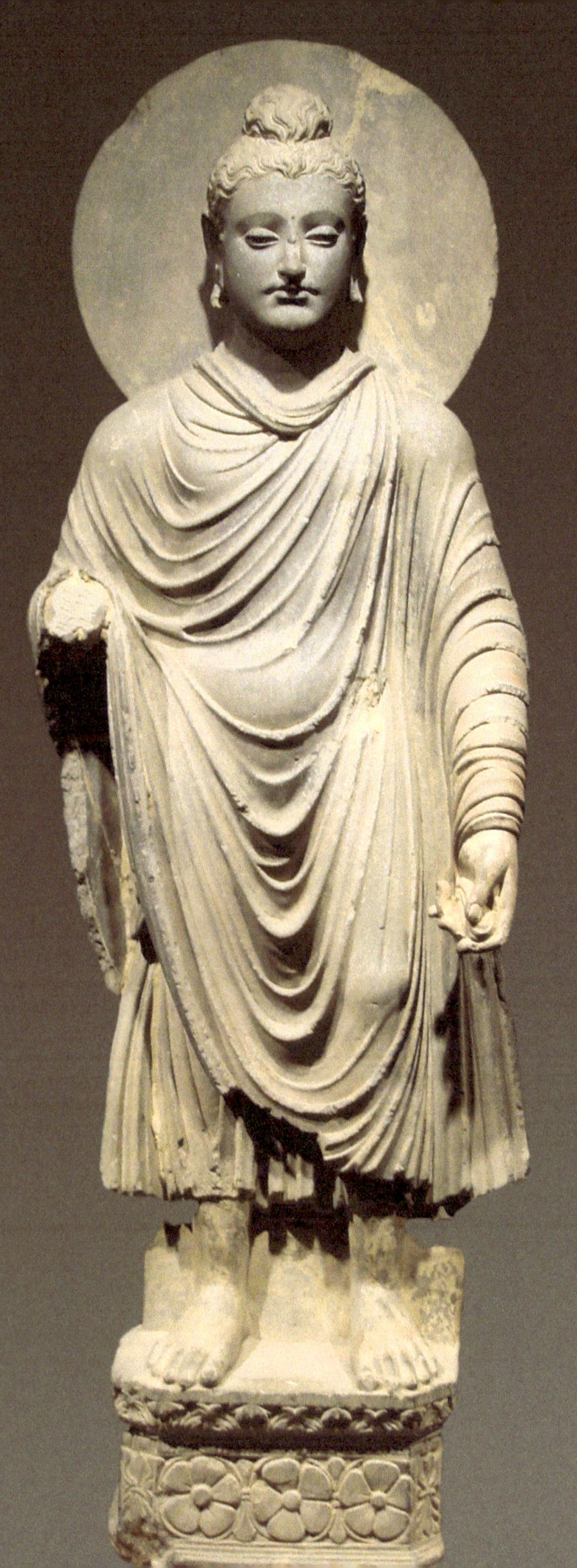

Das Bild des Buddha

DIE BUDDHISTISCHE KUNST GEHT AUS DER INDISCHEN HERvor kraft einer Art von »alchimistischer« Verwandlung, durch die alles, was in der altindischen Kunst tief im Erdreich des Mythos verwurzelt war, sich gleichsam verflüssigt und, von seinem kosmischen Hintergrund gelöst, zu rein »subjektiv« verstandenen Bildern geistiger Zustände wird, während umgekehrt gerade jenes künstlerische Element, das sich scheinbar jeder Festlegung entzieht, nämlich die Verklärung der Form durch den Widerschein der inneren Meeresstille, im Bild des Buddha zur Formel gerinnt, um die fortan alle anderen Gestalten kreisen.

Es widerspricht dieser Verwandlung nicht, es gehört im Gegenteil zu ihrem tieferen Sinn, wenn die buddhistische Kunst in der Darstellung des Erleuchteten auf das uralte indische Vorbild des auf dem Lotos thronenden Gottmenschen zurückgreift: Der im vedischen Altar eingemauerte »goldene Mensch« (*hiranyapurusha*) ruht dort auf einer goldenen Scheibe, die ihrerseits auf einem Lotos liegt. Dieser goldene Mensch ist ein Abbild von *purusha,* der Göttlichen Wesenheit, die auch das ewige »Urbild« des Menschen ist und die sich auf jeder Stufe des Daseins entsprechend dem Gesetz dieser Stufe kundgibt, ohne in sich selber irgendwelche Veränderung zu erfahren. Im Opferritus offenbart sich *purusha* als Agni, der Göttersohn, durch den sich Prajapati, das All, in seiner ursprünglichen Ganzheit geistig verwirklicht. Deshalb ist er auch der geheime geistige »Keim«, aus dem heraus sich die allheitliche Natur des Menschen entfaltet, und als solcher ist er im Altar verborgen und thront auf dem Lotos des Herzens.

Die buddhistische Kunst knüpft an dieses Gleichnis des goldenen *purusha* an, obwohl die buddhistische Lehre scheinbar das genaue Gegenteil von dem aussagt, was die hinduistische kundgibt. Denn während die letztere von der Bejahung einer unendlichen Wesenheit ausgeht, auf die sich alle Anblicke der Wirklichkeit zurückführen lassen – aus *purusha,* sagt der Veda, sind alle

Eine der ältesten erhaltenen Buddha-Darstellungen aus dem ersten bis zweiten Jahrhundert, Gandhara, Pakistan

Wesen gemacht –, schweigt die buddhistische Lehre über alles Göttliche und Ewige. Anstatt von der Betrachtung eines höchsten Ursprungs wie von der Spitze einer Pyramide her alle Dinge abzuleiten, geht sie von lauter Verneinungen aus, als öffne sie vom Menschen her eine mit der Spitze nach unten gerichtete und nach oben sich unabsehbar erweiternde Pyramide. Dennoch ist der Urgehalt beider Lehren derselbe, und ihr Unterschied besteht nur darin, dass der Hinduismus die ewigen Wirklichkeiten »objektiv« betrachtet im Hinblick darauf, dass sie sich auch außerhalb von ihrer mystischen Verwirklichung in gewisser Weise im menschlichen Geist spiegeln, während der Buddhismus das Wesenhafte nur »subjektiv«, das heißt durch die geistige Verwirklichung und nur durch dieselbe hindurch erfasst. Die Notwendigkeit einer solchen Einstellung ist darin begründet, dass sich die gedankliche Spiegelung des Göttlichen zwischen das Bewusstsein und den von allen Formen freien Zustand, den es zu verwirklichen gilt, hindernd einschieben kann, denn nicht nur bringt jede Spiegelung eine Umkehrung des Bildes gegenüber seinem Urbild mit sich, wie das aus unserem Gleichnis der Pyramide des Seins, die an ihrem Ursprung am engsten erscheint, hervorgeht; noch täuschender ist es, dass sich der Gedanke über Gott scheinbar außerhalb Seines Gegenstandes stellt, während es doch im Wesen der Göttlichen Wirklichkeit liegt, nichts außerhalb Ihrer selbst zu lassen. Aus diesem Grund sagt der Buddha, dass er nichts über den Ursprung der Welt oder der Seele lehre, sondern dass er nur auf das Leiden und die Befreiung vom Leiden hinweise.[132]

Für die bildende Kunst bleibt da zunächst nicht mehr zu fassen übrig als die menschliche Erscheinung Gautamas selber,[133] in jener Haltung, welche seine Entsagung von der Welt und das Versiegen aller Leidenschaften ausdrückt: Aller königlichen Abzeichen entblößt, in der Linken die Almosenschale, das Sinnbild seiner Hin-

132. Jeder Form von Überlieferung ist ein gewisser »Haushalt« von geistigen Mitteln eigen. Nicht im Hinblick auf die Göttliche Wahrheit, sondern mit Rücksicht auf die menschliche Natur bedingt die Verwendung bestimmter geistiger Mittel die Vermeidung gewisser anderer und umgekehrt. »Notwendig«, das heißt der menschlichen Not steuernd, ist jede Überlieferungsform eben deshalb, weil sie mit ihrem Haushalt von Mitteln genügt, um den Menschen zu Gott oder aus der Welt hinauszuführen.

133. Neben *Buddha* (»der Erwachte«) wurden Siddhartha Gautama auch andere Ehrenbezeichnungen wie *Thatagata* (»der Vollendete«) oder *Shakyamuni* (»der Weise [vom Königsgeschlecht] der Shakya« verliehen [A.d.H].

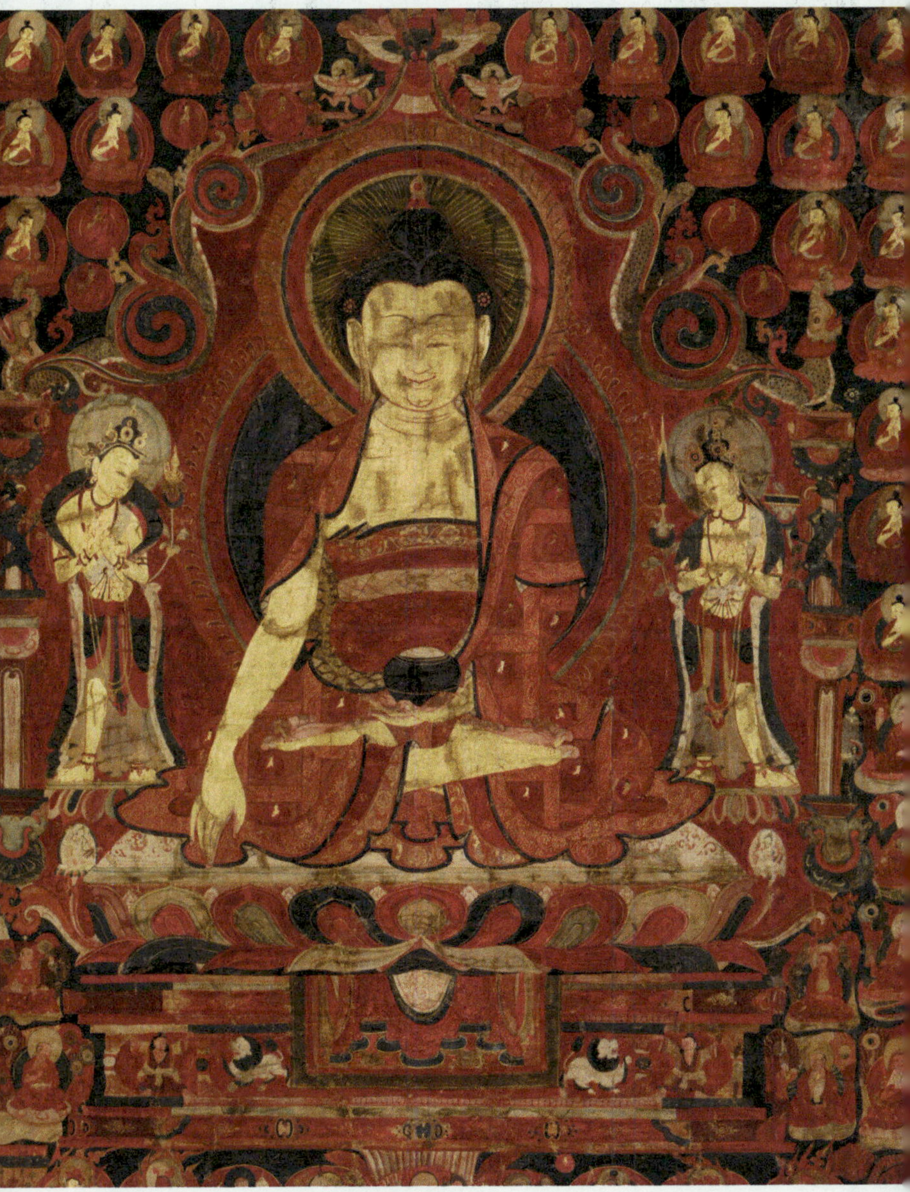

Thangka (Rollbild) des Buddha Shakyamuni, westliches Tibet, Mitte des siebzehnten Jahrhundert. Metropolitan Museum of Art, New York

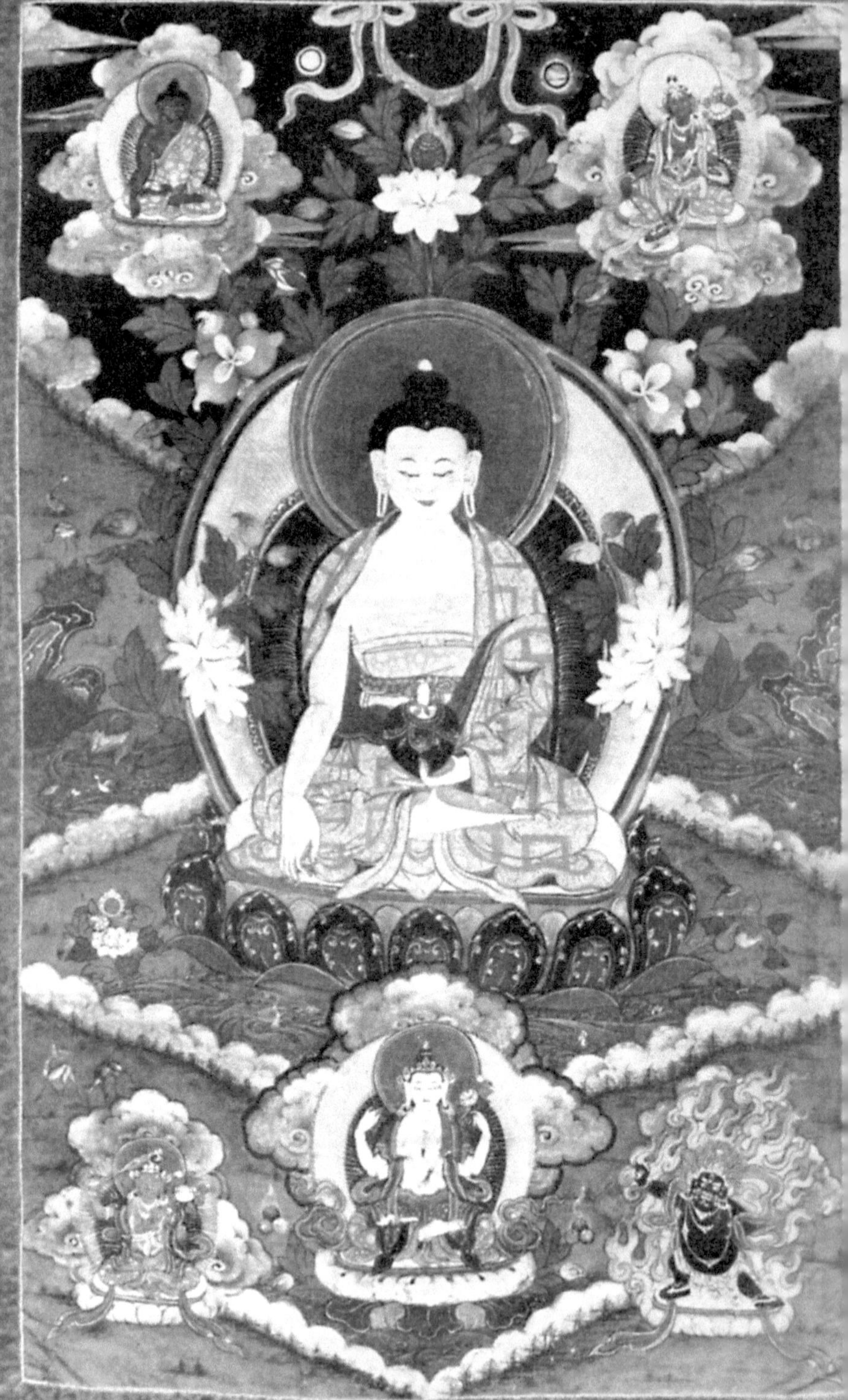

gabe an das Nicht-Ich, tragend, mit der Rechten die Erde zum Zeichen seiner Sendung berührend, so erscheint er in der grundlegenden Darstellung.[134] Allein, in diesem Bild des in sich gekehrten, der inneren Sonne zugewandten Asketen werden uralte indische Vorbilder wach. Das Bildnis des Buddha, das den Zustand der Bildlosigkeit ausdrückt, hat es vermocht, die ganze geistige Wonne, die in der altindischen Bildkunst liegt, in sich aufzusaugen. Der Typus des menschenförmigen, selig in seiner Allmacht ruhenden Gottes ist in das Bildnis des der Welt entsagenden Shakyamuni übergegangen; dieses ist ganz gesättigt von der Leuchtkraft der alten Lichtgötter, ebenso wie der lebendige Buddha selbst durch das Wunder seiner Erleuchtung, das seiner gänzlichen, äußeren und inneren Entblößung gefolgt ist, die Fülle des Daseins ungeteilt in sich gesammelt hat.

Unter den ersten Schritten des Erleuchteten, als er von seinem Sitz unter dem Bodhi-Baum aufstand, blühten wunderbare Lotosblumen auf, und wie er sich der Reihe nach den vier Himmelsgegenden, dem Zenith und dem Nadir zuwandte[135] und sein seliges Lächeln erstrahlte, da nahten von allen Seiten die himmlischen Wesen, ihm zu huldigen. Dieser heilige Bericht vom Sieg des Buddha zeigt schon an, wie sich die buddhistische Kunst die Bilderwelt der hinduistischen untertan machen wird: Die Gestalten der Göt-

Tibetisches Thangka. In der Mitte Shakyamuni im Augenblick der Erleuchtung; in der Linken hält er die mit Reis gefüllte Almosenschale, mit der Rechten berührt er die Erde. Vom Beschauer aus oben links Akshobhya (»der Unwandelbare«); oben rechts Tara; unten links Manjushri mit dem Schwert, welches das Unwissen durchschneidet, und dem Buch der Weisheit; in der Mitte unten Avalokiteshvara, der Buddha des Erbarmens mit dem Rosenkranz; unten rechts Vajrapani, die Verkörperung der Gewalt des Buddha mit dem vajra, *dem Blitz, in der Hand*

134. Die verschiedenen Darstellungen des Buddha unterscheiden sich vor allem durch die Abwandlung der Gebärden (*mudra*) der Hände. Die Sinnbildlichkeit der *mudra* hat der Buddhismus ebenfalls dem Hinduismus entnommen. Sie beruht wesentlich darauf, dass die beiden Hände, die tätige Rechte und die duldige Linke, den beiden allheitlichen Polen des Daseins, dem Tätigen und dem Empfangenden, entsprechen; das sind *purusha* und *prakriti,* Himmel und Erde, Geist und Seele.

135. Siehe Paul Mus: *Barabudur,* Hanoi 1935, Kapitel «Les sept pas».

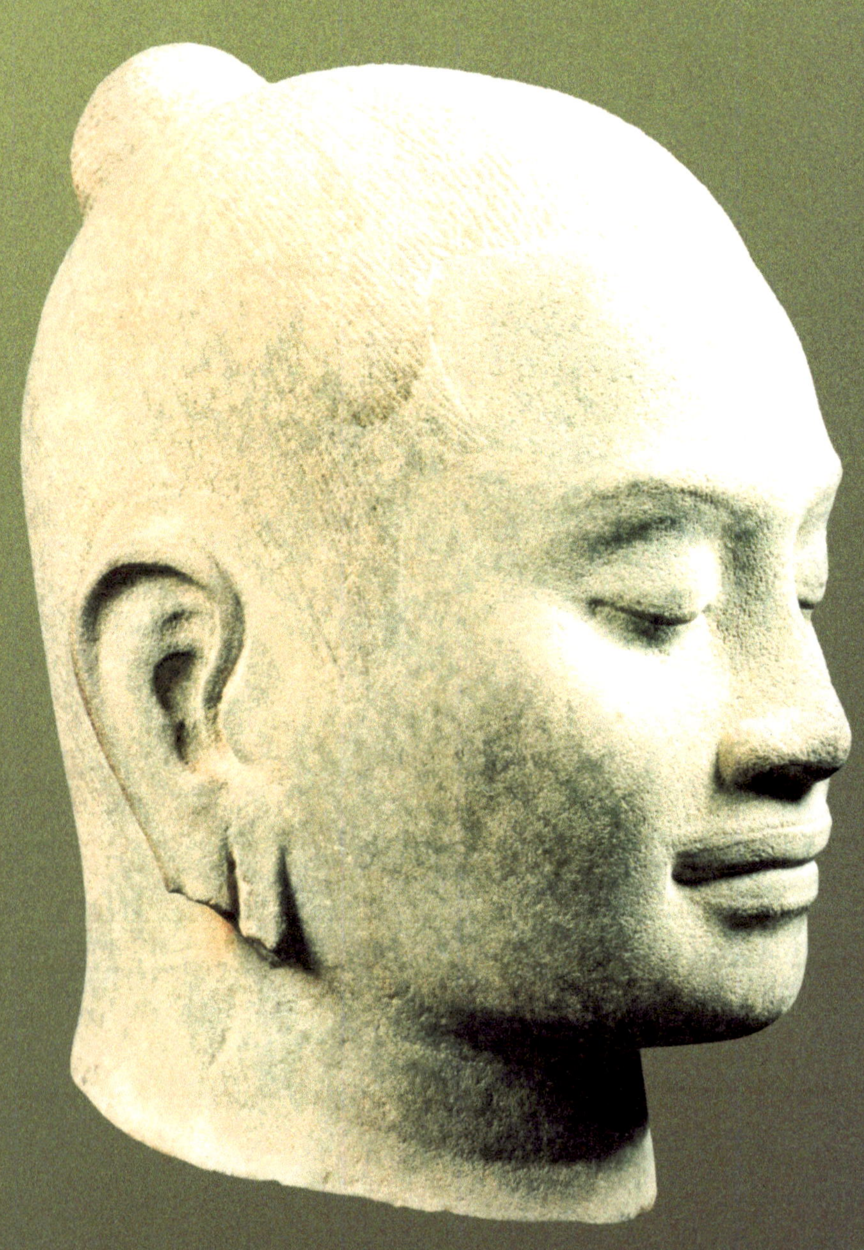

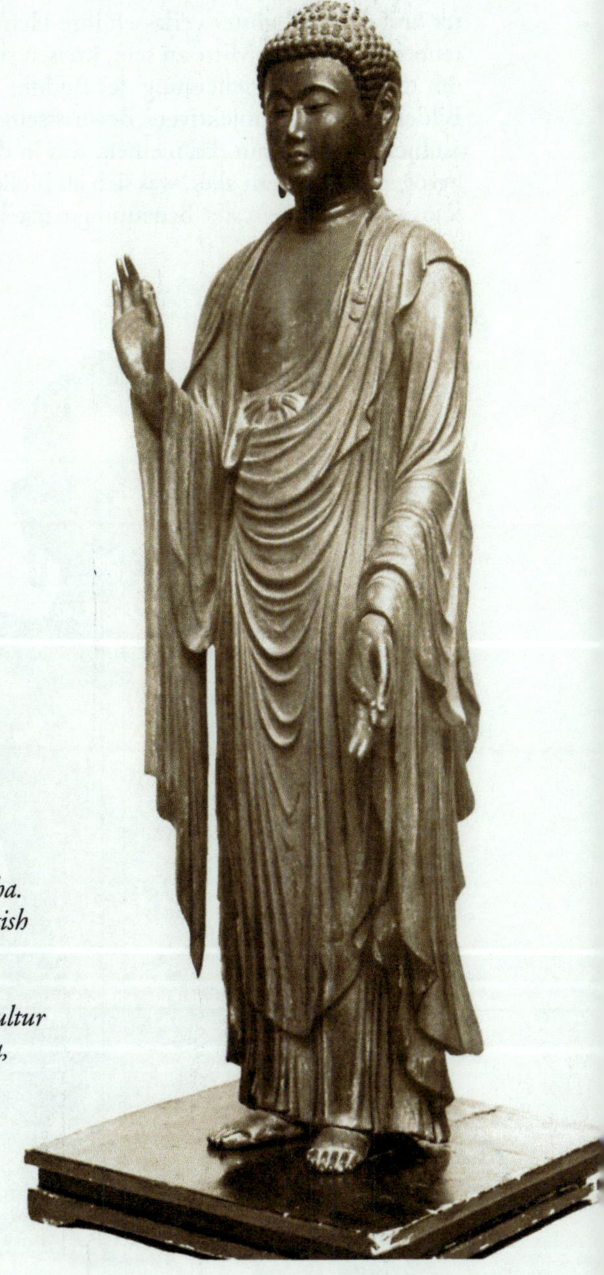

Stehender Amida-Buddha. Japanisch, um 1250. British Museum

Buddha-Kopf aus der Kultur der Khmer, Kambodscha, zwölftes Jahrhundert ter und der Halbgötter verlassen ihre Herrschersitze auf dem Weltenberg, und, statt Mitte zu sein, kreisen sie als dienende Satelliten um die ruhende Erscheinung des Buddha. Sie verwandeln sich zu Bildern bloßer »subjektiver« Bewusstseinsinhalte, wobei wir mit »subjektiv« nicht nur das meinen, was in das ichhafte Erleben einbezogen ist, sondern alles, was sich als bloßer Zustand des Bewusstseins in dessen weitester Bedeutung darstellt.

Shakyamuni-Buddha,
Nepal. Patan Museum

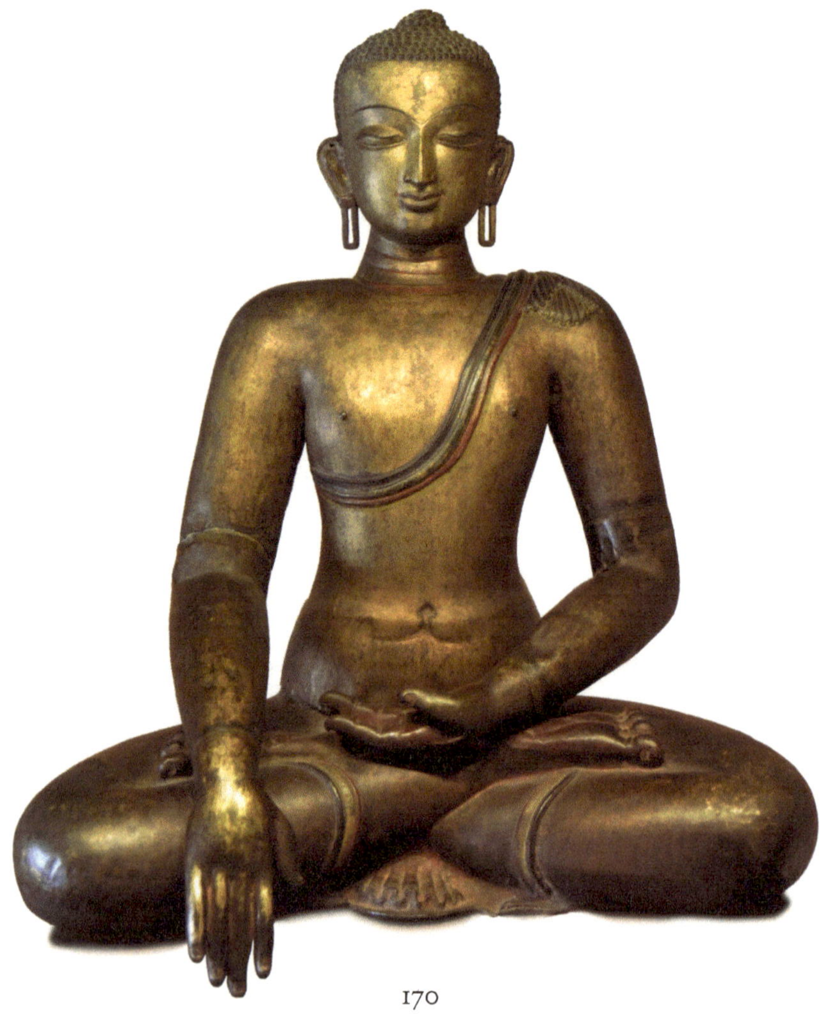

Andererseits wird das Bild des Buddha zu einem Typus, dessen vielfache Wiederholungen nach und nach das ganze objektive Weltall besetzen, denn Shakyamuni ist nur einer der vielen Erleuchteten, die, am Ufer des Nirvana angelangt, sich zur Welt zu-

Figur 27: Maßverhältnisse des wahren Buddha-Bildes, nach einem tibetischen Maler. Aus Marco Pallis: Peaks and Lamas, *London 1939*

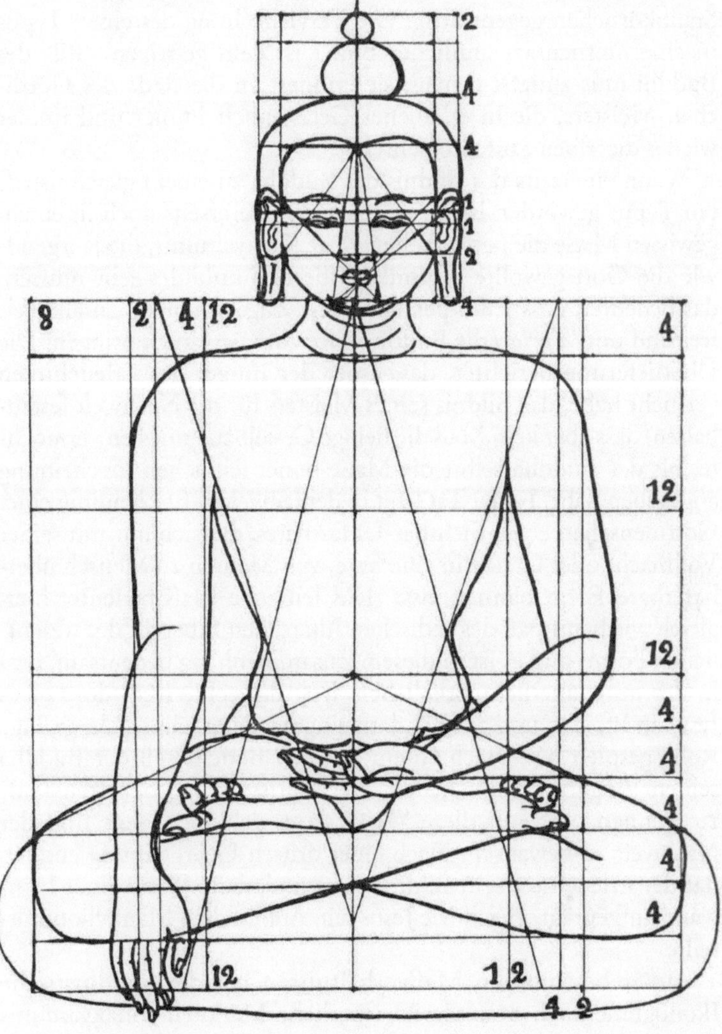

rückwenden, um aus Göttlicher Barmherzigkeit all die anderen, noch im Kreislauf von Tod und Wiedergeburt gefangenen Wesen auf den Weg zur Befreiung zu führen; in jedem Zeitalter erscheint ein neuer Buddha, den seinerseits eine Schar von Boddhisattvas begleitet. Nach einer sinnbildlichen Vorstellung, die sich in gewissen Zweigen des Mahayana-Buddhismus entwickelt hat, ist die Allbarmherzigkeit in Gestalt unzähliger auf Lotoskelchen thronender Buddhas in den geringsten Teilen des Kosmos, ja in jedem Staubkörnchen gegenwärtig. Die Vervielfachung des einen Typus in eine Sternensaat ähnlicher Bilder ist dem geistigen »Stil« des Buddhismus zutiefst gemäß; sie erinnert an die Rede des Göttlichen Meisters, die in erhabener Gelassenheit immer und immer wieder dieselben Stufen beschreitet.

Wenn einerseits das Bildnis des Buddha zu einem gleichnishaften Typus geworden ist, so bewahrt es andererseits doch in einem gewissen Maße die persönlichen Züge Shakyamunis, die ja irgendwie die Gott-gewollte Grundlage dieses Sinnbildes sein müssen; das bedeutet, dass jene »persönlichen« Züge von aller Zufälligkeit frei sind und *a priori* die Buddha-Idee zum Ausdruck bringen. Die Überlieferung berichtet, dass einer der Jünger des Erleuchteten versucht habe, das Bildnis seines Meisters für die Nachwelt festzuhalten, dass aber kein Maß die heilige Gestalt zu ermessen vermochte, bis der Buddha selbst die Maße seiner leiblichen Erscheinung angegeben habe. In der Tat liegt in der leiblichen Erscheinung eines Gottmenschen etwas Sichtbar-Unfassbares, das sich nur mit seiner Vollmacht oder Gnade in eine feste, von Mensch zu Mensch überlieferbare Form bannen lässt. Das leibliche Maß bedeutet hier, gleich wie beim Bau des vedischen Altars, den Inbegriff der wesentlichen Form, und es ist in diesem Zusammenhang bedeutsam, dass in der mittelalterlich-christlichen Welt das echte Maß des Leibes Jesu, an Pfeilern und auf Bändern eingezeichnet, eine nicht geringe Rolle gespielt hat. Nach einem anderen Bericht soll der Buddha seinen Jüngern erlaubt haben, die Umrisse seines Schattens aufzuzeichnen, und auf diese Weise sei es gelungen, sein Bild der Nachwelt zu bewahren. Nach einer dritten Überlieferung endlich hat der Erleuchtete sein Bildnis auf wunderbare Weise einer Leinwand aufgeprägt, gleich wie Jesus sein Abbild dem Mandylion mitteilte.

Außer bestimmten Maßverhältnissen hat die buddhistische Ikonografie auch besondere körperliche Merkmale Shakyamunis überliefert. Man hat hier ein bezeichnendes Beispiel für das heilige Bildnis, wie es auch die christliche Überlieferung der *vera icon* kennt: Gewisse sorgfältig aufbewahrte Züge persönlicher Natur werden in einen allgemeinen hieratischen Typus einbezogen, dessen mehr oder weniger stark ausgeprägte Gesamtform eher sinnbildlich als bildnishaft gemeint ist.

In den Augen der fernöstlichen Völker, die das Bild des Buddha vom indischen Buddhismus übernommen haben, behält dieses indische Züge, wie sehr auch seine chinesischen und japanischen Nachbildungen für unser Empfinden mongolisch aussehen mögen. Die unerhörte Formkraft des bildlichen Typus, die sich geradezu als eine Art leiblich-seelische Haltung vom Bild auf den Beschauer überträgt und vom Beschauer, der den Geist des Bildes verwirklicht hat, wieder auf dieses zurückstrahlt, liegt in der gleichsam magischen Einheit der Form.

In einem gewissen Sinn ist die ganze hieratische Kunst des Buddhismus zwischen zwei Grundformen wie zwischen zwei Polen ausgespannt; die eine Grundform ist der Lotos, die andere die menschliche Gestalt des Buddha. Diese gleicht sich gewissermaßen der Form des Lotos an, während umgekehrt das, was der Blumenkelch nur gesamthaft, als rein seinshafte Form ausdrückt, sich in der menschlichen Erscheinung bewusster gegliedert ausspricht. Der Buddha wird als »das Kleinod im Lotos« angerufen; er ist das kostbare, unverderbliche Wesen im Kelch der Seele. Der Lotos ist hier nicht, wie in der hinduistischen Kunst, vornehmlich das Sinnbild des Weltalls, welches der Gottheit zum Thron bereitet ist; er bedeutet die Seele, die sich der geistigen Erleuchtung erschließt. Aber Seele und Welt entsprechen sich zutiefst; beider Vermögen steigt aus den dunklen Wassern des Urstoffs empor und öffnet sich dem Göttlichen Licht. Der geöffnete Lotos gleicht auch dem Rad, das entweder das Weltall, mit seinen um eine feststehende Achse sich drehenden »Speichen«, oder die Seele, mit ihren aus einer Nabe sich verzweigenden Kräften, darstellt.

Hier sei beiläufig noch ein Wort über den hellenistischen Einfluss in der Bildhauerei der Gandhara-Schule gesagt: Seine Bedeutung kann nur darin liegen, dass er der buddhistischen Kunst, die ihrem Geist nach zur äußersten Vereinfachung neigt, einen verhältnismäßigen Naturalismus zuführte, der zunächst die hieratischen Vorbilder zu zerbrechen drohte, in der Folge aber ganz von ihnen aufgeschluckt wurde, sodass der Reichtum der Einzelformen nur noch als eine zarte Schwingung in der geistig bedeutsamen Gesamtform lebt. Wenn also jener hellenistische Einfluss wirklich mehr war als eine vorübergehende Erschütterung, so nur in dem Sinne, dass er die Ebene des Ausdrucks, seine technische Dimension, nicht aber den Geist der Form noch ihren Stil zu verschieben vermochte.

Was dem hellenistischen Einfluss geistig Vorschub leisten konnte, das ist ein gewisser philosophischer Zug des Buddhismus in seinem Gericht über die Welt mit ihren Lockungen und ihrer Pein. Doch diese Philosophie ist nur die Schale des Buddhismus; sein Kern ist ganz und gar übergedanklich und rein beschaulich, sofern man die Versenkung in das Gestalt- und Namenlose eine »Schau« nennen kann. Die philosophische Schale ist im Hinayana- dichter, im Mahayana-Buddhismus dagegen stärker von der Gegenwart des übergedanklichen Kerns durchglüht, und dementsprechend sind auch die Buddha-Bilder des Mahayana von einer größeren geistigen Fülle, während die des Hinayana abstrakter sind; sie neigen zum Formelhaften und Zierlichen.

Wenn der philosophische Zug des Buddhismus dem hellenistischen Denken teilweise entgegenkommt, so verhindert er doch zugleich den Einbruch des leidenschaftlichen Elements, das in der hellenistischen Kunst liegt und gegen das sich die christliche Kunst, die gefühlsmäßig eingestellt ist, nur mit Mühe wehren konnte, wenigstens bis zur Renaissance, denn diese bedeutet das Ende der heiligen Kunst im Abendland.

Die sakramentale Rolle des Buddha-Bildes beruht darauf, dass es als Fortsetzung der leiblichen Erscheinung des Buddha den unerlässlichen Ausgleich zu der aus lauter Verneinung bestehenden Lehre bildet. Es liegt da kein Gegensatz vor: Wenn Shakyamuni jede gedankliche Spiegelung des Wesenhaften vermeiden konnte, so deshalb, weil er es durch den geistigen Duft und die Schönheit, die von seinem bloßen Dasein ausgehen, umso deutlicher auszudrücken vermochte.

Bodhidharma, der Patriarch des Dhyana, hat gesagt:

> Das Wesen der Dinge ist unbeschreibbar: Um es auszudrücken, bedient man sich der Worte. Der königliche Weg, der zur Vollkommenheit führt, ist nicht vorgezeichnet. Damit ihn die Nicht-Eingeweihten erkennen mögen, bedient man sich der Formen.

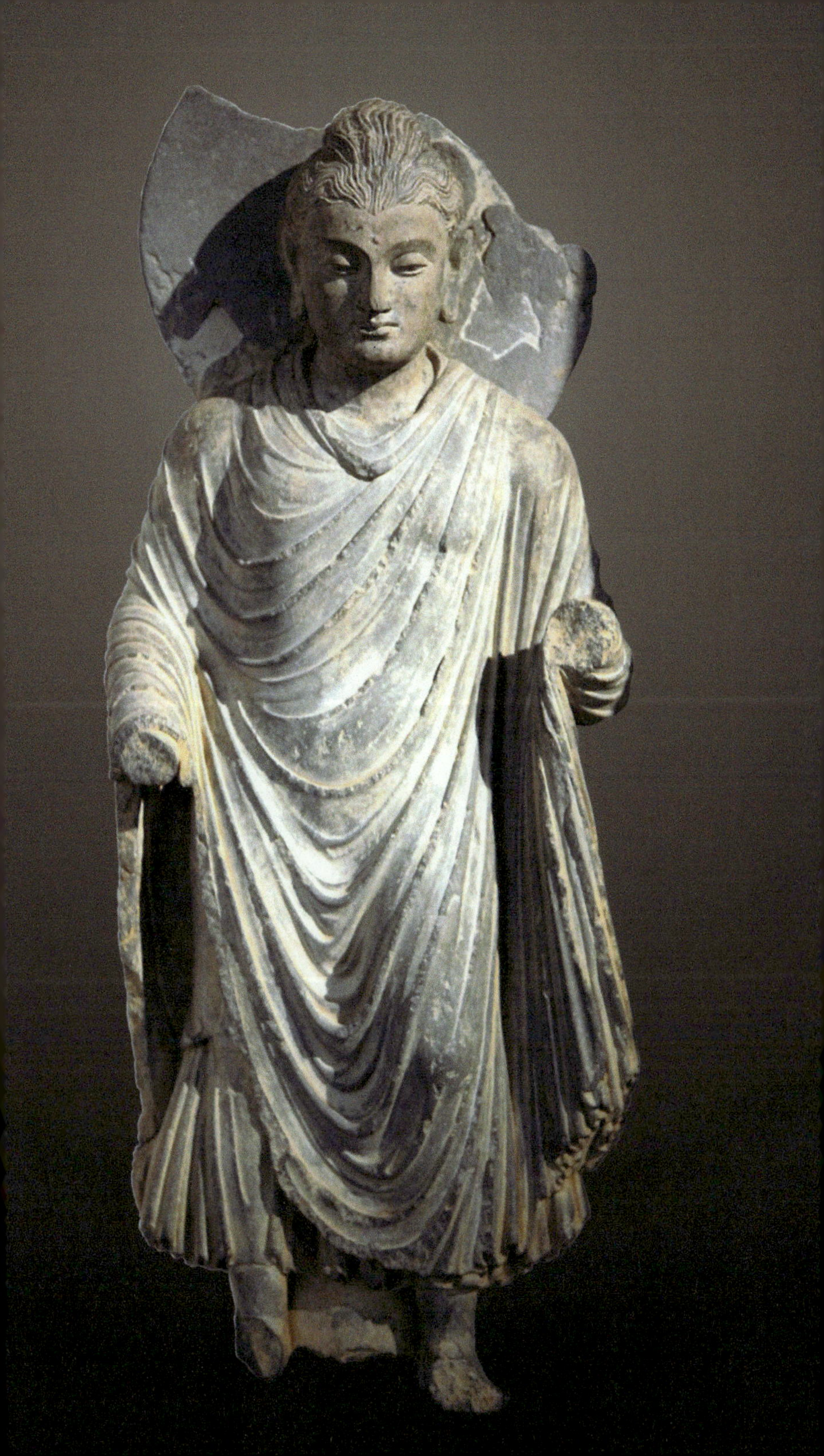

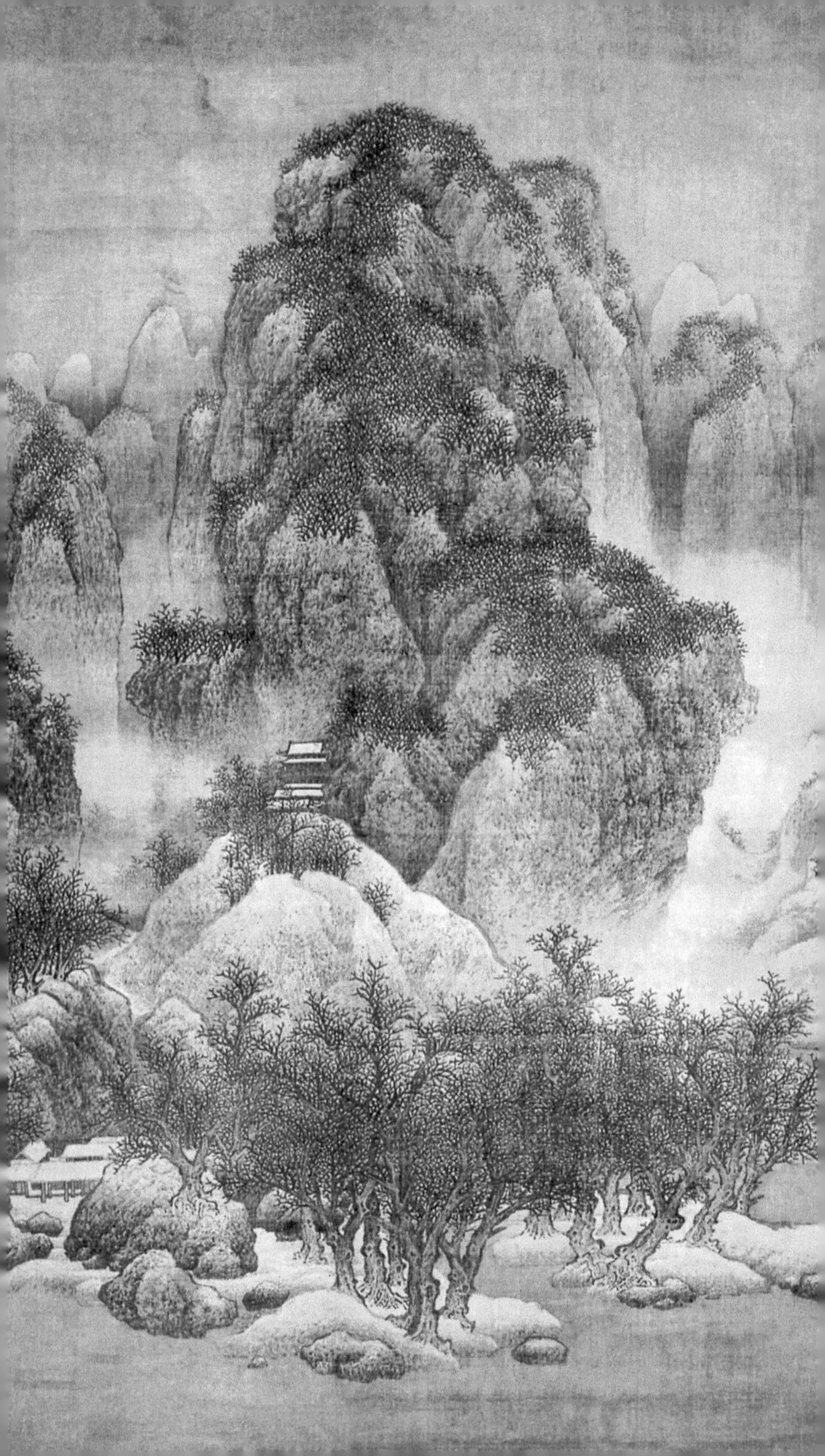

»Berg und Wasser« in der tao-buddhistischen Malerei

Bilder der Leere

DENKT MAN AN DIE FERNÖSTLICHE KUNST IN IHREM HÖCHSten und eigensten Ausdruck, so wird man sich unfehlbar an jene Landschaftsbilder der »südlichen Schule« erinnern, die in ihrer leicht hingeworfenen Tuschmalerei ebenso sparsam an Mitteln wie stark an gesammeltem Eindruck sind. Sie stellen die Fortsetzung der taoistischen Malerei innerhalb der buddhistischen Kunst dar. Die Bezeichnung »südliche Schule» hat hier keinen geografischen, sondern einen geistigen Sinn; sie bedeutet eine künstlerische Haltung, die auf der Übung des *dhyana,*[136] der inneren Schau beruht. Im Unterschied dazu kennzeichnet sich die »nördliche Schule«, von der hier nicht weiter die Rede sein soll, durch die sorgfältige Ausprägung der Umrisse und den Gebrauch dichter und lebhafter Farben einschließlich des Goldes, also durch lauter Züge, die sie dem Stil der indopersischen Miniatur annähern.

Das ganze Wesen der taoistischen Kunst ist zusammengefasst in jenen Wahrbildern aus der chinesischen Frühzeit, die als durchbohrte Scheiben gestaltet sind: Die Scheibe bedeutet die Welt, die Leere in ihrer Mitte aber vertritt – wie der Luftkännel im vedischen Altar – die eine, unfassbare und alles durchdringende Wesenheit. Zuweilen sind diese Scheiben mit dem Bild der beide kosmischen Drachen geschmückt, die den beiden sich bekämpfenden und sich ergänzenden Kräften des *yang* und des *yin,* des Tätigen und des Duldigen, entsprechen, und die so um die Mitte kreisen, als trach-

Winterlandschaft mit Schnee, Fan K'uan zugeschrieben, Sung-Dynastie

Seite 175: Buddha-Statue, Gandhara, Pakistan. Museum Guimet, Paris

136. Der Sanskritausdruck *dhyana* bedeutet geistige Schau, Kontemplation. Derselbe Ausdruck lautet im Chinesischen *tschan-na* oder *tschan,* im Japanischen *zenna* oder *zen.* Siehe DAISETZ TEITARO SUZUKI: *Essais sur le Bouddhisme Zen,* Paris 1943, und ÉMILE STEINILBER-OBERLIN: *Les sectes bouddhiques japonaises,* Paris 1930.

teten sie danach, die unfassbare Leere zu fassen. So sind auch in den Landschaftsbildern der Dhyana-Schule alle dargestellten Dinge, die Berge, die Bäume und die Wolken nur dazu da, um die Leere, aus der sie wie vergängliche Inseln aufzutauchen scheinen, im Gegensatz anzudeuten.

Auf den frühesten chinesischen Darstellungen von Landschaften, wie sie auf gravierten Metallspiegeln, auf Gefäßen und Grabplatten zu sehen sind, treten die Einzelwesen vor dem Spiel der Elemente Wind, Wasser und Erde ganz zurück. Um die Bewegung der Wolken, der Wogen und des Feuers auszudrücken, bedienen sich die Künstler verschiedener Formen des gebogenen Mäanders; die Felsen sind als ein Emporstreben der Erde aufgefasst; die Bäume sind weniger durch ihre statischen Umrisse als durch ihr das Wachstum kundgebendes Gefüge gekennzeichnet. Überall, in jeder Form tritt das kosmische Wechselspiel des *yang* und des *yin* zutage. Das entspricht den sechs Grundsätzen, die der berühmte Maler Hsieh Ho im fünften Jahrhundert unserer Zeitrechnung aufgezeichnet hat:

1. Der schaffende Geist muss sich dem Pulsschlag des allweltlichen Lebens angleichen.

2. Der Pinsel soll das innere Gefüge der Dinge ausdrücken.

3. Die Ähnlichkeit wird durch den Umriss festgehalten.

4. Der besondere Anblick der Dinge wird durch die Farbe wiedergegeben.

5. Die Volumen sind nach einem Plan zu ordnen.

6. Die überlieferten Vorbilder sind weiterzugeben.

Das ist der allgemeine Sinn dieser Grundsätze, die im Einzelnen verschieden ausgelegt und übersetzt werden. Sie zeigen jedenfalls deutlich, dass in dieser Kunst nicht, wie in der überlieferten Malerei des Westens, der statische Plan und der bezeichnende Umriss die Grundlagen bilden, sondern dass der Rhythmus und sein unmittelbarer Niederschlag, das fortlaufende Gefüge der Linien, an erster Stelle stehen.

Das kommt auch daher, dass sich die chinesische Tuschmalerei aus der Schrift entwickelt hat, die ihrerseits von einer eigentlichen Bilderschrift abstammt. Die chinesische Schrift wird »aus der Schulter heraus« geschrieben: Die Hand wird nicht aufgestützt, und der Pinsel gehorcht so dem Rhythmus, der aus der Leibesmitte kommt. Das ist es, was der Malerei ihren zugleich flüssigen und lapidaren Zug verleiht.

Diese Kunst kennt die genaue perspektivische Verkürzung nicht, sie deutet jedoch den Raum durch eine Art »fortschreitender Schau« an: Wenn man eines der steilen, in der Sichthöhe des sitzenden Beschauers aufgehängten Bilder betrachtet, so beschreitet der Blick gewissermaßen von unten nach oben die Stufen der Ferne. In den Rollbildern dagegen, die man während des Schauens entrollt und wieder zusammenrollt, sodass sie waagrecht vor dem Betrachtenden vorüberziehen, folgt der Blick dieser Bewegung. Dadurch verbinden sich Raum und Zeit, welche das Abbilden künstlich voneinander getrennt hat, beim Betrachten wieder. Die »fortschreitende Schau« ist in diesem Sinn der erlebten Wirklichkeit näher als die mathematisch auf einen Blickpunkt festgelegte Perspektive. Übrigens trachtet jede überlieferte Kunst, gleich welchen Glaubens sie sei, nach einer Synthese von Zeit und Raum.

Wenn auch die tao-buddhistische Kunst keine Licht und Schatten trennende Beleuchtung kennt, so sind doch ihre Landschaftsbilder ganz von einem Licht erfüllt, das alle Formen überflutet wie ein perlmuttern schimmernder Ozean; das ist die Glückseligkeit der Leere (*shunya*), die Licht ist aus Abwesenheit aller Finsternis. Die Komposition besteht aus Anspielungen und Anregungen, gemäß dem Wort des *Tao Te King:*

> Die größte Vollkommenheit soll unvollkommen erscheinen, dann wird ihre Wirkung unbegrenzt sein. Die größte Fülle soll leer erscheinen, dann wird ihre Wirkung unerschöpflich sein.

Nie wird der chinesische oder japanische Maler die Welt als einen abgeschlossenen Kosmos darstellen, und in dieser Hinsicht ist seine Schau der Dinge so verschieden als möglich von jener, die dem Abendländer, und nicht nur dem neuzeitlich gesinnten, sondern auch dem überlieferungstreuen Abendländer eigen ist: Dieser sieht die Welt stets mehr oder weniger als einen festgefügten Bau, während für den besinnlich eingestellten ostasiatischen Maler die

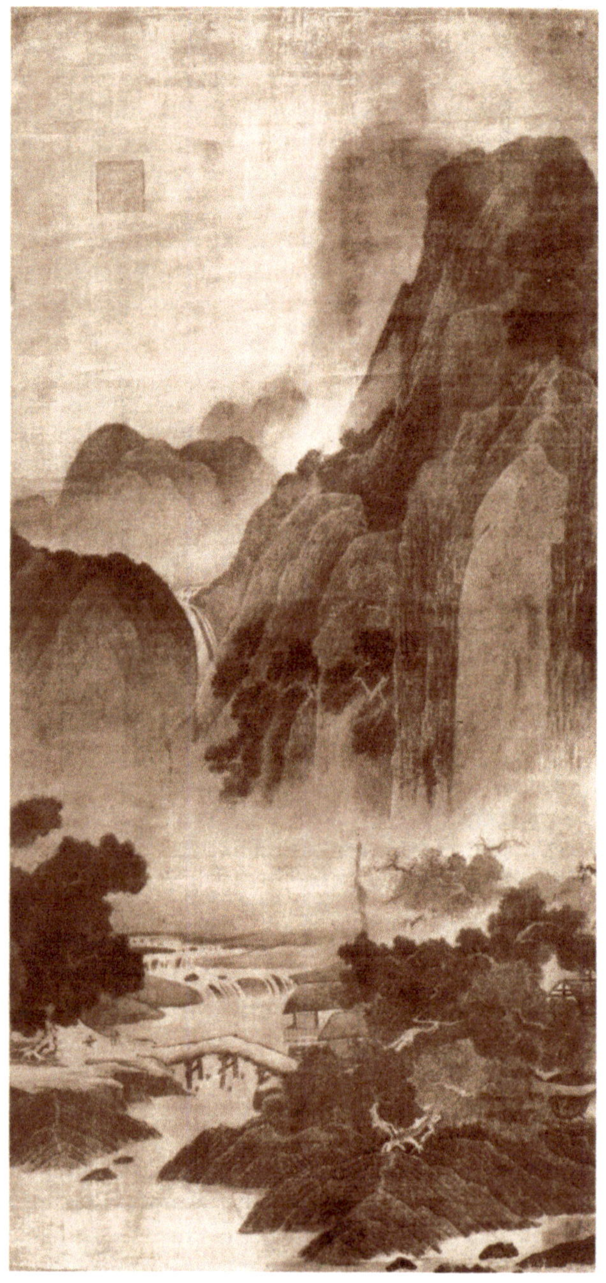

Welt wie aus Schneeflocken gemacht ist, die sich plötzlich niederschlagen und ebenso plötzlich wieder zerrinnen. Da er sich stets bewusst ist, dass sich das Wesentliche aller Kundgebung entzieht, sind für ihn die am wenigsten dichten Zustände des Stoffs am wirklichsten, und daher jene feinsinnige Beobachtung der Atmosphäre, die wir an der chinesischen Tuschmalerei bewundern.

Man hat diesen Stil dem europäischen Impressionismus vergleichen wollen, wie wenn die beiderseitigen Ausgangspunkte nicht grundverschieden wären, trotz aller oberflächlichen Berührungspunkte. Wenn der Impressionismus die beständigen und typischen Umrisse der Dinge zugunsten eines augenblicklichen Eindrucks auflöst, so will er dabei nicht die Gegenwart einer den Einzeldingen übergeordneten kosmischen Wirklichkeit andeuten, sondern im Gegenteil den subjektiven Eindruck in seiner allerflüchtigsten Note fassen. Das Ich mit seinem passiven und gefühlsmäßigen Erleben ist es, das hier alle Dinge färbt. Die taoistische Malerei vermeidet schon durch ihre Methode sowie durch ihre geistige Einstellung jeden Übergriff des Ichs. Das Augenblickshafte der Natur, ihre unnachahmlichen und kaum zu fassenden Anblicke sind für sie lauter Öffnungen auf das Nicht-Ich. Die Gefühle, die angesichts dieser Erscheinungen im taoistischen Maler erwachen, lösen sich vom Ich und sogar vom Menschen los; ihre Schwingung verhallt in der heiteren Stille der geistigen Anschauung. Das Wunder des Augenblicks, der im Ahnen der Ewigkeit plötzlich erstarrt, enthüllt den ursprünglichen Einklang der Dinge, jenen unberechenbaren Einklang, den gewöhnlich das Denken und Trachten des Menschen mit einem subjektiven Schleier verdeckt. Wenn dieser Schleier auf einmal zerreißt, werden bisher unbeachtete Beziehungen zwischen den Dingen sichtbar und verraten die wesentliche Einheit.

Zwei Reiher am Ufer eines frühlingshaften Bergbaches: Der eine von ihnen späht nach der Tiefe der Wasser, der andere reckt lauschend den Kopf empor. In ihrer doppelten Bewegung, die augenblicklich und zuständlich zugleich ist, sind sie geheimnisvoll dem Wasser, dem vom Wind gebogenen Röhricht, den aus dem Dunst aufragenden Gipfeln vereint. Durch einen Anblick der ungebrochenen Natur hindurch hat das Zeitlose die Seele des Malers wie ein Blitz getroffen.

Berglandschaft, Fan K'uan zugeschrieben, Sung-Dynastie

Malerei und *dhyana*

Diese Kunst ist bei all ihrer Ausdruckskraft vornehmlich für den Maler selbst gemacht; sie ist eine Methode zur Erweckung der intuitiven Schau, und darum ist sie auch vom fernöstlichen Dhyana-Buddhismus übernommen und weiterentwickelt worden. Dieser stellt übrigens eine Synthese von Taoismus und Buddhismus dar, ohne dass man ihn deswegen eklektisch nennen könnte, denn dieses Zusammenfließen zweier Überlieferungen beruht auf der berechtigen Gleichung zwischen dem buddhistischen Begriff der allheitlichen Leere (*shunya*) und der taoistischen Idee des Nicht-Seins. Der Leere oder dem Nicht-Sein entsprechen auf verschiedenen Stufen von Wirklichkeit die Nicht-Bestimmung, die Nicht-Form und die Körperlosigkeit.

Die technischen Bedingungen der Tuschmalerei, ihr Gebot, in raschen einmaligen Pinselstrichen, ohne nachträgliche Verbesserung zu malen, wobei die Einheit der Komposition nur durch einen überwältigenden Einfall gewährleistet wird, ist dem geistigen »Stil« des Dhydna-Buddhismus gemäß, trachtet derselbe doch danach, mit beinahe gewaltsamen und doch äußerst feinen Mitteln die innere Erleuchtung, das, was die Japaner *satori* nennen, plötzlich auszulösen. Der Künstler, der den Weg des *dhyana* beschreitet, muss zunächst die malerische Schreibweise nach typischen Vorbildern üben, bis er sie meistert; dann muss er sie vergessen. Desgleichen soll er sich auf seinen Gegenstand ansammeln und sich danach wieder innerlich leer machen, denn erst dann wird die Eingebung seinen Pinsel lenken.[137]

Es ist zu sagen, dass dieses künstlerische Vorgehen ganz anderer Art ist als jenes, das die hieratische Kunst des Buddhismus, deren Vorbilder aus Indien stammen, voraussetzt. Denn die Herstellung eines heiligen Bildes des Buddha beruht hauptsächlich auf einer getreuen Nachahmung der überlieferten Vorbilder; die Eingebung, die ein Künstler haben mag, kann diese oder jene, im Vorbild noch undeutlich inbegriffene Schönheit zur Geltung bringen; allein, die Treue zur Überlieferung, der Glaube und das handwerkliche

137. Dieselbe Methode liegt in der Kunst des Bogenschießens. Siehe das ausgezeichnete Buch von Eugen Herrigel [Bungaku Hakushi]: *Zen in der Kunst des Bogenschießens,* München-Planegg 1951.

Können genügen, um die sakramentale Eigenschaft dieser Kunst zu gewährleisten. In der tao-buddhistischen Landschaftsmalerei dagegen bestimmen die überlieferten Regeln weniger den Gegenstand der Darstellung als vielmehr das künstlerische Schaffen selber: Bevor sich der Jünger des *dhyana* auf sein Werk, oder genauer gesagt auf sein eigenes, von allen Bildern freies Wesen ansammelt, bereitet er seine Werkzeuge auf gewisse Weise vor und legt sie wie für eine heilige Handlung zurecht. Durch die Vollendung der Gebärden wird zum Vornherein jeder vorlaute Impuls des Ichs ausgeschaltet; die schöpferische Tat vollzieht sich innerhalb eines heiligen Rahmens.

Doch beide Zweige der buddhistischen Kunst haben das gemein, dass sie vor allem einen Zustand von Sein ausdrücken. Die hieratische Kunst teilt diesen Zustand durch die Haltung und die Schönheit des Buddha oder Boddhisattva mit, während die Landschaftsmalerei ihn durch den »objektiven« Inhalt des Bewusstseins, das heißt durch ihre Schau der Welt andeutet. Wir zeigten schon, wie dieses zuständliche Wesen der buddhistischen Kunst die verneinende Form der Lehre ergänzt.

Die Meditation im Anschauen von Himmel und Erde ist zweifellos vom Taoismus übernommen. Hinter den Wandlungen der Elemente verbirgt sich der große Drache, der aus den Wassern emporsteigt, zum Himmel auffliegt und sich im Gewitter offenbart. Allein, die vom Sichtbaren ausgehende, geistige Vertiefung hat nichtsdestoweniger eine buddhistische Grundlage, nämlich die des *dhyana* selber. Nach der Überlieferung, die diesem Weg eigen ist, geht die Methode des *dhyana* auf die »Blumenpredigt« zurück: Als der Buddha eines Tages vor seine versammelten Jünger trat, die seiner Unterweisung harrten, hob er, statt zu reden, schweigend einen Strauß Blumen empor. Nur der Mönch Mahakashyapa, der erste Patriarch des Dhyana-Buddhismus, begriff diese Unterweisung und lächelte. Zu ihm sprach der Göttliche Meister: »Hier habe ich den kostbarsten, geistigen und überförmlichen Schatz; ihn übergebe ich in diesem Augenblick dir, ehrwürdiger Mahakashyapa!«[138]

138. Siehe Daisetz Teitaro Suzuki: *The Zen Doctrine of No-Mind*, London 1949.

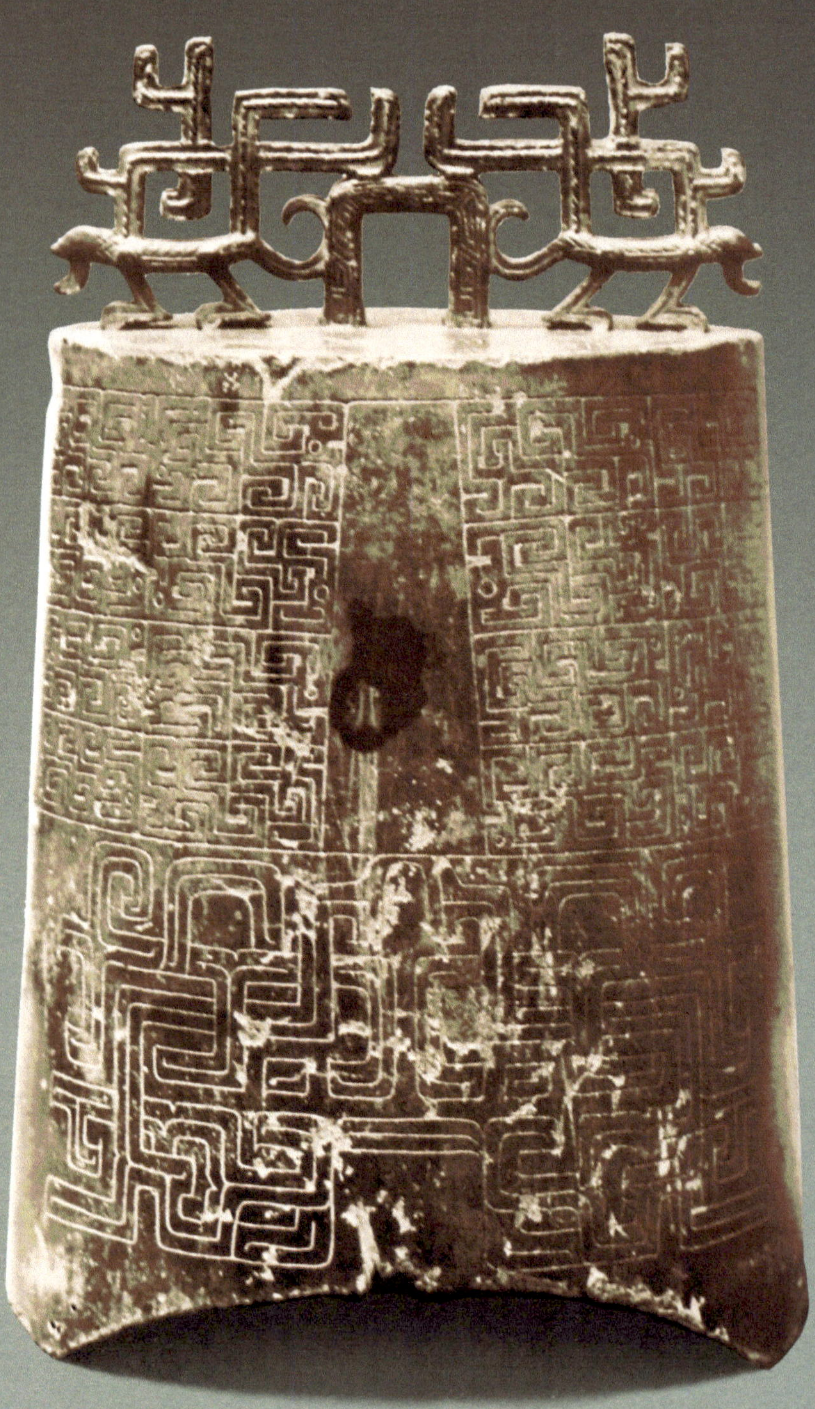

»Nicht-Bewusstsein« und »Unterbewusstsein«

Die Methode des *dhyana,* die sich unter anderem gewisser Künste wie der Malerei, des Blumenstellens, der Fechtkunst oder des Bogenschießens bedient, weist eine Seite auf, die schon oft zu falschen Deutungen Anlass gegeben hat. Wir denken an die Rolle, die diese Methode den unbewussten oder, besser gesagt, den »nicht-bewussten« Fähigkeiten der Seele zuteilt. Es ist wichtig, dass man das »Nicht-Bewusstsein« (*wu-nien*) oder den »Nicht-Verstand« (*wu-hsin*) des Dhyana-Buddhismus nicht mit dem »Unterbewussten« der modernen Psychologie verwechsle, denn der Zustand intuitiver Ursprünglichkeit, den die Methode des *dhyana* zu erwecken trachtet, liegt offensichtlich nicht unter dem normalen Ich-Bewusstsein, sondern im Gegenteil darüber. Das wahre Wesen des Menschen ist »nicht-bewusst«, weil es weder »bewusst« im Sinne des unterscheidenden Verstandes noch »unbewusst« oder dunkel ist; es hat nichts gemein mit jenen dumpfen, nach unten verzweigten Bereichen der Seele, welche das Unterbewusstsein ausmachen. Allein, vom Standpunkt der geistigen Methode umfasst das »Nicht-Bewusstsein« auch das unbewusste, dem natürlichen Instinkt verwandte Vermögen der Seele, das sinnbildlich dem nicht verstandesmäßigen, wahren Wesen entspricht. Die ichhafte Polarisation des Geistes schafft einen Gegensatz zwischen der begrenzten Helle des unterscheidenden Verstandes und der unzerteilten Nacht des »Nicht-Bewusstseins«, die solcherweise alles nicht Verstandesmäßige, das heißt sowohl die Stufen der unmittelbaren Erkenntnis (*prajna*) als auch die feingewobenen, auf einer naturhaften Ebene liegenden Beziehungen zwischen der Seele und ihrer kosmischen Umwelt, bedeckt. Es handelt sich hier nicht um das Unterbewusste, sofern dieses aus dem Chaos seelischer Larven und Überbleibsel besteht, sondern um das plastische Vermögen der Seele, das sich in seiner unschuldigen Fruchtbarkeit mit der Natur als dem mütterlichen Grund aller Formen vergleichen lässt. Die Tyrannei des Verstandes oder, genauer gesagt, des ichsüchtigen und sorgenvollen Denkens hindert die »instinktiven« Fähigkeiten

Heilige Glocke aus der frühen Han-Zeit, mit Mäander verziert. China, zweites Jahrhundert vor Christus. Victoria and Albert Museum, London

der Seele daran, sich in ihrer ganzen ursprünglichen Geschmeidigkeit zu entfalten. Es liegt auf der Hand, was das für das künstlerische Schaffen bedeutet. Wenn die plötzliche Erleuchtung, das *satori,* das ichhafte Bewusstsein durchbricht, antwortet das plastische Vermögen der Seele spontan auf die überrationale Tätigkeit von *prajna,* gleich wie in der großen Natur alle Wandlungen, die scheinbar unbewusst vor sich gehen, in Wirklichkeit der allheitlichen Vernunft gehorchen.

Vielleicht wird hier jemand einwenden, dass eine gewisse moderne Psychologie den Begriff des »Unterbewussten« weit genug fasse, um sogar einen inneren Vorgang wie den, der das *satori* auslöst, grundsätzlich in ihre Perspektive einzubeziehen, wenn sie auch die Dinge von einer ganz anderen Seite her verstehe, als es die Schule des Dhyana-Buddhismus tut. Aber man mag einen Begriff wie den des »kollektiven Unterbewussten« noch so weit dehnen, nie wird er alles, was sich in der Seele dem gewöhnlichen Bewusstsein entzieht, umfassen. Denn abgesehen davon, dass schon mit der Bezeichnung »unterbewusst« ein gewisser Rang des Seelischen angegeben ist, wird der Gegenstand der Betrachtung, auch wenn man ihn nur mittelbar ins Auge fasst, wie das bei der Betrachtung des »Unterbewussten« notwendigerweise der Fall ist, durch den Standpunkt, den man selber einnimmt, bemessen. Der Geist des Forschers aber stellt sich, zu Recht oder zu Unrecht, stets über den Gegenstand, den er untersucht, denn die moderne Wissenschaft besitzt kein anderes Mittel der Erkenntnis als das der verstandesmäßigen Zergliederung. So kommt es, dass alles, was die moderne Psychologie irgendwie zu fassen vermag, unterhalb des Verstandes und erst recht unterhalb von jenem Bereich liegt, aus dem der Verstand selber sein Licht empfängt, das heißt unter dem »Nicht-Bewusstsein« im Sinne von *prajna.* Übrigens: Wenn das »Unterbewusste« wirklich der Ursprung des ichhaften Bewusstseins wäre, wie das gewisse Psychologen behaupten, wie könnte sich dieses seinem eigenen Ursprung gegenüber als urteilender Beobachter aufführen? Der Gegenstand einer psychologischen Untersuchung wird also immer etwas unter dem wahren Wesen des Menschen Liegendes sein. Dass in jenen mehr oder weniger unbewussten und chaotischen Bereichen der Seele gewisse dumpfe und trübe Spiegelungen geistiger Urbilder vorkommen, darf über die wahre Ordnung der Dinge nicht täuschen und berechtigt jedenfalls nicht dazu, den platonischen Begriff des Archetyps, der etwas rein Geistiges, über das verstandsmäßige Erkennen Erhabenes andeutet, auf diese unteren Bereiche anzuwenden.

Wenn der Dhyana-Buddhist die unbewusste Natur mit Ehrfurcht behandelt und ihr gleich zu werden trachtet, so deshalb, weil er im unbewussten Wandel der Natur das Spiegelbild des allheitlichen »Nicht-Bewusstseins« sieht; die Natur ist wie ein Blinder, der gleich einem Sehenden handelt. Das weder ichhafte noch gedankliche Dasein der Tiere, der Pflanzen und der Steine ist wie ihre Demut vor der alleinigen Wesenheit, die jegliches Denken und alles Ich-Sein überragt. Darum ist auch die natürliche Landschaft mit ihren regelmäßig wiederkehrenden Verwandlungen ein Abbild der inneren Alchimie, wie sie der Weg des Dhyana-Buddhismus kennt: Die unbewegte Fülle eines Sommertags und die kristallhafte Klarheit eines Wintermorgens sind wie die beiden äußersten Zustände der Seele in ihrer Schau des Unbeschreibbaren; der herbstliche Sturm ist gleich der Krise, welche die Seele durchmachen muss, um zur Erleuchtung zu gelangen, und die glitzernde Schönheit des Frühlings entspricht der geistig wiedergeborenen Seele. In diesem Sinne hat man die Jahreszeitenbilder eines Wu Tao-Tse oder eines Huei-Tsung zu verstehen.

Landschaft und Baukunst

Die fernöstliche Landschaftsmalerei hat zur Schwester die Kunst, die es versteht, ein Haus, einen Tempel oder eine Stadt im Einklang mit einer natürlichen Umgebung anzulegen. In der altchinesischen Lehre von »Wind und Wasser«, dem *feng-shui,* zusammengefasst, stellt diese Kunst eine Anwendung der heiligen Erdkunde [Geomantie] dar. Ihre Grundlage ist die Wissenschaft von den Himmelsrichtungen und ihre äußerste Vollendung besteht darin, gewisse Elemente der Landschaft bewusst umzugestalten, um deren segensvollen Anblicke zur Geltung zu bringen und um die verwirrenden Einflüsse, die von den chaotischen Erscheinungen der Natur ausgehen, zu bannen. Auch dieser Zweig der altchinesischen Überlieferung ist vom Dhyana-Buddhismus übernommen und weiterentwickelt worden. Die japanische Form des Dhyana, der Zen, hat ihn zu einer besonderen Vollendung gebracht, indem er zur äußersten Schlichtheit gediehene Innenräume unmittelbar der mannigfaltigen Natur der Gärten und der Hügel gegenüberstellt.

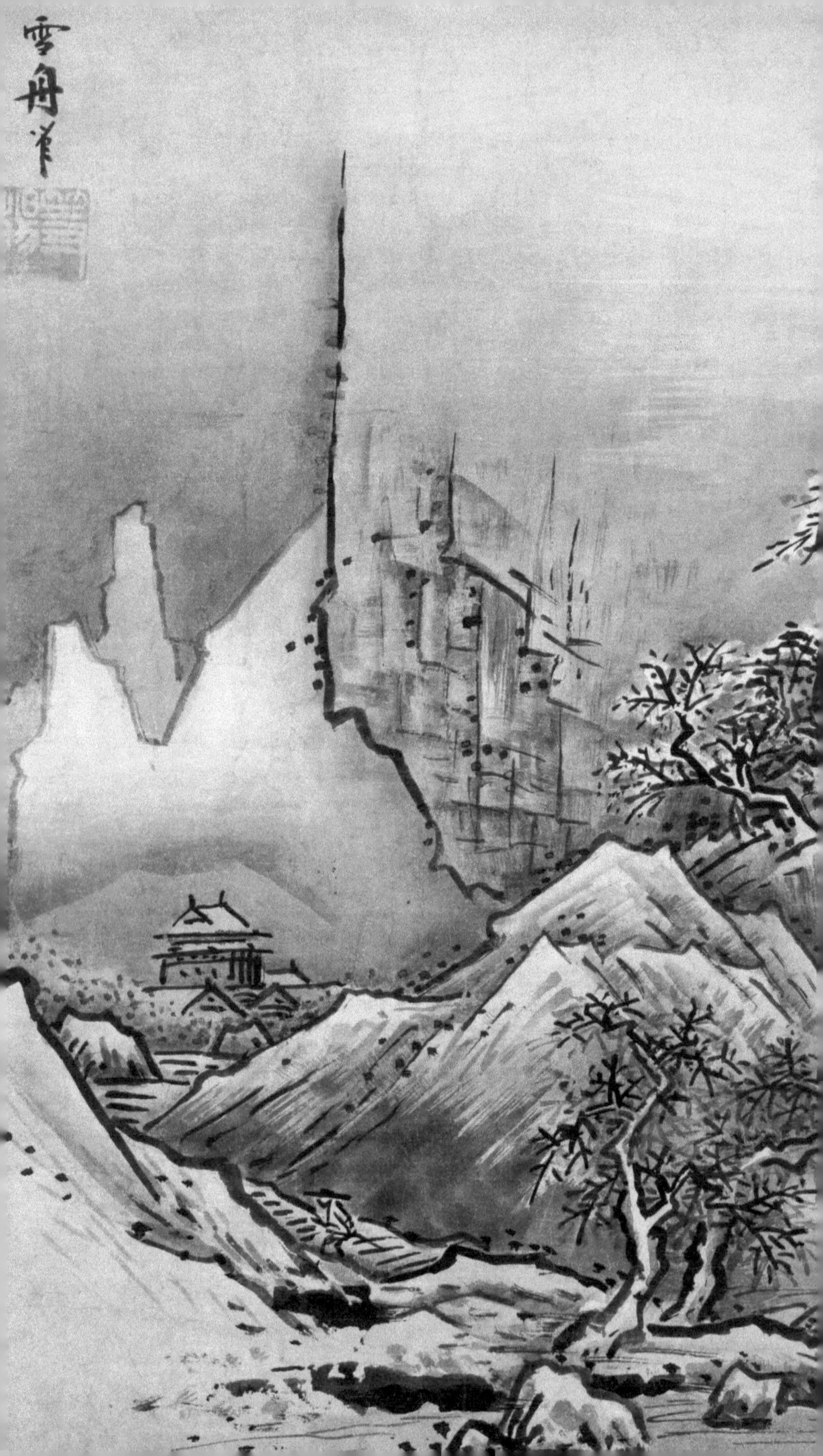
雪舟筆

Es genügt, die leichten Schiebewände des Gebäudes zu öffnen oder zu schließen, um entweder mitten in dieser vielfältigen Schönheit zu sein oder von nichts Äußerem mehr abgelenkt zu werden. Wenn die Wände des Pavillons oder des Zimmers ganz geschlossen sind und das Licht mild durch die Scheiben aus Papier hereinsickert, umgibt den Mönch, der angesammelt und entspannt zugleich auf seiner Matte sitzt, ein völlig ausgewogener und mit nichts Überflüssigem belasteter Raum. Dass er fast leer ist, weist auf die »Leere« des wahren Wesens hin. Öffnet man dann wieder die Wände, so bietet sich die lebendige Natur so frei dem Blick dar, als sähe man die Welt zum ersten Mal. Die ursprünglichen Gegebenheiten des Bodens und der Pflanzenwelt verbinden sich hier mit der Kunst des Gärtners, der sich vor dem Genius der Natur auszulöschen weiß und sie doch nach einer höheren Eingebung unmerklich gestaltet. Diese geistige »Sachlichkeit«, welche die Dinge ordnet, indem sie ein jegliches nach seinem Wesen behandelt, zeigt sich auch in der Baukunst und namentlich in der Bearbeitung der Werkstoffe, wie des Zedernholzes, des Bambus und des Papiers: lauter Mittel, die auf die einfachste Weise und zugleich mit einem äußersten Feingefühl für den Adel des Stoffs verwendet werden. Manchmal wird die geometrische Strenge eines Raumgefüges durch eine leichte Unregelmäßigkeit ausgeglichen, etwa durch die sachte Abstufung einer durchgehenden Waagrechten oder durch die Einfügung eines gänzlich unbearbeiteten oder roh mit der Axt behauenen Baumstammes als Pfosten. Die Armut gesellt sich so dem Adel, die Ursprünglichkeit der Klarheit, die unverdorbene Natur der Weisheit.

In einer solchen Umgebung hat die ichhafte Willkür mit ihrer Leidenschaft und ihrem Überdruss keinen Platz; hier herrscht nur das unwandelbare Gesetz des Geistes, im Einklang mit der Unschuld und der Schönheit der Natur.

Der Wasserfall

Für den Chinesen ist die Landschaft »Berg und Wasser«. Der Berg oder der Fels entspricht dem *yang,* dem tätigen und männlichen

Herbst- und Winterlandschaft des japanischen Malers Sesshu Toyo, fünzehntes Jahrhundert. Nationalmuseum Tokio

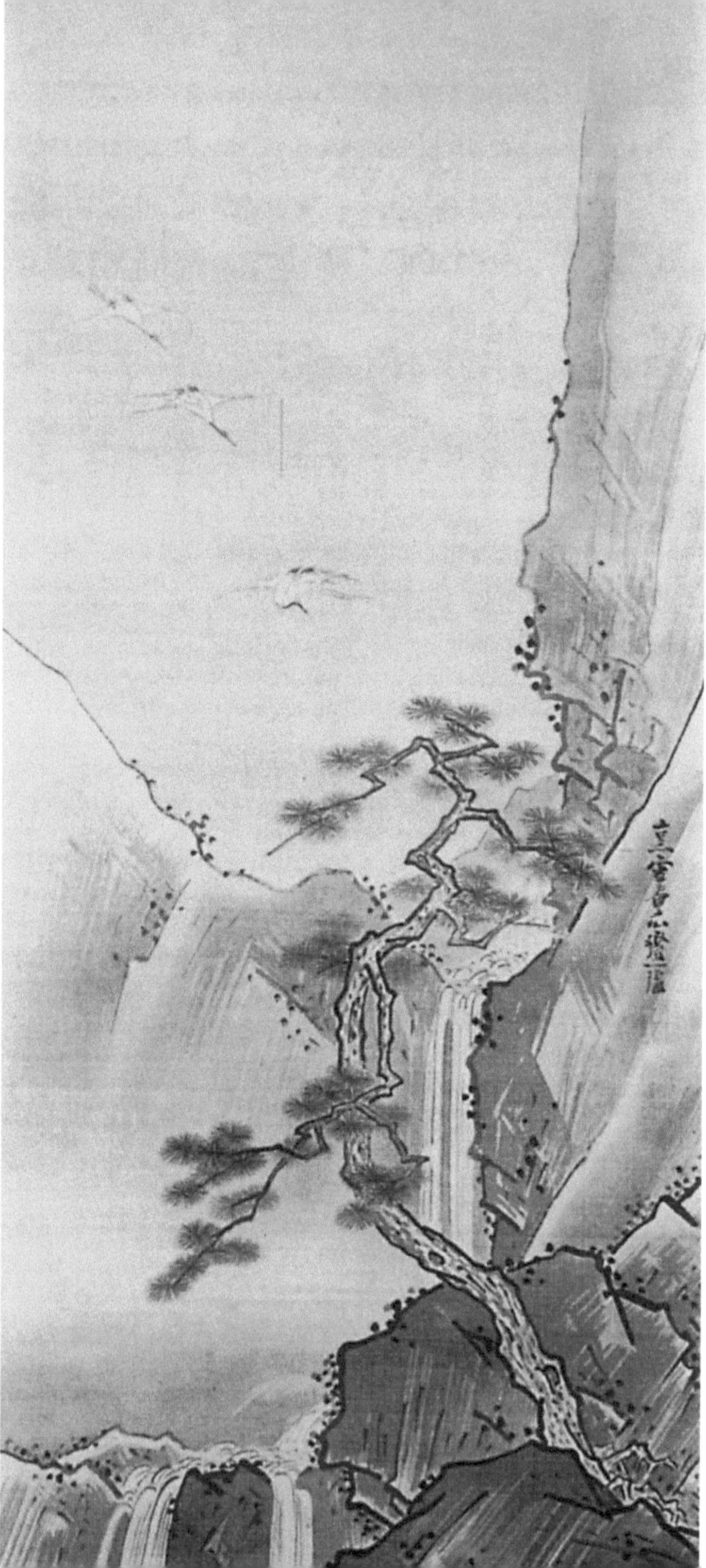

Pol des Daseins, das Wasser dem *yin,* dem duldigen und weiblichen Gegenpol. Das gegenseitige Verhältnis der beiden Daseinspole gibt sich besonders sinnfällig im Wasserfall kund, diesem von den tao-buddhistischen Malern so oft dargestellten und vielfach abgewandelten Gegenstand: Einmal ist es der stufenweise von den verschleierten Gipfeln zu Tal rauschende Wildbach, ein andermal der steil an der schimmernden Felswand aufgehängte Wasserstrahl und wieder ein andermal der gewaltig sich bäumende Sturz, wie jener berühmte Wasserfall des Wang-Wei (siehe Seite 192), der aus dem Nebel hervorbricht und tosend in einer Wolke von Schaum verschwindet; das Auge wird immerzu von der magischen Kurve mitgerissen, als folgte es einem wirklichen Fall.

Vom Bild des Wasserfalls gilt, was man von jedem Sinnbild sagen kann; es enthüllt und verhüllt zugleich die Wirklichkeit, die es meint. Denn die Trägheit des Felsens ist das umgekehrte Abbild der Unwandelbarkeit, die der himmlischen oder Göttlichen Tätigkeit eigen ist, gerade so wie andererseits die Bewegtheit des Wassers die rein duldige Wirklichkeit, die es kundgibt, gewissermaßen verhüllt. Allein, wenn man den Felsen und die fallenden Wasser offenen Sinnes betrachtet, so kann es geschehen, dass der Geist plötzlich den Gegensatz der beiden Elemente in sein Urbild übersetzt: In dem unablässigen Pulsieren des Wassers, das dem Felsen gehorcht, schaut er die Tatkraft des Unwandelbaren und die Duldigkeit des Bewegten; dann schwingt er sich höher empor und erahnt blitzhaft die Wesenheit, die zugleich reine Tat und unendliche Ruhe ist oder die weder unbewegt ist wie der Fels noch wandelbar wie das Wasser und die in ihrer über alle Formen erhabenen Wirklichkeit unbeschreibbar bleibt.

❧ ❧ ❧

Wasserfall. Taoistisches Gemälde aus Japan, Sesshu-Schule. [Anmerkung der Herausgeber der amerikanischen Ausgabe: Der Besitzer dieses Bildes erzählt, dass Titus Burckhardt, als er das Gemälde sah, bemerkt habe: »Der Unterschied zwischen chinesischen und japanischen Landschaftsbildern liegt darin, dass eine große chinesische Landschaft dem Klang eines Gongs gleicht, eine japanische hingegen dem Klang eines Schwertes«]

Seite 192: Wasserfall von Wang-Wei. Chishaku-in-Tempel, Tokio

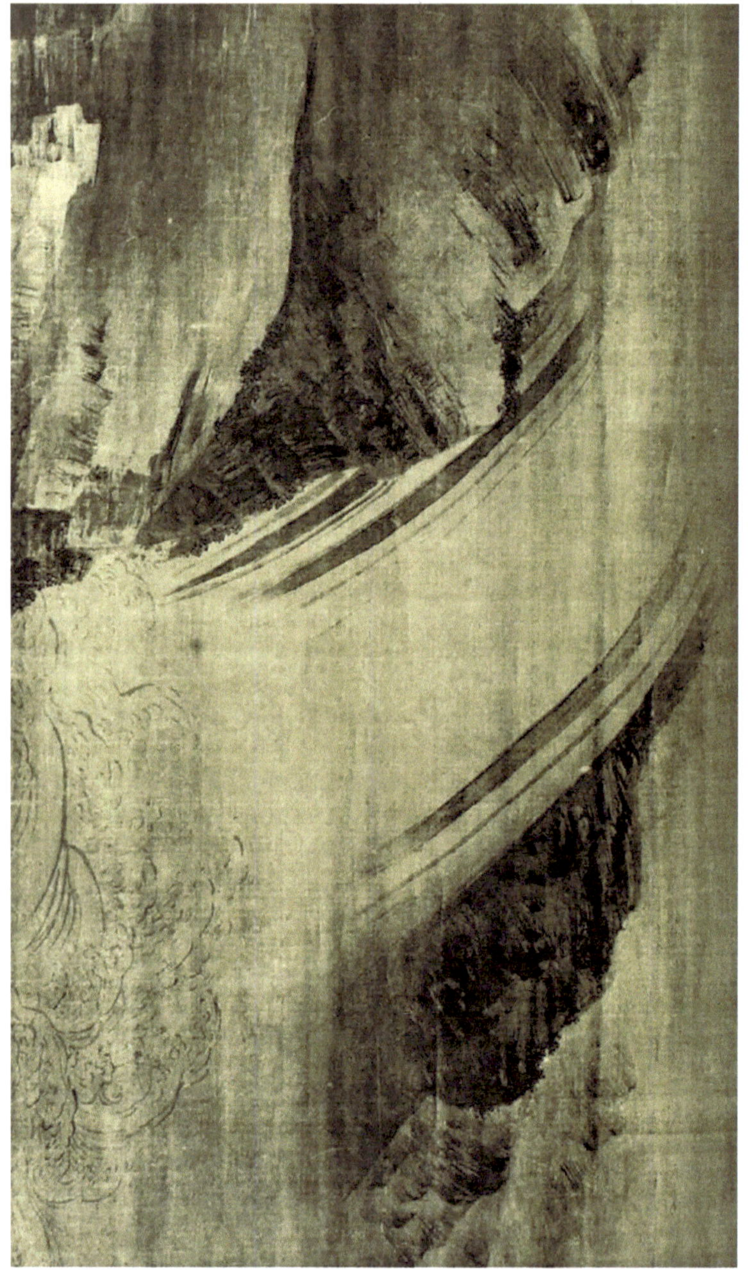

Bildnachweis

Über die in der deutschen Erstausgabe von 1955 abgedruckten (und mit [E] markierten) Abbildungen hinausgehend haben Fons Vitae ihre amerikanische Ausgabe von 2001 sowie der Chalice Verlag die vorliegende deutsche Neuausgabe um zusätzliches Bildmaterial ergänzt. Alle Illustrationen stammen, falls in der Legende nicht anders vermerkt, aus der Feder des Verfasser.

Bildquellen: Seite 2 Robert Cathomas. 10 Cartes postales du monde. 15 Fons Vitae. 16 Fotolia/Adobe/Sandy. 39 Beinecke Library. 44 Fons Vitae. 46[E] Museum Rietberg. 47 Museum Rietberg. 48 Fons Vitae. 59 Fons Vitae. 60[E] Wikimedia Commons. 68 Wikimedia Commons/Beckstet. 71 Wikimedia Commons/Cezary P. 72 Wikimedia Commons/Westerdam. 77 Giacomo Salviatino. 78 Wikimedia Commons. 85 Wikimedia Commons/Myrabella. 86 Wikimedia Commons. 88 Wikimedia Commons/John Petrov. 89 Wikimedia Commons. 93 Fons Vitae. 94[E] Sammlung George R. Hann. 96 Fotolia/Adobe/RGMfotografie. 100[E] Wikimedia Commons/Taxiarchos. 113[E] Musée des Monuments Historique. 118[E] Pascal Bleimer. 126 Fotolia/Adobe/juananbarros. 130 Wikimedia Commons. 132 Fotolia/Adobe/joserpizarro. 134 Wikimedia Commons/Anaareh Saaveh. 137 Fons Vitae. 138[E] Titus Burckhardt. 140 Wikimedia Commons/Steve Evans from Citizen of the World. 143 Robert Cathomas. 152 Fons Vitae/Justin Majzub. 153 Fons Vitae/Justin Majzub. 154[E] British Museum. 155[E] British Museum. 156 Fons Vitae/Justin Majzub. 157 Fons Vitae/Justin Majzub. 159 Fotolia/Adobe/Ingo Bartussek. 160 Fotolia/Adobe / radiokafka. 162 Wikimedia Commons/World Imaging. 165 Fons Vitae. 166[E] Titus Burckhardt. 168 Fons Vitae. 169[E] British Museum. 170 Frances L. Wringer. 175 Wikimedia Commons/Rama. 176 Wikimedia Commons/Eugene A. 180 British Museum. 184 Victoria and Albert Museum. 188 Wikimedia Commons/E-museum. 190 Fons Vitae. 192 Wikimedia Commons. 207 Robert Cathomas.

Literaturhinweise

ACHARYA, P.K.: *Manasara-Shilpa-Shastra,* Oxford: University Press, 1933.

ANDREAE, JOHANN VALENTIN: *Chymische Hochzeit des Christian Rosenkreutz,* 1616.

ALEXANDER, HARTLEY BURR: *L'art et la philosophie des Indiens de l'Amérique du Nord,* Paris 1926.

AUGUSTODUNENSIS, HONORIUS: *Speculum mundi.*

BOËTHIUS, ANICIUS MANLIUS T.S.: *De unitate et uno.*

BRETON, VALENTIN-MARIE: *Saint Bonaventure – Œuvres,* Paris 1943.

BROWN, JOSEPH EPES: *The Sacred Pipe – Black Elk's Account of the Seven Rites of the Oglala Sioux,* Oklahoma: University Press, 1953.

BURCKHARDT, TITUS: *Alchimie – Sinn und Weltbild,* Xanten: Chalice Verlag, 2018.

BURCKHARDT, TITUS: *Fes: Stadt des Islam.* Mit einem Vorwort von Navid Kermani. München: C.H. Beck, 2015.

BURCKHARDT, TITUS: *Sufismus – Einführung in eine Sprache der Mystik,* Xanten: Chalice Verlag, 2018.

BURCKHARDT, TITUS: *Une clef spirituelle de l'astrologie musulmane d'après Muhyi-d-dîn 'Arabî,* Paris: Éditions Traditionelles, 1950. Auf Englisch übersetzt von Bülent Rauf als: *Mystical Astrology According to Ibn 'Arabi.* Louisville, KY: Fons Vitae, 2001.

COOMARASWAMY, ANANDA KENTISH: *The Dance of Shiva,* London 1924.

COOMARASWAMY, ANANDA KENTISH: *The Transformation of Nature in Art,* Harvard: University Press, 1934.

COOMARASWAMY, ANANDA KENTISH: *Elements of Buddhist Iconography,* Harvard: University Press, 1935.

COOMARASWAMY, ANANDA KENTISH: *Hinduism and Buddhism,* New York 1943.

DANTE: *Divina Commedia.*

DIONYSIUS AREOPAGITA: *Von den Göttlichen Namen.*

DURANDUS VON MENDE: *Speculum ecclesiae.*

GILSON, ÉTIENNE: *La philosophie au moyen age,* Paris 1922.

GUÉNON, RENÉ: *Le symbolisme de la croix,* Paris 1931; deutsch: *Die Symbolik des Kreuzes,* Freiburg im Breisgau 1987.

GUÉNON, RENÉ: «La sortie de la caverne»in *Études traditionnelles,* April 1938.

GUÉNON, RENÉ: «Les Portes solsticiales« in *Études traditionnelles,* Mai 1938.

GUÉNON, RENÉ: «Le symbolisme du zodiaque chez les Pythagoriciens» in *Études traditionnelles,* Juni 1938.

GUÉNON, RENÉ: «Le symbolisme de Janus» in *Études traditionnelles,* Juli 1938.

GUÉNON, RENÉ: «Le symbolisme du dôme» in *Études traditionnelles,* Oktober 1938.

GUÉNON, RENÉ: «Le dôme et la roue»in *Études traditionnelles,* November 1938.

GUÉNON, RENÉ: «La porte étroite» in *Études traditionnelles,* Dezember 1938.

GUÉNON, RENÉ: *Introduction générale à l'étude des doctrines hindoues,* Paris 1939.

GUÉNON, RENÉ: *Le règne de la quantité et les signes du temps,* Paris 1945.

GUÉNON, RENÉ: «Janua coeli» in *Études traditionnelles,* Januar–Februar 1946.

GUÉNON, RENÉ: *L'homme et son devenir selon le Vedanta,* Paris 1948.

HERRIGEL, EUGEN [Bungaku Hakushi]: *Zen in der Kunst des Bogenschießens,* München-Planegg 1951.

KRAMRISCH, STELLA: *The Hindu Temple,* Kalkutta: University Press, 1946.

MAJUMDAR, N.K.: "Sacrificial Altars: Vedis and Agnis" in *Journal of the Indian Society of Oriental Art,* June–December 1939, Kalkutta.

MÖSSEL, ERNST: *Die Proportion in Antike und Mittelalter,* München 1926.

MOULLET, P. MAURICE: *Die Galluspforte des Basler Münsters,* Basel 1938.

MUS, PAUL: *Barabudur,* Hanoi 1935.

NEIDHARDT, JOHN G. [Hrsg.]: *Black Elk Speaks,* New York 1932.

NAGEL, TILMAN: *Der Koran,* München: C.H. Beck, 1983.

NAUDON, PAUL: *Les origines religieuses et corporatives de la Franc-Maçonnerie,* Paris 1953.

Ouspensky, Leonid und Lossky, Wladimir: *Der Sinn der Ikonen,* Bern und Olten 1952.

Pallis, Marco: *Peaks and Lamas,* London 1939.

Sapa, Hehaka: *Les rites secrets des Indiens Sioux,* Paris 1953.

Schuon, Frithjof: *De l'unité transcendante des religions,* Paris 1948; deutsch: *Von der inneren Einheit der Religionen,* Freiburg in Breisgau 2007.

Schuon, Frithjof: *L'œil du cœur,* Paris 1950. *Perspectives spirituelles et faits humains,* Paris 1953; deutsch: *Geistige Sichtweisen und menschliche Tatsachen,* Hamburg 2014.

Simeon von Thessalonich: *De Divino templo.*

Steiger, Arnald: *Das Schachzabelbuch König Alfons des Weisen, Romanica Helvetica,* Band 10, Genf und Zürich 1941.

Steinilber-Oberlin, Émile: *Les sectes bouddhiques japonaises,* Paris 1930.

Suzuki, Daisetz Teitaro: *Essais sur le Bouddhisme Zen,* Paris 1943.

Suzuki, Daisetz Teitaro: *The Zen Doctrine of No-Mind,* London 1949.

Vogt-Göknil, Ulya: *Türkische Moscheen.* Zürich: Origo-Verlag, 1953.

Register

Seitenzahlen der Abbildungen **halbfett**

Über den Autor

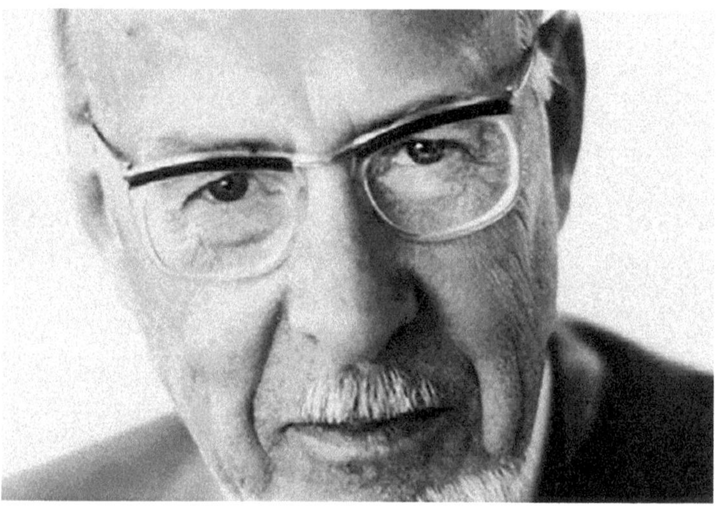

Dem in Florenz geborenen Basler Schriftsteller und Forscher Titus Burckhardt (1908–1984) war der Kunstsinn quasi in die Wiege gelegt: Sein Vater Carl war Bildhauer, sein Großonkel Jacob der vielleicht bedeutendste Kunsthistoriker des neunzehnten Jahrhunderts. Er selbst entwickelte sich zu einem der ganz großen Kenner des überlieferten »inneren« Wissens der verschiedenen religiösen Traditionen und im Besonderen der islamischen Mystik. Dass dieser Autor – anders als viele wissenschaftliche Theoretiker – tatsächlich verstanden hat, worüber er schreibt, bescheinigt die bekannte Islamgelehrte Annemarie Schimmel mit ihrem Lob: »Burckhardt vereint eine tiefe spirituelle Einsicht mit der Liebe zum ewig Wahren. Seine Schriften zeigen, dass diese Wahrheit heute ebenso frisch ist wie vor Jahrtausenden und so lange bestehen wird, wie der Mensch sich nach dem Göttlichen Licht sehnt.« Im Maghreb wird ihm auch aus einem weiteren Grund viel Verehrung entgegengebracht: Titus Burckhardt hat sich im Auftrag der UNESCO wie kein Zweiter um die Erhaltung der weltweit einzigartigen historischen Altstadt von Fès bemüht.

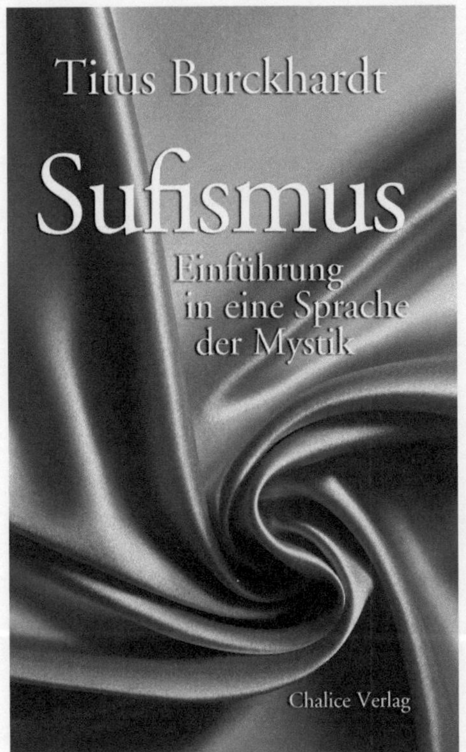

Was sind die Grundlagen, Lehren und Begrifflichkeiten der islamischen Mystik? Titus Burckhardt hat den Sufismus nicht nur intellektuell durchdrungen, sondern den »Pfad der Rückkehr« als Mitglied eines marokkanischen Derwischordens jahrzehntelang auch selbst beschritten. Daher ist diese meisterhafte Darstellung der spirituellen Essenz des Korans alles andere als eine trockene Abhandlung und langweilt nicht mit oberflächlich Formalem oder akademischer Theorie. Der genauso brillante wie bescheidene Schweizer Mystiker führt die Leser ohne Umschweife in die Grundzüge der sufischen Weltsicht ein und erklärt anschaulich und überzeugend – vor allem aus der Sicht des genialen Sufis Muḥyīddīn Ibn ʿArabī – die Geist und Herz anregenden philosophisch-spirituellen Ideen von der Einheit des Seins, von der Schöpfung als Selbstoffenbarung Gottes und vom »allheitlichen« Menschen als Dessen potenziellem Ebenbild. Dabei zeigt er auch die inneren Berührungspunkte von Islam, Christentum und Judentum sowie Hinduismus und Buddhismus auf. Dass dieser Autor – anders als viele wissenschaftliche Theoretiker – tatsächlich verstanden hat, worüber er schreibt, bescheinigt die bekannte Islamgelehrte Annemarie Schimmel mit ihrem Lob: »Burckhardt vereint eine tiefe spirituelle Einsicht mit der Liebe zum ewig Wahren. Seine Schriften zeigen, dass diese Wahrheit heute ebenso frisch ist wie vor Jahrtausenden und so lange bestehen wird, wie der Mensch sich nach dem Göttlichen Licht sehnt.«

ISBN 978-3-942914-27-7
172 Seiten

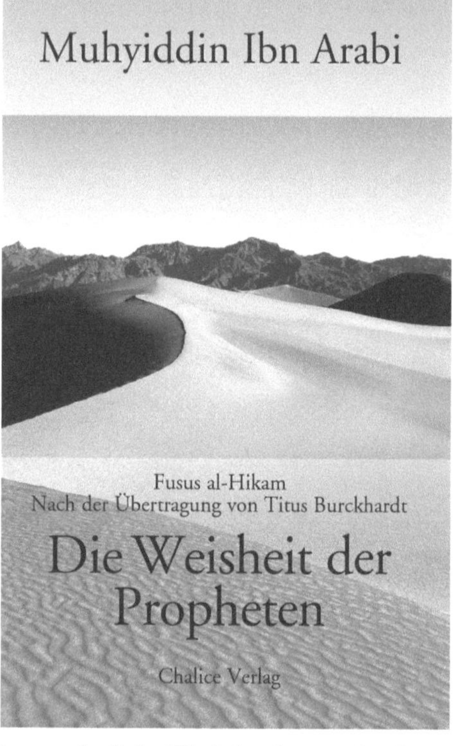

Die Weisheit der Propheten (Fuṣūṣ al-Ḥikam) ist eines der populärsten Werke von Muḥyīddīn Ibn 'Arabī und handelt von der einen grenzenlosen Weisheit, die gleichzeitig einzigartig in sich selbst ist und vielgestaltig in ihrer Verkörperung durch die Linie der Propheten: von »der Göttlichen Weisheit im Wort Adams« über »die Weisheit selbstverlorener Liebe im Wort Abrahams«, »die erhabene Weisheit im Wort von Moses« und »die Weisheit der Weissagung im Wort von Jesus« bis hin zur »Weisheit der Einzigartigkeit im Wort von Mohammed«. Dieses außergewöhnliche Werk ist ebenso eine Darlegung der innersten Bedeutung der Existenz des Menschen und seiner Fähigkeit zur Vervollkommnung wie auch eine esoterische Auslegung des Korans und wirft ein erhellendes Licht auf die gemeinsame innere Essenz aller drei abrahamitischen Religionen. Es vermittelt eine Botschaft, der gerade in Zeiten aufkeimender religiöser Intoleranz und fundamentalistischer Verblendung ein unschätzbares Potenzial für die interkulturelle Verständigung innewohnt.

»Auf diese Weise verlangte die Göttliche Ordnung nach der Klärung des Spiegels der Welt; und Adam wurde zur Klarheit dieses Spiegels und zum Geiste dieser Form selbst [...] und wurde ›Mensch‹ und ›Stellvertreter Gottes‹ genannt.«

ISBN 978-3-905272-71-0
178 Seiten

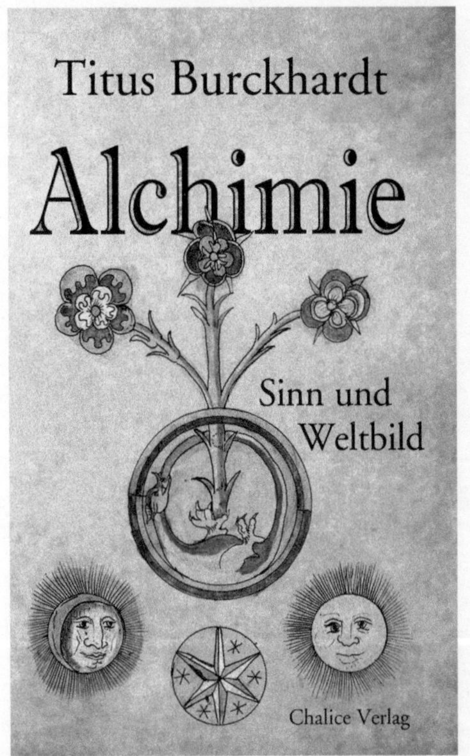

Die rationalistische Aufklärung sah in der Alchimie eine Art primitive Vorstufe der Chemie, die in unwissenschaftlicher Weise versuche, Metalle in Gold zu verwandeln. Diese Meinung blieb allgemein verbreitet, obwohl die wahren Meister dieser Kunst unermüdlich darauf hingewiesen haben, dass das »große Werk« der alchimistischen Transformation tatsächlich ein innerliches ist und die metallurgische Sprache nichts anderes als eine sinnbildhafte Ausdrucksweise für die Läuterung und Umwandlung des menschlichen Wesens in das sonnenhafte Gold der seelischen Vervollkommnung. In diesem großartigen Buch erklärt der Forscher und Mystiker Titus Burckhardt die geheimen Praktiken der Alchimisten und entschlüsselt anschaulich ihre aus Metallkunde, Biologie und Astrologie entlehnte Symbolik. Auf Basis seiner breiten Kenntnisse unterschiedlicher spiritueller Traditionen erschließt uns der Autor das alchimistische Weltbild als einen zwischen Mystik und Psychologie angesiedelten Erkenntnisweg, dessen Spuren sich durch alle Religionen und Kulturkreise hindurchziehen. Anhand zahlreicher seltener Abbildungen, die er mit tiefer Einsicht intelligent zu deuten versteht, enthüllt Burckhardt das alchimistische Verständnis der Prozesse der inneren Vervollkommnung des Menschen und zeigt auf, was mit dem berühmten goldenen Vlies, dem geheimen Elixier oder dem Stein der Weisen in Wahrheit gemeint ist.

ISBN 978-3-942914-28-4
232 Seiten

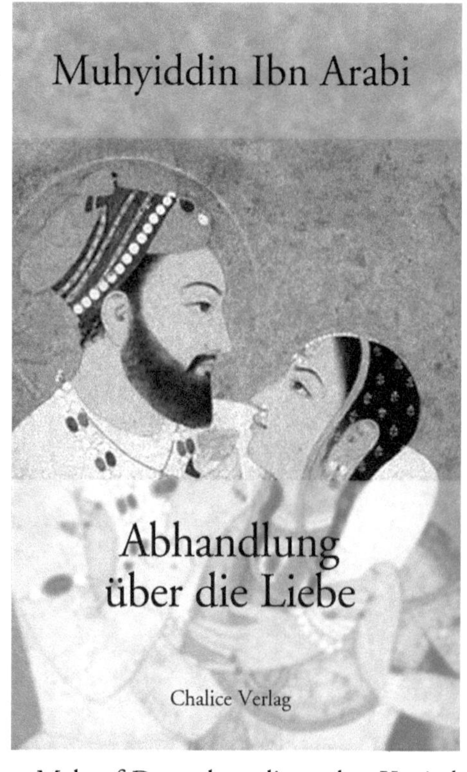

Im spirituellen Schrifttum des Islams stellt die *Abhandlung über die Liebe* einen Höhepunkt dar; sie ist im Ganzen wie im Detail ein vollendetes Meisterwerk. Alles, was vor Ibn ʿArabī zu diesem, insbesondere für das esoterische Verständnis des Korans so zentralen Thema gesagt wurde, fasst der »Größte Meister« hier zusammen, geht aber noch weit darüber hinaus. Kein spiritueller Lehrer hat seither derart wirklichkeitsgetreue, ursprüngliche, tiefgründige und vollständige Sichtweisen auf das Wesen und die Essenz der Liebe dargestellt.

In dem hier zum ersten Mal auf Deutsch vorliegenden Kapitel 178 seiner umfangreichen *Mekkanischen Eröffnungen* beleuchtet der »Lehrer der Sufis« alle Formen der Liebe, die natürliche oder physische, die spirituelle und die Göttliche. Die falsche, im Westen – heutzutage wie auch in der Vergangenheit – verbreitete Meinung, der Islam sei lediglich eine Religion der Strenge und formaler Vorschriften, in der Göttliche Transzendenz alles derart aufsauge, dass ein menschliches Wesen nicht einmal mehr an der Liebe teilhaben könne, wird hier mit großer Einblickskraft in die tiefsten Zusammenhänge und in poetischer Sprache richtiggestellt.

ISBN 978-3-905272-74-1
280 Seiten

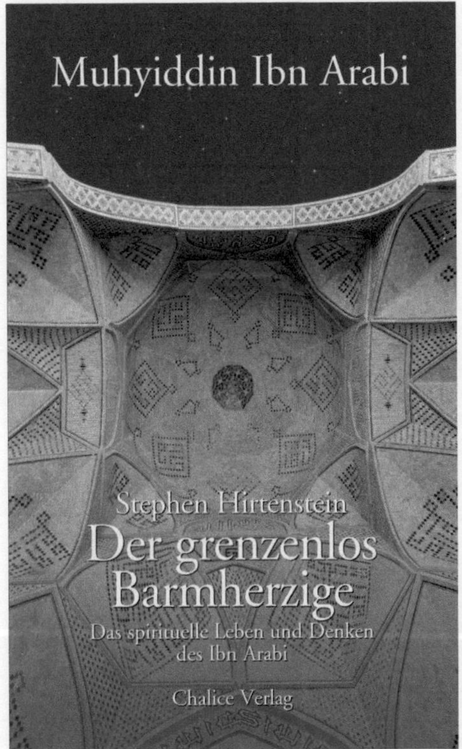

Warum wird Mohammed »Siegel der Propheten« genannt? Was ist die spirituelle Bedeutung von Jesus? Worin besteht die Verbindung der Heiligen und Gesandten aller Völker im Licht der absoluten Einheit aller Existenz? Dies sind nur einige der Fragen, die Muḥy-īddīn Ibn ʿArabī mit seiner visionären Einsicht und unvergleichlichen Darstellungskraft beantwortete. Bekannt als *ash-shaykh al-akbar,* der »Größte Meister«, gilt der anadalusische Sufi für viele als bedeutendster Mystiker und Denker in der Geschichte des Islams. Die Wirkung seines enormen Lebenswerks auf Philosophie, Theologie und die Entwicklung der islamischen Spiritualität hallt noch heute unüberhörbar nach. Der in Murcia geborene und in Damaskus begrabene Ibn ʿArabī vereint wie niemand vor oder nach ihm die Weisheiten des Westens und des Ostens in einem ganzheitlichen Bild des Menschen als Krönung einer auf Liebe und Barmherzigkeit beruhenden Schöpfung. Sein tiefes Verständnis der gemeinsamen Wurzeln der abrahamitischen Religionen und der vielfältigen Berührungspunkte ihrer Propheten Moses, Jesus und Mohammed birgt ein unschätzbares Potenzial für den interkulturellen Dialog und die zwischenreligiöse Verständigung. Das vorliegende Buch füllt eine Lücke in der deutschsprachigen Literatur über diesen epochalen Mystiker. Mit ausführlichen Zitaten, luzider Darlegung seiner Grundgedanken und reichem Fotomaterial ist Stephen Hirtenstein ein biografisches Meisterwerk gelungen.

ISBN 978-3-905272-79-6
420 Seiten

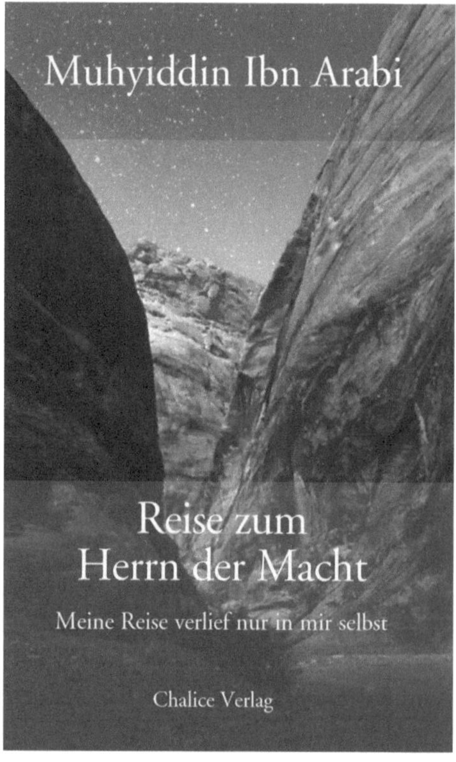

»Ich sah dich nicht auf meinem Weg. Gibt es da noch einen anderen Pfad?« // »Ein jeder hat seinen Weg, den niemand sonst als nur er beschreitet.« // »Und wo befinden sich diese verschiedenen Wege?« // »Sie entstehen durch das Reisen selbst.«

Zwei Texte Ibn 'Arabīṣ, die – in Anspielung auf die berühmte »nächtliche Reise« oder Himmelfahrt des Propheten Mohammed – die Umstände und Erfahrungen des völligen Aufgehens in Gott beschreiben. Ibn 'Arabīs Bearbeitung dieses Themas widerspiegelt seinen besonderen Zugang zum Koran und den Hadithen wie auch die ganze Spannweite seiner metaphysisch-theologischen Lehren und seines Interesses an praktischer Spiritualität.

Im engeren Sinn eine Erläuterung von *khalwa,* einer Sufi-Übung zur Erlangung der Gegenwart Gottes durch absolute Aufgabe der Welt, beschreibt die *Reise zum Herrn der Macht* den geistigen Aufstieg durch alle Stufen der Existenz bis hin zur Göttlichen Gegenwart. Ibn 'Arabī ruft den, der den mystischen Weg der Sufis gehen will, dazu auf, sein Herz zu reinigen und eins zu werden mit seiner inneren Essenz. Mit großer Klarheit und der Überzeugungskraft autobiografischer Passagen schildert Ibn 'Arabī die Erfahrung seiner eigenen Himmelfahrt auch im Text *Meine Reise verlief nur in mir selbst,* einer hier erstmals auf Deutsch vorliegenden, kommentierten Übersetzung des Kapitels 367 aus seinen umfangreichen *Futuhat al-Makkiyah.*

ISBN 978-3-905272-73-4
164 Seiten

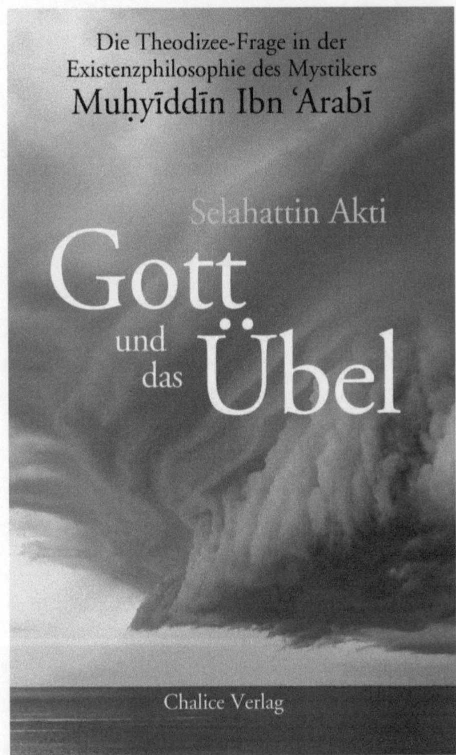

Krankheit, Schmerz, und Tod, Naturkatastrophen, Verbrechen, Krieg und Terror – warum lässt Gott das geschehen? Weshalb verhindert ein (all)mächtiger Schöpfer nicht das Leid und das Böse in der Welt? Die Frage nach dem Grund des Übels hat die Menschen seit jeher bewegt, Anhänger monotheistischer Religionen schon immer herausgefordert und Philosophen wie Atheisten als gewichtiges Argument gedient. Wer sich über dieses komplexe Thema, die sogenannte Theodizee, den Kopf zerbricht, gerät schnell in weltanschauliche Untiefen. In diesem anregenden Buch erklärt der Sprach- und Kulturwissenschaftler Selahattin Akti, wie Muḥyīddīn Ibn ʻArabī diese grundlegende Fragestellung beantwortet. Nach einer fundierten Darstellung der unterschiedlichen Lösungswege in der Philosophie sowie in den christlichen und islamischen Theologien erläutert der Autor den Fragenkomplex des Übels aus dem Blickwinkel des mystischen Erkenntnisweges. Dabei gelingt ihm eine hervorragende Einführung in das Denken des »Größten Scheichs« und eine verständliche Erklärung von dessen Konzepten zum Verhältnis von Gott, Welt und Mensch, zur Problematik von freiem Willen und Vorbestimmung, zur Schöpfung als permanenter Selbstmanifestation des »verborgenen Schatzes« und als Bewegung der Liebe, zur Unterscheidung von *al-Ḥaqq* (dem Allwahren) und *Allāh* (Gott) sowie zur Funktion der Göttlichen Namen im Schöpfungsprozess und zur Bedeutung des vollkommenen Menschen als Abbild und Statthalter Gottes.

ISBN 978-3-942914-15-4
296 Seiten

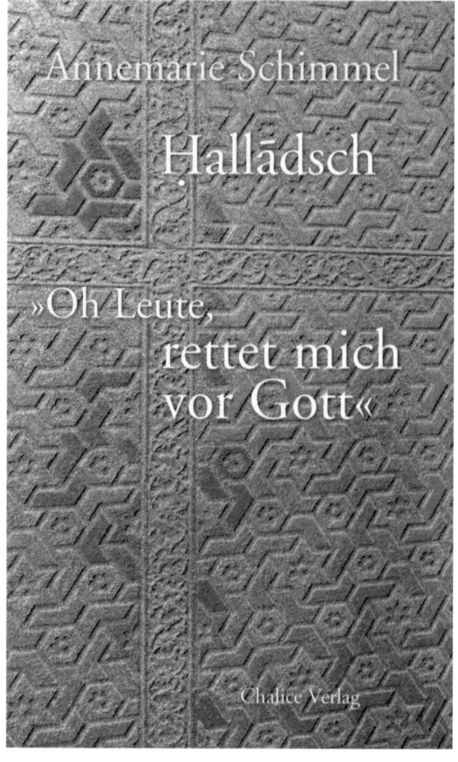

Seit seiner Hinrichtung durch religiöse Fanatiker in Bagdad im Jahr 922 haben Botschaft und Schicksal des persischen Sufis Manṣūr al-Ḥallādsch nicht aufgehört, die Menschen zu bewegen. Bis in unsere Zeit lauschen Erkenntnissucher, die den Irrweg der Trennung verlassen wollen, seinen ergreifenden Bezeugungen der Einheit Gottes, seinem sehnsüchtigen Rufen nach Vereinigung mit diesem *einen einzigen* Geliebten und dem aufweckenden Klang seiner teils provozierenden Forderungen nach radikaler Verinnerlichung des Glaubens. Auch wenn seine oft rätselhaften Gedichtzeilen, wie »mein Tod ist in der Religion des Kreuzes«, von der modernen Islamforschung nicht länger als versteckte Bekenntnisse zum Christentum interpretiert werden, zeugen sie von der Tiefe einer mystischen Erfahrung, welche die ›religiöse Korrektheit‹ der doktrinären Intoleranz aller Zeiten durchbricht. Für seine berühmte Aussage *ana'l-Ḥaqq* (»Ich bin die schöpferische Wahrheit«) und seine Überzeugungen, wie etwa ein gutes Werk sei wichtiger als die Pilgerfahrt, wurde Ḥallādsch vom frömmlerischen Establishment als Gotteslästerer verurteilt – während doch jeder seiner Verse von seiner aufrichtigen Gottesliebe spricht, in deren Ekstase die Getrenntheit von Ich und Du zwischen Wirklichkeit und Wahrheit verwischt. Die weltbekannte Orientalistin Annemarie Schimmel präsentiert hier die schönsten Texte des Mystikers und Märtyrers sowie eine kenntnisreiche Darstellung seines Lebens und Denkens.

ISBN 978-3-942914-18-5
176 Seiten

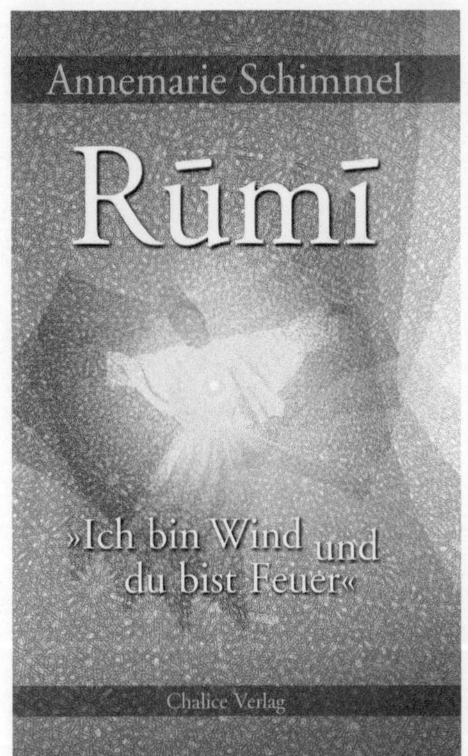

»Komm, komm, wer immer du bist…« Das Lebenswerk von Dschalāl ad-Dīn Rūmī (1207–1273), des wohl bekanntesten Vertreters des Sufismus und, neben Hafis, bedeutendsten Dichters persischer Sprache, ist eine Verstand und Herz ergreifende Einladung, die vielfarbige Schönheit und spirituelle Tiefe der islamischen Mystik kennenzulernen. Ob in seinem berühmten Lehrgedicht *Masnawī,* in seinen philosophisch-theosophischen Prosaschriften oder in der auf ihn zurückgehenden Drehtanz-Zeremonie der Mevlevi-Derwische – Rūmīs unerschöpfliche Kreativität ist ein permanentes Umkreisen des Geheimnisses von Gott, dem Geliebten und der Liebe. Wie nachhaltig sein Wirken konfessionelle Schranken und kulturelle Epochen überwand, demonstrieren die Tausenden von Trauernden aus allen Religionsgemeinschaften, die bei der Beisetzung im türkischen Konya an seinem Sarg vorüberzogen, wie auch die Tatsache, dass er noch heute als einer der meistgelesenen Poeten in den Vereinigten Staaten gilt. In dieser exzellenten Biografie zeichnet die renommierte Sufismus-Kennerin ein überzeugendes Bild von Leben und Werk des großen Mystikers und seiner historischen, politischen, kulturellen und theologischen Hintergründe. Sie lässt uns eintauchen in seine Liebes- und Glaubenseinsichten, die sie mit einer exquisiten Auswahl seiner wundervollen Texte illustriert. Entzückt lauschen wir Rūmīs Sehnsuchtsmelodien nach der Einheit und lassen uns in den Bann seiner Gottesfreude ziehen.

ISBN 978-3-942914-19-2
228 Seiten

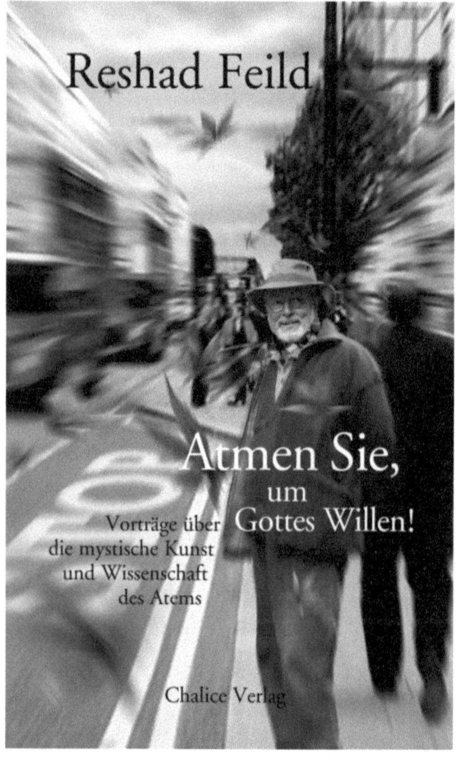

Ein Schatz tiefer Einsichten aus spiritueller Perspektive in das große Mysterium des Atems. Inspirierende Vorträge, praktische Übungsanleitungen und eine Auswahl poetischer Texte aus unterschiedlichsten Traditionen laden uns ein, den Atem als Wunder auf vielen Ebenen zu erforschen.

Was ist dieser Atem? Welche Bedeutung liegt in diesem Leben spendenden Geheimnis? Wie wichtig ist das bewusste Atmen für echte spirituelle Transformation? Was sagt uns die Tatsache, dass unser Leben all seine Möglichkeiten zwischen einem Einatmen und einem Ausatmen entfaltet? Wie hängt das alles mit dem Rhythmus des Universums und der Zeit zusammen? Welche Rolle spielt der Atem im »Werden des Seins« aus dem immerwährenden »Schoß des Augenblicks«? Wie können wir Nahrung einatmen und sie ins alchimistische Exilier destillieren, das wir für die nachhaltige Verwandlung unseres Lebens brauchen? Wie können wir ausatmen, um die Atmosphäre in einem Raum oder in einer Situation zu verändern, in Verantwortung für unsere Mitmenschen und für die »kommende Welt«? Was könnte es bedeuten, dass Jesus »auf dem Wasser wandelte« und dass »Atem und Geist eins sind«? Welches ist die esoterische Beziehung zwischen Maria, Jesus, dem Geist Gottes, *Ruh Allāh,* und Christus?

Vor dem Hintergrund seines lebenslangen Studiums der inneren Essenz der Sufi-Lehren liefert uns der Autor Gedankenanstöße und praktische Tipps zur Atemarbeit in unserem Alltag.

ISBN 978-3-942914-09-3
172 Seiten

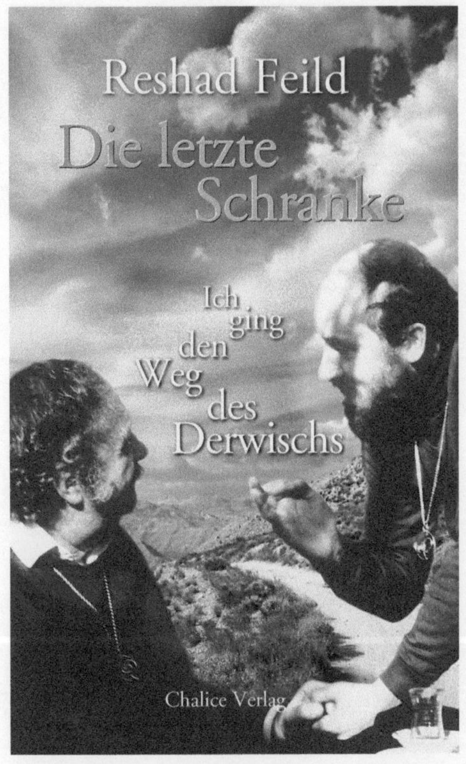

Der erste Teil der autobiografischen Trilogie von Reshad Feild: ein echter Klassiker der modernen spirituellen Literatur und eines der großen Selbstzeugnisse mystischer Sinnsuche, das in den vergangenen vierzig Jahren weltweit Hunderttausende von Lesern beeindruckt hat.

In dieser packend erzählten Geschichte begleiten wir einen jungen Engländer auf seiner abenteuerlichen Suche nach der wirklichen Bedeutung des Lebens und den allerletzten Wahrheiten. Unter der Führung des geheimnisvollen Antiquitätenhändlers Hamid, der sich im Laufe dieses ›metaphysischen Roadmovies‹ als ein strenger spiritueller Lehrer entpuppt, entwickelt sich Reshads Interesse an den Derwischen des Nahen Ostens zu einer äußeren wie inneren Entdeckungsreise zu heiligen Stätten, weisen Menschen und tiefen Einsichten in die Wirklichkeit der Welt. Unter härtesten Prüfungen, die sein westliches Denken erschüttern, wird er in die inneren Lehren des Sufismus eingeführt und mit den Geheimnissen des Atems, der spirituellen Bedeutung der Jungfrau Maria und den gemeinsamen Wurzeln der jüdischen, christlichen und islamischen Traditionen vertraut gemacht. Schritt für Schritt beginnt er, die Heiligkeit allen Lebens zu verstehen, und erfährt die Liebe als die Erste Ursache der Schöpfung, bevor ihm schließlich die Erkenntnis der Einheit des Seins gewährt wird.

»Eine eloquente Orchestrierung, die von sehr hoher Kreativität zeugt« (*The Times*). »Wenn Sie sich für die Weisheit dieses Buches öffnen, wird es Ihr Leben verändern« (Ellen Burstyn).

ISBN 978-3-942914-11-6
216 Seiten

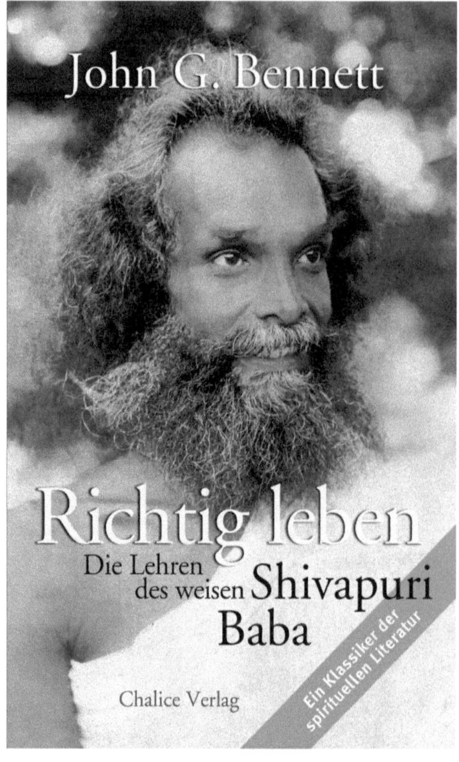

Wie leben wir *richtig*, sodass wir unser körperliches, geistiges und seelisches Daseinspotenzial verwirklichen und mit unserer Umwelt, unseren Mitmenschen und uns selbst in Achtsamkeit und Mitgefühl umgehen und Sinn und Zweck unseres Lebens auf der Erde erfüllen können? Der Shivapuri Baba, einer der beeindruckendsten Menschen des 19. und 20. Jahrhunderts, der ein salomonisches Alter von 137 Jahren erreichte, lehrte das Prinzip des »Rechten Lebens«, das in seinen Grundlagen bestechend einfach und gerade deshalb problemlos übertragbar ist auf jede Epoche, Gesellschaft, Kultur und Religion. Nachdem er 24 Jahre in absoluter Einsamkeit im indischen Dschungel gelebt, danach auf seiner Pilgerreise 40 Jahre lang den gesamten Erdball zu Fuß umrundet und zahlreiche historische Persönlichkeiten wie die Königin Victoria, George Bernhard Shaw oder Theodore Roosevelt beraten hatte, ließ er sich 1926 in Nepal nieder, wo er die Erkenntnisse seiner Erfahrung der spirituellen Verwirklichung lehrte. Obschon bereits zu Lebzeiten als großer Heiliger verehrt, lehnte er jeglichen Kult um seine Person vehement ab. Auf seine Bitte, seine Lehre der drei Disziplinen Rechten Lebens für die moderne Welt einfach und verständlich darzulegen, schrieb John G. Bennett diesen Klassiker der spirituellen Literatur: eine praktische Anleitung, wie wir – egal in welcher religiösen Tradition wir zuhause sind – die richtigen Prioritäten setzen, ganzheitlich leben und zu Selbsterkenntnis und zur Schau Gottes gelangen können.

ISBN 978-3-942914-26-0
240 Seiten

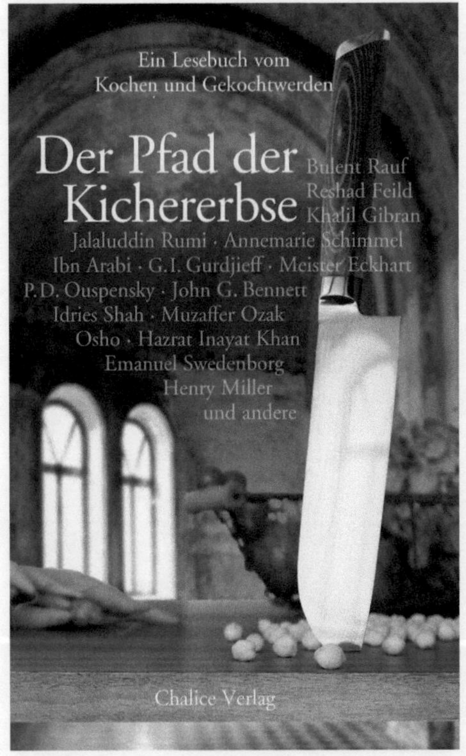

Guter Geschmack will gelernt sein: *Le bon-goût s'apprend.* Das gilt insbesondere für das spirituelle Schmecken der Einheit des Seins. In dieser einzigartigen Anthologie beschreiben liebestrunkene Sufis, wahrheitshungrige Gnostiker, erkenntnisdurstige Geisterseher und verschmitzt-weise Skandalgurus, hingebungsvolle Brotbäcker, humorbegnadete Geschichtenerzähler, ägäisverzauberte Lebensreisende und extremfastende Meisterspione Möglichkeiten und Wege, das Feine vom Groben zu unterscheiden, das Obere mit dem Unteren zu verbinden und so die scheinbare Trennlinie zwischen dem Körperlichen und dem Spirituellen zu überwinden. Wenn wir die ›Küchenarbeit an uns selbst‹ in der richtigen, nämlich dienenden Haltung angehen, kultivieren wir in uns diesen guten, feinen Geschmack für die Nähe Gottes. Bewusstes Kochen und Gekochtwerden lässt uns die Heiligkeit in der Transformation von Äußerem und Innerem entdecken.

Neben Ausgesuchtem von Dschalāl ad-Dīn Rūmī, Bahauddīn Walad, Hafis, Khalil Gibran, Bülent Rauf, Reshad Feild, Muzaffer Ozak, G. I. Gurdjieff, P. D. Ouspensky, Idries Shah, Osho, Scotus Eriugena, Emanuel Swedenborg oder Henry Miller finden sich hier zum ersten Mal auf Deutsch vorliegende Trouvaillen von Annemarie Schimmel, Muḥyīddīn Ibn ʿArabī, John G. Bennett, Christopher Bamford und Paul Dukes.

ISBN 978-3-942914-20-8
324 Seiten

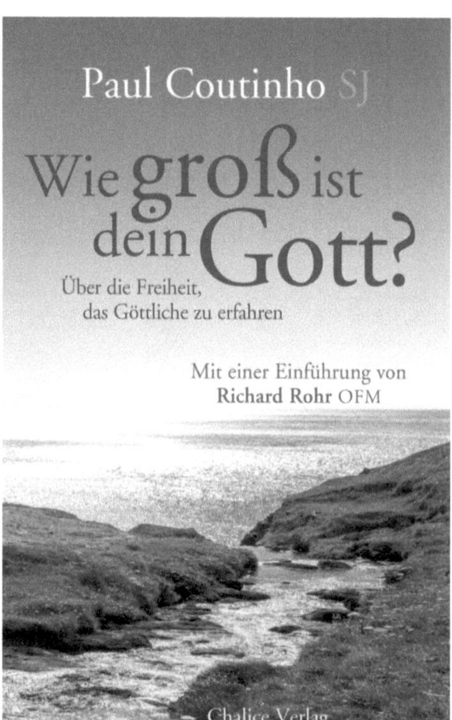

Ein mutiger Glaube erfordert einen großen Gott. In welche beschränkten Vorstellungen und Konzepte haben Sie das Göttliche eingesperrt? Falls Ihre Beziehung zu Gott distanziert oder beiläufig und Ihre Erfahrung des Göttlichen im Leben lau oder berechenbar geworden sind, lädt Paul Coutinho Sie ein, daran zu glauben, dass Gott größer ist – viel, viel größer! Jenseits von theologischem Dogmatismus und konfessioneller Schrebergärtnerei ist dieses Buch eine grandiose Aufforderung, in unserem Glauben tiefer zu leben und stärker zu wachsen, indem wir einen Gott umarmen, Dessen Liebe wahrhaftig keine Schranken kennt. Der aus Indien stammende und in den USA lehrende Priester, Psychologe und Theologe begeistert mit seinen Schriften und Vorträgen, die sich – mit einem östlichen Blick auf unsere westliche Spiritualität – der unermüdlichen Suche des Herzens nach dem Göttlichen widmen und unserem Verlangen, das Leben in seiner ganzen Fülle zu erfahren. *Wie groß ist dein Gott?* ist ein wunderbarer Wegweiser aus engen Bachläufen hinaus in den Fluss des Lebens und ins offene Meer des Göttlichen. Der Autor ermutigt uns mit aus dem Leben gegriffenen Geschichten, einer guten Prise Humor und wertvollen Inspirationen für unseren persönlichen Alltag, Herz und Verstand zu gebrauchen, sodass wir die unermessliche Weite Gottes erfahren können. Wir beginnen zu erkennen, dass eine immer tiefere Beziehung mit dem Göttlichen der wahre Zweck jeglicher Religion ist.

ISBN 978-3-942914-24-6
172 Seiten

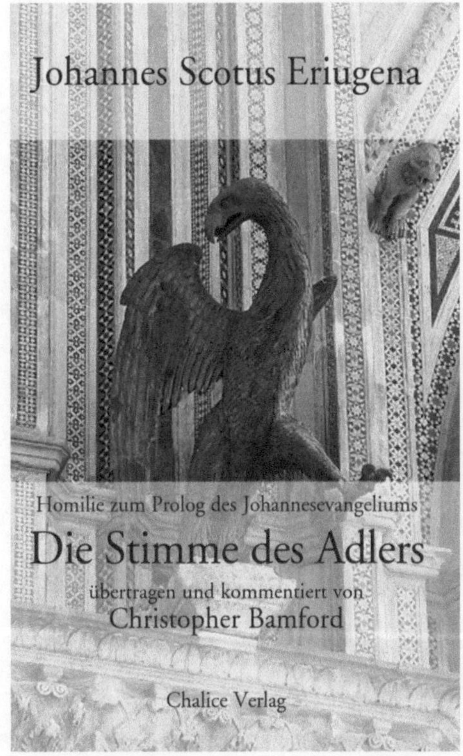

Das Johannesevangelium ist einer der bekanntesten und schwierigsten Texte des Neuen Testaments und hat mit seiner poetischen Schönheit und tiefen Spiritualität schon sehr viele Interpreten beschäftigt. Von besonderer Kraft und klarer Vision ist die Deutung von Johannes Scotus Eriugena, dem irischen Weisen aus dem neunten Jahrhundert. Seine *Homilie* über den Prolog dieses Evangeliums, welche im Mittelalter sehr einflussreich war, ist eines der frühesten Zeugnisse keltisch-christlicher Mystik und deutet diese Schrift außergewöhnlich originell und inspiriert. Auf den Schwingen des Adlers (dem traditionellen christlichen Symbol für Johannes) trägt Eriugena den Leser empor und lässt ihn den Ursprung des Universums und sein eigenes Wesen aus einer Perspektive schauen, die weit über die Welt der Erscheinungen hinausgeht. Für Eriugena ist Gott transzendent in Seinem unerschaffenen Wesen und gleichzeitig immanent in Seiner erschaffenen Natur. Diese hat sich im Anfang von Gott entfremdet und ist nun aufgefordert, zu Ihm zurückzukehren. Jesus, das Fleisch gewordene Wort, erinnert den Menschen an sein wahres Wesen und seine Bestimmung zur Rückkehr in die Einheit allen Seins.

Dieses Buch erschließt die Homilie Eriugenas in der wunderbaren Übersetzung und mit den ausführlichen Reflexionen von Christopher Bamford, dem renommierten Autor und Herausgeber auf dem Gebiet der westlichen Spiritualität.

ISBN 978-3-905272-86-4
228 Seiten